개정판 지역주택조합 관련 분쟁의 모든 내용을 담았습니다

지역주택조합 분쟁사례

공저 **권형필** 변호사
송현민 팀 장

1. **조합원 지위 관련 분쟁**
   · 지역주택조합 탈퇴[계약해제, 기망에 의한 취소, 자격상실 조항 이용 탈퇴]
   · 지역주택조합 조합원 지위 확인
   · 관련 가처분 사례

2. **지역주택조합 조합 임원 해임총회 관련 분쟁**
   · 발의서 요건
   · 법원허가 및 소집통지의 요건
   · 직섭 출석 필요한지 여부
   · 전자투표 가능성 및 적법 위한 요건
   · 기타 해임총회 적법 위한 요건

3. **조합 임원 형사책임**

4. **지역주택조합 기타 분쟁**

I. 조합원 지위 관련 분쟁 사례

가. 조합 계약 탈퇴 관련 분쟁

[지역주택조합/ 환불보장약정/ 조합가입계약 무효] 조합계약 당시 체결한 안심보장증서상 환불보장 약정이 무효라면 조합가입계약도 무효가 됨이 원칙이다(대법원 2020다288375 부당이득금)

[지역주택조합/ 확정부담금조항/ 조합계약 무효] 조합계약 당시 확정부담금 조항 유무에 따라 계약 체결 의사가 달라질 것이라고 충분히 예상되었다면 추후 확정부담금 조항이 무효일 경우에는 조합계약은 성립되지 않은 것으로 볼 수 있다(수원지방법원 2019가단521539 계약금등반환청구의소).

[지역주택조합/ 추가분담금/ 계약 해제] 지역주택조합에서 조합계약에 추가분담금이 발생하지 않을 거라고 특약사항에 명시되어 있음에도 그 이후 총회를 거쳐 추가분담금 결의가 되었다면 이로써 추가분담금을 납부하지 않은 조합원들은 이행거절을 이유로 계약을 해제할 수 있다(의정부지방법원 2018가단138880 조합분담금반환등).

[지역주택조합/ 이행불능/ 계약 해제] 조합의 사업 진행 자체가 불투명하여 계약 이행이 사실상 불가능할 경우에는 조합원은 이행불능을 이유로 계약을 해제할 수 있다(부산고등법원 2019나50079 매매계약해지확인의소)

[지역주택조합/ 사업계획 변경/ 조합가입계약 해제] 지역주택조합 사업은 사업진행 과정에 여러 변수가 생길 수 있으므로 최초 계약과 다른 상황이 발생하였더라도 당사자가 예측가능한 범위를 초과하였다는 등의 특별한 사정이 없는 한 조합가입계약의 불이행으로 보아 조합가입계약을 해제할 수 없다(대법원 2021다286116 총회결의무효확인등).

[지역주택조합/ 동호수 수정 / 조합계약해제] 조합계약 당시 지정된 동호수로 배정받지 못하였고 그 이행이 불가능하다고 하더라도 동등 또는 유사한 동호수 배정이 가능하다면 최초 계약 당시 지정된 동호수로 이행이 되지 않았다고 하여 이행불능이라고 볼 수 없다(대법원 2019다259234 계약금반환등청구의소)

[지역주택조합/ 조합원 자격/ 조합원 지위 상실] 조합가입계약의 내용이 조합규약보다 반드시 우선 적용되는 것은 아니다[조합 자격 상실 관한 쟁점]. (대법원 2020다237100 조합원지위부존재등청구의소).

[지역주택조합/ 조합원지위상실/ 장래효만 인정] 조합원 지위를 상실한 경우 상실 이후에는 분담금 납부 의무가 면제되지만 이미 도래한 부담금은 납부할 의무가 있다.(대법원 2021다281999, 2021다282008 조합원부담금청구·조합원지위부존재확인등)

[지역주택조합/ 조합가입철회/ 설명의무미이행] 추진위원회가 조합계약 당시 제대로 설명하지 않았다면 추후 설립된 조합은 그에 대한 책임을 부담하여야 한다(대전지방법원 2022가단114635 부당이득금).

[지역주택조합/ 조합가입계약취소/ 광고의 기망성] 조합가입계약 당시 기망의 기준(대법원 2022다293395 부당이득금반환청구의소)]

[지역주택조합/ 조합가입계약취소/ 토지확보현황기망] 광고를 통하여 토지확보현황을 허위로 고지하는 것은 신의성실 의무에 비추어 비난받을 정도의 방법으로, 기망행위에 해당하고 이로 인하여 체결된 조합가입계약은 취소할 수 있다(의정부지방법원 남양주지원 2022가단34903 부당이득금).

[지역주택조합/ 조합가입계약취소/ 토지확보현황기망] 토지확보현황을 허위로 고지하는 것은 기망행위이나, 업무대행사 또는 추진위원회 등이 허위의 설명을 하였다는 점은 증거를 통하여 객관적으로 입증되어야 한다(광주지방법원 2022가단549680 부당이득금).

[지역주택조합 / 사업부지 확보율 관련 기망] 지역주택조합이 조합원과 계약을 체결할 당시 사업부지와 관련하여 100% 확보가 되지 않았음에도 100% 확보라고 광고 및 설명을 하였다면 이는 기망에 해당하고 이를 기화로 조합원은 조합계약을 취소할 수 있다(대전고등법원 2019나12822 부당이득금반환등청구의소)

[지역주택조합 / 토지 사용승낙 / 사기에 의한 취소] 조합계약 당시 토지 확보 비율이 광고만큼 되지 않았더라도 그 이후 해당 비율만큼 토지 확보를 하였다면 더 이상 기망을 원인으로 계약을 취소할 수 없다(창원지방법원 2018가단114283 계약금등반환청구)

[지역주택조합/ 토지권원확보비율/ 기망의 정도] 사업부지 확보 비율에 있어서 다소의 기망행위가 있다고 하더라도 이를 이유로 취소할 수 없다(창원지방법원 2019가합54002 분담금반환).

[지역주택조합/ 사업부지확보/ 기망의 정도] 조합원 계약 당시 토지 확보 비율에 대하여 조합의 성립 여부를 좌우할 정도로 기망한 경우 조합원은 조합에 대하여 민법 제110조 기망으로 인하여 조합원 계약을 취소할 수 있다(창원지방법원 2019가단107237 분담금반환)

[지역주택조합/ 평당 분양가/ 평형 및 동·호수 등 기망] 지역주택조합에서 조합원 계약을 체결할 당시 평당 분양가, 평형 및 동·호수, 시공사, 입주예정시기에 대해서 다소의 과장된 사실을 말했다고 하더라도 이를 이유로 조합계약을 취소할 수 없다(대전고등법원 2019나12822 부당이득금반환등청구의소)

[지역주택조합/ 조합원 지위/ 조합원 탈퇴] 조합탈퇴서를 제출하였다는 사정만으로 바로 탈퇴가 되는 것은 아니고 정관에 규정된 이사회 결의가 있어야만 가능하다 [인천지방법원 2019가합56479 임시총회결의무효]

[지역주택조합/ 조합원 제명 사유의 법원 해석 기준] 원칙적으로 법원은 제명 절차보다 제명 사유에 관하여 엄격하게 해석하고 있다(서울중앙지방법원 2022가합547356 총회결의무효확인청구의소)

[지역주택조합/ 제명 결의/ 제명 결의 유효 판단 사례] 통상적으로 제명결의는 엄격하게 판단하여 거의 무효로 볼 수 있음에도, 제명결의가 유효라고 판단한 사례(인천지방법원 2020가합64810 조합원제명결의무효확인청구의소)

나. 조합원 지위 확인 관련 분쟁

[조합원 지위/본안전항변] 사업계획 승인이 되었다고 하더라도 조합원 지위를 확인할 법률상 이익이 있다(부산지방법원 서부지원 2022가합102531, 2022가합102784 조합원지위확인·조합원지위확인의소)

[지역주택조합/ 조합원자격/ 조합원자격해석] 주택법상 조합원 자격에 관한 규정은 강행규정에 해당하고 해당 사유가 발생한 경우 그 즉시 조합원 자격을 상실한다(부산지방법원 2023가합41433 지역주택조합조합원지위확인청구의소).

[지역주택조합/조합원자격부존재와 자격상실] 조합설립인가신청 시점에 주택법령상 조합원 자격이 없는 경우 지역주택조합원의 자격을 갖추지 못한 것이지만, 예외사유가 인정되는 경우 조합원 자격이 유지된다(부산지방법원 서부지원 2022가합102678, 2022가합102715 조합원지위확인등·조합원지위확인의소).

[지역주택조합/ 조합원자격상실/ 예외사유의인정] 주택법령상 조합원 자격 상실의 예외사유를 인정하기 위해서는 사실관계가 예외사유와 구체적으로 부합하여야 한다(의정부지방법원 고양지원 2022가합142 지역주택조합원지위확인의소).

[지역주택조합/ 조합원자격유지] 고령이고 노환이 있어 자녀의 집으로 일시 전입할 필요가 있는 경우는 주택법령상 조합원 자격 상실의 예외사유인 일시적인 세대주 자격 상실을 인정할 수 있고, 분양권에 당첨되었지만 분양계약을 체결하지 아니한 경우는 2주택자로 볼 수 없으므로 조합원 자격이 유지된다(부산지방법원 서부지원 2022가합102531, 2022가합102784 조합원지위확인·조합원지위확인의소).

[지역주택조합/ 조합원 자격상실/ 일시적 2주택 소유] 일시적으로 2주택을 소유한 자가 합리적 이유가 있을 경우 조합원 상실이 되지 않는지 여부(부산지방법원 2022가합46813 조합원지위확인)

[지역주택조합/ 조합원 자격상실/ 일시적 2주택 소유자에 대한 판단] 기존 주택에 거주하던 중 이사하는 과정에서 일시적으로 2주택이 된 경우의 자격상실 여부(부산지방법원 2021가합45974 조합원지위확인)

[지역주택조합/ 조합원 자격/ 일시적인 2주택 소유] 소유권 변동과정에서 부득이하게 발생한 일시적인 2주택 소유 사실만으로는 주택법령의 입법목적을 잠탈하는 것으로 볼 수 없으므로 조합원 자격이 유지된다(서울동부지방법원 2022가합106758 조합원지위확인의소등)

[지역주택조합/ 조합원 자격 상실/ 일시적인 세대주 자격 상실] 세대주 자격 요건이 단지 21일간 상실되었으나 이를 일시적 사유가 아니었다고 판단한 사례 (의정부지방법원 고양지원 2022가합70929 조합원지위확인소)

[지역주택조합/ 조합원 자격/ 조합원 가입계약시 소제기 금지 조항] 지역주택조합 가입계약서에서 조합원 자격에 관한 소제기 금지 조항은 약관규제법상 부당하게 불리한 소제기 금지 조항으로 무효에 해당한다(의정부지방법원 남양주지원 2022가합50124 조합원지위확인)

[지역주택조합/ 조합원 자격/ 분양권 공유] 세대주와 세대원이 하나의 분양권을 공동으로 소유한 경우 주택공급에 관한 규칙에 따르면 2주택 소유로 볼 수 없다 (부산지방법원 2023가합40690 조합원지위확인의소)

[지역주택조합/ 조합원 자격/ 확인의 이익] 조합의 설립·변경인가권자가 관할관청이라고 하더라도 자격의 유무를 결정하는 최종 권한은 조합에 있으므로 조합을 상대로 한 조합원지위확인 소송은 확인의 이익이 존재한다(서울고등법원 2022나2044737 조합원지위확인)

[지역주택조합/ 조합원 자격/ 세대주 자격 요건 일시 상실] 행정청이 인정하지 않는 경우라도, 법원에서 해당 조합원이 부득이한 사유로 인하여 세대주 자격을 일시적으로 상실하였다고 인정하는 경우라면, 해당 조합원은 주택법령상 예외사유가 인정되어 조합원 자격을 유지하게 된다(부산지방법원 2024가합41218 조합원지위확인의소)

다. 분담금 반환 범위

[지역주택조합/ 조합가입계약 무효/ 분담금 반환] 조합가입계약이 무효로 되었을 경우 분담금 반환 범위(납입분담금 전부와 그에 따른 법정이자)(부산지방법원 동부지원 2023가단117247 부당이득금)

[지역주택조합/ 분담금 반환/ 비용 공제] 조합원이 자격을 상실한 경우 조합원이 부담할 비용의 공제는 분담금을 환불하는 시점이 아니라 조합원 자격 상실 이전을 기준으로 하는 것이 원칙이다(대법원 2021다282046, 282053 판결 부당이득금 · 부당이득금반환등)

[지역주택조합/ 분담금 반환/ 비용 공제 기준 결정 시점] 조합원 지위 상실로 인한 비용 공제 역시 기존 조합 정관의 규정 또는 가입계약을 기준으로 결정되어야 하고 상실 이후 결의에 의하여 정하여진 기준을 적용하여서는 안된다(대법원 2024다254523 판결 분담금반환청구)

[지역주택조합/ 분담금 반환/ 분담금 납부의무] 조합가입계약 당시 조합원 자격이 없는 자의 분담금 반환 범위 (대법원 2021다281999, 282008 조합원부담금청구 · 조합원지위부존재확인등))

[지역주택조합/ 조합원 자격과 가입계약의 유효성/ 분담금 반환 의무] 설립인가 시점까지 가입계약은 일단 유효하며 당사자들은 그에 따른 의무를 부담하여야 한다.(대법원 2023다209403 부당이득금)

[지역주택조합/ 조합원 자격과 가입계약의 유효성/ 분담금 반환 의무] 조합가입계약 체결 당시 이미 자격요건이 결여되어 있었다면, 추후 분담금 납부 의무는 당연히 존재하지 않고, 이에 더하여 가입계약 당시에도 자격요건이 결여되었기 때문에 기지급한 계약금 역시 부당이득으로 반환받을 수 있다(인천지방법원 2022가단265146 부당이득금)[파기됨]

[지역주택조합/ 분담금 반환/ 추진위원회] 지역주택조합 창립 총회 및 인가받기 전 추진위원회가 작성한 확약서상의 의무는 조합이 설립된 이후에도 그대로 승계된다(부산지방법원 2018나58752 조합원분담금등반환청구의소)

[지역주택조합/ 조합장/ 반환합의/ 무효] 조합장이 개인적으로 탈퇴 조합원들에 대한 반환 합의를 하더라도 이로 인하여 추진위원회 또는 조합에 그 효력을 미칠 수 없고 결국 조합 총회의 의결을 통해서만 가능하다(서울고등법원 2018나2058555 계약금반환)

II. 조합 총회 관련 분쟁사례

[지역주택조합/조합장 해임/ 조합장 자격상실] 지역주택조합 조합장이 주택법에 규정된 조합장의 자격상실 조항에 해당되는 사실이 발생했다면 그 즉시 자격을 상실하고 더이상 업무를 수행할 수 없다(울산지방법원 2018가합27115 조합장지위부존재확인)

[지역주택조합/ 직무집행정지가처분/ 가처분의 상대방] 직무집행정지가처분은 개인을 대상으로 하여야 하며, 법인을 대상으로 한 직무집행정지가처분은 당사자 적격이 없어 각하 대상이다(서울중앙지방법원 2022카합21313 조합장직무집행정지가처분)

[지역주택조합/ 조합장 해임/서면결의서 사진 문자 팩스 방식] 사진, 문자 팩스로 서면결의서를 제출하였다면 이는 우편에 의한 투표방식으로 볼 수 없고 명시적 정관규정이 없는 이상 무효에 해당한다(서울중앙지방법원 2022카합21313 조합장직무집행정지가처분)

[지역주택조합/ 추진위원 해임 방법/ 가처분의 상대방 등] 총회개최가처분의 상대방은 원칙적으로 단체 자체이고 개인이 아니며, 규정상 긴급한 경우의 소집통지 기간에 대한 규정이 있을 때에 반드시 소집통지 기간을 준수해야 하는 것은 아니다(서울남부지방법원 2023카합20080 총회개최금지가처분)

[지역주택조합/ 해임총회/ 해임규정의 원용] 지역주택조합에서는 도시정비법의 조합장 해임규정을 원용할 수 없다(인천지방법원 부천지원 2024카합 10273 직무집행정지가처분)

[지역주택조합/ 해임총회] 해임청구권은 법령의 규정이 있어야만 비로소 청구할 수 있고 그렇지 않을 경우 해임의 요구는 총회에서 해임의결을 해야만 가능하다(광주지방법원 2021카합166 조합장직무집행정지및직무대행자선임가처분)

[지역주택조합/ 해임총회/ 기소가능성과 직무집행정지] 수사가 진행되어 기소가 예상된다는 이유만으로 조합장의 직무를 정지할 수 없고 조합규약에 부합하는 명확한 사유가 발생하여야 한다(인천지방법원 부천지원 2023카합 10094 조합장직무집행정지가처분)

[지역주택조합/ 총회결의 효력정지가처분/ 당사자 적격] 임원 선임 또는 해임을 위한 총회의 효력 정지를 구하는 가처분의 상대방(광주지방법원 2021가합61401 총회결의무효확인청구의소)

[지역주택조합/ 소수조합원의 소집권한/ 소집요구/ 법원 허가 결정] 지역주택조합에서 소수조합원이 소집권한을 갖기 위해서는 안건을 특정하여 소집동의를 받고 조합장에게 소집요구를 먼저 하여야 한다(부산지방법원 2017비합 200007 임시총회소집허가)

[지역주택조합/ 임원전원해임 안건의 적법여부] 임원 개개인이 아니라 전원에 대한 해임안건 상정이 적법한지 여부(인천지방법원 2019가합56479 임시총회결의무효)

[지역주택조합/ 서면결의서/직접 출석] 주택법 시행령 제20조 제4항 단서에서 조합원의 직접 출석하여야 한다는 의미는 총회 직접 출석하여 의결권을 행사한 경우 외에 서면결의서로 출석한 경우까지 포함한다고 해석할 수 있다(부산고등법원 (창원) 2019나12124 조합총회결의무효확인)

[지역주택조합/해임총회/위임장 미제출] 위임장이 미제출되었거나 위임자체를 하지 않았다면 해당 서면결의서 등은 무효에 해당하고 결국 출석인원수에 산입되어서는 안된다(창원지방법원 통영지원 2016가합11130 조합장해임및선임결의무효확인)

[지역주택조합/ 조합 임원 해임/ 법원 허가 신청을 위한 소집요구 형식] 조합원들이 안건을 명시하여 임시총회의 소집을 구한다는 명확한 의사를 표현한 서면이 법원에 제출되어야 법원이 총회의 소집허가를 할 수 있다(의정부지방법원 2020비합112 임시총회소집허가)

[지역주택조합/ 총회 소집/ 소집권한의 위임] 총회 소집 권한에 대한 위임은 그 효력을 인정할 수 없다 (서울남부지방법원 2024카합20071 임시총회소집금지가처분신청)

[지역주택조합/ 소집 발의/ 소수조합원 발의 요건 가중규정 유효 여부] 조합 정관에 발의 요건을 1/2로 규정하였다고 하더라도 민법 규정에 반한다고 볼 수 없다(인천지방법원 2024비합552 임시총회소집허가)[예외판례]

[지역주택조합/ 해임총회/ 정관에 규정된 절차 위반] 정관에 규정된 이사회 절차를 거치지 않고 곧바로 해임총회를 진행할 경우 위법한 총회에 해당한다(서울중앙지방법원 2021가합585030 이사해임무효확인등)

[지역주택조합/ 당사자능력/ 전자투표] 단체성 없는 자에 대한 청구/ 조합규약에 규정되지 않은 전자투표 절차 진행의 적법성(수원지방법원 2021카합10182 임시총회개최및전자투표개시금지가처분신청)

[지역주택조합/ 전자투표/ 예외사례] 전자적 방식으로 총회를 진행하는 경우, 서면결의서 등 다른 방식에 의한 의결권 행사는 인정할 수 없다(수원고등법원 2021라10261 임시총회결의효력정지및직무집행정지가처분)[예외판례]

지역주택조합/ 직무집행정지가처분 상대방/ 전자투표] 직무집행정지가처분 상대방/ 전자투표가 적법하기 위한 최소한의 요건(의정부지방법원 2022카합5011 총회결의효력정지가처분)

[지역주택조합/ 창립총회와 임시총회/ 전자투표 방식의 적법성] 지역주택조합의 임시총회에 앞서 반드시 주택법에 따른 지역주택조합을 위한 창립총회가 선행되어야 할 필요는 없으며, 전자투표 방식을 진행하기 위해서 반드시 전자투표 방식에 관한 규정이 조합 규약에 있어야 한다고 볼 수 없다(수원지방법원 2022. 7. 21. 선고 2021가합18347 총회결의무효확인)

[지역주택조합/ 발의 요건 가중 규정의 유효성] 소수조합원의 발의 요건을 1/2로 가중한 규정의 효력/ 조합규약에 규정된 절차에 따르지 않고 조합 측이 임의로 제정한 선거관리규정을 준수할 필요가 있는지 여부(인천지방법원 부천지원 2022카합10018 총회개최금지가처분)

[지역주택조합/ 전자투표/ 창립총회] 주택법상 전자투표 규정은 인가를 받은 지역주택조합에만 적용되는 것이 아니라 그 이전 추진위원회에서 진행하는 창립총회에서 적용되며, 따라서 창립총회에서도 전자투표 방식을 사용할 수 있다(부산지방법원 2023가합42429 결의무효확인의소)

III. 조합 임원 형사책임 관련 사례

[지역주택조합/ 총회 방해/ 형사책임] 총회 절차가 무효이거나, 회의의 형식적인 절차가 종료된 상태라고 하더라도, 사실상 회의 진행 중이었음이 인정되고 그 절차 진행을 방해하는 경우 업무방해죄의 죄책을 면할 수 없다(부산지방법원 2023고정395 업무방해)

[지역주택조합/ 추진위원장 해임/ 임원 형사책임] 해임된 추진위원장이 자신이 보관하던 문서를 절취한 경우 타인의 점유로 볼 수 없어 절도죄가 인정되지 않고, 그 해임 사실 자체를 명확히 인정할 수 없는 경우 업무방해죄도 인정되지 않는다 (수원지방법원 안양지원 2015고정357 절도·업무방해)

[지역주택조합/ 조합원 명부/ 조합사무실 수색/ 방실수색죄] 조합장 해임 및 새로운 조합장 선임을 위한 조합원 명부를 요구하였음에도 거절하여 임의로 조합사무실에 가서 사무실을 뒤진 경우 성립되는 범죄 (광주지방법원 순천지원 2020. 11. 4. 선고 2019고단861 업무방해·방실수색·명예훼손·개인정보보호법위반)

[지역주택조합/ 해임 이후 도어락 비밀번호 변경 등/ 업무방해·자격모용] 해임된 조합 임원이 인수인계를 하지 않고 도어락 비밀번호를 변경하는 등 업무를 방해할 경우 성립되는 형사책임 (의정부지방법원 2020고단2660 업무방해·자격모용사문서작성·자격모용작성사문서행사)

[지역주택조합/ 조합원 모집/ 토지 확보비율 기망] 지역주택조합의 조합원을 모집하면서 토지 확보비율에 대하여 기망할 경우 사기죄가 성립된다(춘천지방법원 2018고단836 사기·사문서위조·위조사문서행사·배임증재·배임수재)

[지역주택조합/ 총회 방해/ 단시간의 위력 행사] 조합 총회에서 자신의 의사가 무시된다고 해서 마이크를 빼앗거나 욕설을 하는 등의 행태를 보인다면 그 시간이 단시간이라 하더라도 업무방해죄로 처벌될 수 있다(부산지방법원 2023. 9. 26. 선고 2023고정395 업무방해)

[지역주택조합/ 조합장 지위상실/ 선고유예] 조합장 형사책임에서 선고유예의 요건 및 효과(창원지방법원 진주지원 2021고정244 주택법위반)

[지역주택조합/ 업무방해죄/ 허위사실 유포] 업무방해죄에서 허위사실 유포와 의견제시의 기준 (서울서부지방법원 2022고정678 업무방해)

[지역주택조합/ 자격모용사문서작성/ 자격에 대한 인식] 자신이 적법한 추진위원장이라는 사실을 신뢰하고 그 자격을 행사하는 자는 고의가 없어 무죄이다(서울남부지방법원 2023고정576 자격모용사문서작성·자격모용작성사문서행사)

[지역주택조합/ 조합장 배임/ 임원형사책임] 조합장이 허위 완납증을 작성하여 이를 담보로 금원을 차용하는 등의 행위는 배임죄로 처벌될 수 있고, 차용 당사자에게는 사기가 인정될 수 있다(대구지방법원 2023. 1. 31. 선고 2022고단5017 업무상배임)

[지역주택조합/ 사기 및 횡령/ 임원 형사책임] 토지확보 비율을 기망하여 조합원 가입계약을 체결한 경우 사기죄가 인정될 수 있고, 조합장 지위에서 업무대행사 자금을 임의로 사용하는 경우 업무상횡령, 횡령금액에 따라 특경법위반이 인정될 수 있다(서울북부지방법원 2019고합111, 2019고합441, 2020고합202, 2019고합156 사기·특정경제범죄가중처벌등에관한법률위반(횡령)·업무상횡령·업무상배임)

[지역주택조합/ 수의계약/ 배임죄 인정요건] 수의계약 체결을 근거로 배임죄가 인정되기 위해서는, 업체가 청탁 명목으로 조합장에게 금원을 입금한 것과 같은 공모의 정이 인정되어야 한다(수원지방법원 성남지원 2021고단141 배임수재·배임증재)

[지역주택조합/ 지가 과도 평가/ 배임죄 성부] 지역주택조합에서 감정평가 등의 업무를 수행하는 회계 차장이 지가 감정을 과도하게 함으로써 결과적으로 지주조합이 과도한 대출을 받고 하고, 그에 따른 수수료를 취득한 경우 업무상배임죄 성부(광주지방법원 순천지원 2023. 6. 14. 선고 2022고단2154 업무상배임)

[지역주택조합/ 용역비 지급/ 업무상 횡령] 계약상 근거없이 용역비를 지급한 경우 업무상횡령죄가 인정될 수 있다(서울동부지방법원 2021고단460 업무상횡령)

[지역주택조합/ 토지 확보비율 기망/ 임원 형사책임/ 사기] 토지 확보비율 기망행위에 따른 조합장, 부조합장, 총무 범죄성립(청주지방법원 2020고단2641 사기·업무상횡령)

[지역주택조합/ 업무대행사의 형사책임/ 횡령죄 성부] 업무대행사가 조합원 납입대금을 신탁사에 입금하지 않고 임의 소비한 경우의 형사책임(부산지방법원 동부지원 2021고단452 횡령)

IV. 기타 지역주택조합 관련 분쟁사례

[지역주택조합/ 퇴직공로금] 조합장이 임의로 가져간 퇴직공로금에 대한 반환 청구(제주지방법원 서귀포시법원 2022가단421 청구이의)

[지역주택조합/ 조합장 급여/ 대여금] 조합임원 급여에 관하여 총회 의결이 없으면 임금 채권으로 청구할 수도 없고 그 외 조합임원이 임의로 금원을 조합에 이체하였다고 하여 부당이득반환청구가 당연히 인정되는 것이 아니다(창원지방법원 2020가단116237 임금)

CONTENTS

Ⅰ. 조합원 지위 관련 분쟁 사례 ·· 22

Ⅱ. 조합 총회 관련 분쟁사례 ·· 220

Ⅲ. 조합 임원 형사책임 관련 사례 ·· 325

Ⅳ. 기타 지역주택조합 관련 분쟁사례 ··································· 395

개정판 지역주택조합 관련 분쟁의 모든 내용을 담았습니다

지역주택조합 분쟁사례

I. 조합원 지위 관련 분쟁 사례

가. 조합 계약 탈퇴 관련 분쟁

[지역주택조합/ 환불보장약정/ 조합가입계약 무효] 조합계약 당시 체결한 안심보장증서상 환불보장 약정이 무효라면 조합가입계약도 무효가 됨이 원칙이다(대법원 2020다288375 부당이득금)

판례 해설

법률행위의 일부 무효 법리(민법 제137조)는 여러 개의 계약이 경제적·사실적으로 일체로 이루어진 경우에도 적용될 수 있다.

조합가입계약과 환불보장 약정이 하나의 계약과 같은 관계에 있는지 여부는 계약 체결의 경위, 목적, 당사자의 의사 등을 종합적으로 고려해야 하고, 대상판결은 안심보장증서상 환불보장 약정은 조합가입계약의 특약 사항으로 경제적·사실적으로 일체성을 가지므로, 환불보장 약정이 무효라면 조합가입계약도 원칙적으로 무효가 된다고 판시하였다.

다만, 대상판결은 환불보장 약정이 없어도 조합가입계약을 체결했을 것인지를 판단해야 하며, 이에 대한 당사자의 가정적 의사를 고려해야 한다고 판시하면서, 원심은 이러한 당사자의 가정적 의사에 대한 심리를 생략하고 조합가입계약이 유효하다고 판단하였으므로 법리오해 등의 잘못이 있다고 판시하였다.

결국 환불보장약정과 조합가입계약은 경제적·사실적 일체성이 인정되어, 환불보장약정이 무효인 경우에는 조합가입계약도 원칙적으로 무효가 되지만, 환불보장약정이 없어도 조합가입계약을 체결하였을 것이라는 당사자의 가정적 의사를 고려하여 조합가입계약 유효를 주장하는 것도 가능하다.

사실관계

가. 피고는 평택시 (주소 생략) 일원을 사업시행구역으로 하여 지하 1층~지상 25층, 약 1,400세대의 아파트 조성사업을 추진하고 있는 지역주택조합 추진위원회이다.

나. 원고 1은 2016. 10. 10. 피고로부터 '2017. 11. 30.까지 사업계획이 승인되지 않는 경우 납부한 전액의 환불을 보장한다.'는 취지가 포함된 안심보장증서를 받고, 피고와 사이에 분양 목적물을 (동호수 1 생략)으로, 총납입금을 196,710,000원으로 정하여 조합가입계약을 체결하였다.

다. 원고 2는 2017. 10. 16. 피고로부터 같은 취지의 안심보장증서를 받고, 피고와 사이에 분양 목적물을 (동호수 2 생략)으로, 총납입금을 204,910,000원으로 정하여 조합가입계약을 체결하였다.

라. 위 각 조합가입계약에 따른 계약금 등으로 원고 1은 35,142,012원을, 원고 2는 40,090,000원을 피고에게 납입하였다.

원심의 판단

원심은 이 사건 안심보장증서에 따른 환불보장 약정이 비법인사단인 피고 총회의 결의 없이 이루어진 총유물의 처분행위에 해당하여 무효라고 판단하였다. 한편 안심보장증서에 따른 약정이 무효라면 그와 일체로 체결된 이 사건 조합가입계약도 무효가 되어야 한다는 원고들의 주장에 관하여는, 이 사건 조합가입계약과 이 사건 안심보장증서에 따른 약정은 각각 독립된 법률행위에 해당하므로 일부무효의 법리가 적용됨을 전제로 하는 원고들의 주장은 더 살펴볼 필요 없이 이유 없다고 판단하였다.

대법원의 판단

1. 관련 법리

법률행위의 일부분이 무효인 때에는 그 전부를 무효로 하나, 그 무효 부분이 없더라도 법률행위를 하였을 것이라고 인정될 때에는 나머지 부분은 무효가 되지 아니한다(민법 제137조). 이와 같은 법률행위의 일부무효 법리는 여러 개의 계약이 체결된 경우에 그 계약 전부가 경제적, 사실적으로 일체로서 행하여져서 하나의 계약인 것과 같은 관계에 있는 경우에도 적용된다. 이때 그 계약 전부가 일체로서 하나의 계약인 것과 같은 관계에 있는 것인지의 여부는 계약 체결의 경위와 목적 및 당사자의 의사 등을 종합적으로 고려하여 판단해야 한다(대법원 2006. 7. 28. 선고 2004다54633 판결, 대법원 2013. 5. 9. 선고 2012다115120 판결 등 참조).

2. 이 사건 안심보장증서상의 환불보장 약정은 이 사건 조합가입계약에 따른 납입금에 관한 특약 사항을 정하기 위한 목적으로 조합가입계약에 수반하여 경제적, 사실적으로 일체로서 체결된 것이므로, 전체적으로 하나의 계약인 것과 같은 관계에 있다. 따라서 안심보장증서상의 환불보장 약정이 원심의 판단과 같이 피고 총회의 결의 없이 이루어진 총유물의 처분행위에 해당하여 무효라고 한다면, 법률행위의 일부무효의 법리에 따라 이와 일체로서 체결된 조합가입계약도 무효가 되는 것이 원칙이지만, 환불보장 약정이 없더라도 조합가입계약을 체결하였을 것임이 인정되는 경우에는 조합가입계약은 여전히 효력을 가지게 될 것이므로, 원심으로서는 이에 관한 당사자들의 가정적 의사를 심리하여 이 사건 조합가입계약의 무효 여부를 판단했어야 한다.

그런데 원심은 판시와 같은 이유만으로 당사자들의 가정적 의사를 살펴보지도 아니한 채 이 사건 조합가입계약이 무효라는 원고들의 주장을 배척하였다. 이러한 원심의 판단에는 법률행위의 일부무효에 관한 법리를 오해하고 필요한 심리를 다하지 아니하여 판결에 영향을 미친 잘못이 있다.

[지역주택조합/ 확정부담금조항/ 조합계약 무효] 조합계약 당시 확정부담금 조항 유무에 따라 계약 체결 의사가 달라질 것이라고 충분히 예상되었다면 추후 확정부담금 조항이 무효일 경우에는 조합계약은 성립되지 않은 것으로 볼 수 있다(수원지방법원 2019가단521539 계약금등반환청구의소).

판례 해설

지역주택조합 계약을 체결할 당시 조합원들은 대부분 최초 계약 당시에 예측한 확정 부담금 이외의 금액은 부담하지 않으려고 하고 이에 부응하여 **조합 측은 역시 부득이 확정 부담금 금액 이상의 금액은 부담하지 않을 것이**라고 계약자들을 설득하면서 이를 조합계약서에 기재해 두는 경우가 종종 있다.

문제는 위와 같은 문구(확정분담금)에 대하여 대상판결에서는 총유물에 관한 관리 및 처분행위에 해당하기 때문에 총회 결의를 거쳐야 하고 그렇지 않을 경우 무효라고 판시한 것이다.

다만 대상판결은 이에 더하여 **일반인으로서 그와 같은 문구가 없었을 경우 과연 계약을 체결할 수 있을 것인지는 예측하기 어렵다고 보아** 결국 본 계약은 무효에 해당하고, 그에 따라 기지급한 금액을 모두 반환하라고 판단하였다.

원고의 주장

1) 주위적 청구원인

피고는 위 임시총회 결의 및 이에 따른 위 조합가입계약서 변경 요구를 통하여 이 사건 확정부담금 조항에 따른 의무이행을 거절한다는 의사를 명백히 표시하였으므로 원고는 이 사건 소장 송달을 통하여 이 사건 조합가입계약을 해제하였다. 따라서 원상회복금으로 피고는 원고에게 기지급받은 부담금 및 이에 법정이자와 지연손해금을 지급할 의무가 있다.

2) 예비적 청구원인

가사 **이 사건 확정부담금 조항이 무효라 하더라도 이 경우 이 사건 조합가입계약 자체가 무효로 되므로, 부당이득반환금으로 피고는 원고에게 기지급받은 부담금 및 이에 대한 법정이자와 지연손해금을 지급할 의무**가 있다. 또한 피고는 이 사건 확정부담금 조항이 무효임에도 마치 유효한 것처럼 기망행위를 한 것이므로 원고는 이 사건 2019. 7. 23.자 준비서면의 송달을 통하여 이 사건 조합가입계약을 취소하였고, 이 점에서도 부당이득반환금으로 피고는 원고에게 기지급받은 부담금 및 이에 대한 법정이자와 지연손해금을 지급할 의무가 있다.

법원판단

가. 주위적 청구원인에 대하여

1) 이 사건 조합가입계약서의 체계와 문언에 비추어 볼 때, 이 사건 확정부담금 조항은 이 사건 조합가입계약서 '제7조 5. 특약사항'란의 '사정에 따라 부담금이 변경될 수 있다'는 취지의 조항보다 우선한다.

2) 다만, 이 사건 조합가입계약에 이 사건 확정부담금 조항을 넣은 것은 피고의 총유물에 관한 법리 및 처분행위에 해당하고(대법원 2013. 8. 23. 선고 2013다17186 판결), 피고의 조합규약이 제23조 제1항 제3호에서 '예산으로 정한 사항 외에 조합원에게 부담이 될 계약은 총회의 의결을 거쳐 결정한다'고 규정하고 있으므로 이 사건 확정부담금 조항이 유효하려면 이에 관한 피고 총회의 결의가 있어야 한다.

3) 그런데 갑 제5, 6호증만으로는 **이 사건 확정부담금 조항이 피고의 조합규약이나 총회 결의에 따른 것임을 인정하기에 부족하고, 달리 이를 인정할 만한 증거가 없다.**

4) 결국 이 사건 확정부담금 조항은 무효이므로 그 유효함을 전제로 하는 원고의 주위적 청구원인 주장은 받아들일 수 없다.

나. 예비적 청구원인에 대하여

1) 민법 제137조는 "법률행위의 일부분이 무효인 때에는 그 전부를 무효로 한다. 그러나 그 무효부분이 없더라도 법률행위를 하였을 것이라고 인정될 때에는 나머지 부분은 무효가 되지 아니한다"고 규정하고 있다.

2) **이 사건 조합가입계약의 일부인 이 사건 확정부담금 조항은** 위에서 본 바와 같이 **무효인바, 일반적으로 지역주택조합가입계약을 체결함에 있어서 추가부담금의 발생 가능성은 매우 중요한 고려요소가 될 뿐만 아니라, 갑 제2 내지 4호증과 변론 전체의 취지를 종합하면, 실제로 원고가 이 사건 조합가입계약을 체결함에 있어서도 '추가부담금 없는 확정분양가'는 매우 중요한 고려요소가 되었을 것**으로 보이므로, 원고가 이 사건 확정부담금 조항이 없더라도 이 사건 조합가입계약을 체결하였을 것으로 인정되지 않는다.

3) 결국 이 사건 조합가입계약 자체가 무효이므로 부당이득반환금으로 피고는 원고에게 기지급받은 58,098,000원 및 이에 대하여 원고의 '이 사건 확정부담금 조항이 무효라면 이 사건 조합가입계약 자체가 무효이므로 그에 따른 부당이득의 반환을 구한다'는 주장이 최초로 이루어진 이 사건 2019. 7. 23.자 준비서면이 피고에게 송달된 다음 날인 2019. 7. 24.부터 다 갚은 날까지 소송촉진 등에 관한 특례법이 정한 연 12%의 비율로 계산한 지연손해금을 지급할 의무가 있다.

[지역주택조합/ 추가분담금/ 계약 해제] 지역주택조합에서 조합계약에 추가분담금이 발생하지 않을 거라고 특약사항에 명시되어 있음에도 그 이후 총회를 거쳐 추가분담금 결의가 되었다면 이로써 추가분담금을 납부하지 않은 조합원들은 이행거절을 이유로 계약을 해제할 수 있다(의정부지방법원 2018가단138880 조합분담금반환등).

판례 해설

일부 지역주택조합은 조합원 모집을 위해 추가 분담금이 일절 없을 것이라고 광고하면서 특약사항에 그와 같은 기재를 기입하곤 한다.

대상판결에서는 조합계약 당시 이와 같은 특약사항이 존재하는 상황에서 추후 추가분담금 결의를 했다면 이는 조합이 조합원에 대하여 사전에 이행거절의 의사를 표시하였다고 보아 조합원의 입장에서 계약 해제를 할 수 있고 그에 따라 기 지급한 금원을 지급받을 수 있다고 판시하였다.

이에 대하여 조합은 계약 해제의 법리가 적용되지 않는다고 주장하였으나, 이러한 주장에 대하여 법원은 조합원과 조합 간의 계약도 엄연한 민사상 계약에 해당하고, 일방 당사자의 이행거절이 있으면 상대방의 입장에서는 당연히 계약을 해제할 수 있다고 판시하면서 조합원의 손을 들어주었다.

법원판단

1. 이행거절을 원인으로 한 해제 주장에 관한 판단

가. 청구원인에 관한 판단

1) 앞서 든 증거, 위 기초사실에 의하여 인정되는 다음과 같은 사정들을 종합하면, 피고 조합은 '원고가 계약 체결 당시 확정된 조합원 분담금을 납부하면 원고에게 이 사건 아파트 1세대를 공급할 의무'가 있다고 인정된다.

가) 이 사건 조합계약의 첨부서류인 [본 가입계약서 제7조(조합원 분담금 및 그 관리) 제⑤항의 조합원 분담금 납부 일정표 등], [가입계약서의 내용]의 제16조 제⑦항은 조합원 분담금이 **"추가분담금이 없는 확정분양가"**임을 명시하고 있다.

나) 이 사건 조합가입계약의 첨부서류에는 이 사건 사업의 사업계획, 자금계획, 사업규모, 분담금 및 업무용역비 각각의 납부일정 등이 변경 또는 조정될 수 있음을 규정하고 있으나, 조합원 분담금의 변경 또는 조정가능성에 대해서는 규정하고 있지 않고, 오히려 [가입계약서의 내용]의 제16조 제⑦항은 사업계획보다 추가로 자금지출이 필요할 경우에는 예비비 및 업무용역사에 지급할 업무용역비에서 공제한다고 규정하고 있어 조합원으로서는 추가분담금의 발생 가능성에 대해 예상할 수 없었을 것으로 보인다.

다) 이 사건 조합가입계약의 [가입계약서의 내용] 제 16조(특약사항) 제①항은"본 특약사항이 다른 조항과 상충될 경우 본 특약사항이 우선

하여 적용한다"고 규정하고 있다.

라) 그 외 원고가 이 사건 조합가입계약에서 정한 조합원 분담금 외 추가로 분담금을 납부하여야 하는 사정에 대하여 예상이 가능하였다는 등의 사정이 확인되지 않는다.

2) 한편, 위 기초사실에 의하면 피고 조합이 위와 같이 원고에게 미리 자기 의무를 이행하지 아니할 의사를 표명한 이상 원고는 이를 이유로 이 사건 조합가입계약을 해제 할 수 있고, 피고 조합의 이행거절을 원인으로 한 계약해제 의사표시가 담긴 이 사건 소장 부본이 2019. 1. 7. 피고 조합에 송달된 사실은 기록상 명백하므로 특별한 사정이 없는 한 이 사건 조합가입계약은 적법하게 해제되었다[원고의 위 주장을 받아들이는 이상 나머지 주장에 대해서는 더 나아가 살피지 아니한다].

나. 피고 조합의 항변에 관한 판단

1) 피고 조합은, 특수한 목적을 위하여 설립된 지역주택조합의 특성에 비추어 조합원의 임의탈퇴는 허용되지 않으므로, 계약해제의 법리가 적용되지 않는다고 주장한다.

2) 살피건대, 피고 조합과 같은 지역주택조합은 일반적인 주택건설사업자와는 달리 조합원들이 합동행위인 설립행위와 각 조합가입계약을

통하여 구성한 비법인사단이고, 원고는 조합원으로서 결의 등을 통하여 피고 조합의 단체의사를 형성하는 피고의 구성원이자 피고가 가지는 권리, 의무의 실질적 귀속주체라는 특수한 관계임이 인정되기는 한다. 그러나 한편 지역주택조합가입계약은 조합가입 뿐만 아니라 원고가 조합원 분담금 등을 납입하고 아파트 1세대를 공급받는 쌍무계약으로서의 성질을 함께 가지고 있어 쌍방 당사자의 계약에 따른 의무이행을 확보할 필요가 있는 점, 이 사건 조합가입계약에서 원고의 의무불이행에 대해서는 총회결의가 아닌 피고 조합의 계약해제 또는 해지권의 행사로 원고와의 계약을 종료시킬 수 있도록 규정하는 등 조합가입계약상 의무의 이행과 관련하여 단체법이 아닌 일반 계약법적 성격 또한 인정되는 점, 이 사건 조합가입계약이 조합원의 임의탈퇴를 금지하고 있기는 하나 그 문언상 법정해제권 또는 취소권 등의 행사를 통하여 계약관계를 종료시키는 권리까지 배제하는 것으로 보이지는 않는 점, 이 사건과 같이 확정분담금이 계약 내용으로 정해지고 원고에게 추가분담금 납부의무를 부과하고 원고가 피고 조합의 승인이 없는 한 조합과의 계약을 종료시킬 수 없다고 하는 것은 지나치게 가혹한 점 등에 비추어 지역주택조합의 가입계약에 있어 계약해제의 법리가 완전히 배제된다고는 볼 수 없다.

3) 따라서 이 사안과 같이 계약상 의무이행의 영역에서 법정해제권이 발생하는 경우에는 조합원인 원고도 이 사건 조합가입계약을 해제할 수 있다고 볼 것이므로, 피고 조합의 이 부분 주장은 이유 없다.

[지역주택조합/ 이행불능/ 계약 해제] 조합의 사업 진행 자체가 불투명하여 계약 이행이 사실상 불가능할 경우에는 조합원은 이행불능을 이유로 계약을 해제할 수 있다(부산고등법원 2019나50079 매매계약해지확인의소)

판례 해설

계약의 양 당사자 사이에 계약 이행이 일방의 귀책으로 사실상 불가능할 경우에는 타방 당사자는 이에 대하여 이행불능을 이유로 계약 해제를 할 수 있다.

지역주택조합 사업은 결국 토지를 확보하여 아파트를 건축하고 동호수를 계약서대로 분양하는 것이 지역주택사업의 핵심에 해당하는바 사업부지 자체의 확보가 사실상 불가능하다면 사업진행은 불가능하고 조합 입장에서는 계약 내용에 따른 동호수 아파트 분양이 사실상 불가능하게 된다. 이는 계약의 일방 당사자의 이행불능에 해당하고 조합원은 이에 대하여 계약 해제통고를 할 수 있고 자신이 납부한 분담금을 반환받을 수 있게 되는 것이다.

법원판단

1) 채무의 이행이 불능이라는 것은 단순히 절대적·물리적으로 불능인 경우가 아니라 사회생활에 있어서의 경험법칙 또는 거래상의 관념에 비추어 볼 때 채권자가 채무자의 이행이 실현을 기대할 수 없는 경우를 말한다(대법원 2003. 1. 24. 선고 2000다22850 판결, 대법원 2010. 12. 9. 선고 2009다75321 판결 참조).

2) 살피건대, 갑 제9, 10, 12, 14, 15호증, 을 제9 내지 12호증의 각 기재, 이 법원의 해운대구청에 대한 사실조회 회신결과에 변론 전체의 취지를 종합하여 인정되는 다음과 같은 사실 및 사정을 앞서 본 법리에 비추어 보면, **이 사건 약정에 따라 피고들이 이 사건 부동산을 포함 이 사건 사업부지 내에서 이 사건 지역주택건설사업을 진행하여 전체 지주 70% 이상 계약서 작성시 계약금을 지급하고 사업승인신청시 잔금을 지급한다는 것이 사실상 불가능하거나 현저히 곤란한 상태에 있어 원고로서는 피고들의 이행의 실현을 기대할 수 없다고 봄이 상당**하다.

① 지역주택조합설립인가를 받으려는 자는 **해당 주택건설대지의 80% 이상에 해당하는 토지의 사용권원을 확보하여야 하고(주택법 제11조 제2항), 주택건설사업계획승인을 신청하려면 주택건설대지의 95% 이상의 소유권을 확보하여야 하며(주택법 제15조, 주택법 시행령 제16조 제2항 제2호 단서), 지역주택조합은 통상 조합의 설립 전에 미리 조합원을 모집하면서 그 분담금 등으로 사업부지를 매수하거나 사용승낙을 얻고 그 후 사업승인을 얻어 아파트를 건축하는 방식으로 진행되는 것이어서 조합 설립 전에 이루어지는 조합설립 추진업무가 매우 중요하고 그 진행과정에서 사업의 성패를 좌우하는 변수가 많다는 점을 고려하면 지역주택조합의 토지 사용권원 확보현황 내지 토지계약률은 사업의 추진이나 조합원의 모집에 있어 매우 중요한 사항**에 해당한다 할 것이다.

② 피고 추진위원회는 부산 해운대구 I 일대에 약 630세대의 지역주택조합 아파트를 건축하여 조합원들에게 분양하는 사업을 시행할 지역주택조합을 설립하기 위하여 구성된 단체이다. 이 사건 약정 또한 이 사건 부동산을 포함한 사업부지 전체 토지를 매입하여 지역주택조합 방식으로 공동주택 건설사업을 추진하는 것을 목적으로 체결되었다. 이 사건 약정에 따르면 이 사건 사업부지는 부산 해운대구 E 일원이며 사업부지 전체 필지는 토지 조서를 참조한다고 기재되어 있다(이 사건 약정 제2조).

③ 피고들은 2018. 12. 기준 이 사건 주택건설사업 부지 중 27,426.06㎡ 상당(73.5%)의 부동산에 관하여 토지 소유자들과 매매계약서를 작성하고 계약금 내지 잔금을 지급하였으므로 이 사건 주택건설사업이 정상적으로 진행되고 있다고 주장한다. 살피건대, 피고들은 사업부지 내 부동산을 지번과 지목, 소유자로 특정하여 이 사건 사업부지 면적을 37,317.75㎡로 특정하고, 해당 부동산에 대한 지분? 비율과 계약 여부를 기재한 후 2018. 12.말 기준 계약금 내지 잔금이 지급된 토지 면적은 27,426.08㎡이고, 소유권 확보율을 73.5%로 산정한 토지조서(을제8호증)을 작성하였다. 그러나 **피고들이 작성한 토지조서는 해당 부동산의 계약일자와 지급기일 등 계약의 중요사항은 확인되지 않고, 대금을 지불하였다고 기재한 부동산에 대하여 매매계약이 체결되어 있지 않거나, 피고들이 매매대금을 100% 지불하였다고 기재한 부산 해운대구 J, K, L, M, N, O(면적 합계 1122.33㎡)에 관하여 피고 추진위**

원회 앞으로 소유권이전등기가 마쳐지지 않았다. 위 토지조서의 계약금 및 잔금 지불비율을 그대로 인정하기는 어렵다.

한편 피고들은 이 사건 약정을 포함하여 이 사건 사업부지 내 지주들과 체결한 매매계약 약정서(을 제12호증의 1 내지 115)를 제출하였다. 그러나 매매계약 약정서를 작성하였다는 것만으로 피고들이 토지소유자들로부터 그 토지의 사용권한을 받았다고 볼 수 없다. 이 사건 사업부지 내 토지 소유자들은 계약금 수령시 건축 인허가에 필요한 제반서류를 피고들에게 제출하기로 약정하였는데, **이 사건 약정을 비롯한 상당수의 매매계약 약정서는 계약금의 지급시기를 "전체 지주 70% 이상 계약서 작성시"로, 잔금의 지급시기를 "사업승인신청시"로 특정한 반면 피고들은 이 사건 사업부지 내 부동산 소유자 중 상당수와 매매계약약정서를 작성하며 계약금 및 잔금 지급일을 확정기일로 특정**하였다.

앞서 본 바와 같이 토지조서의 기재만으로 피고들이 위 각 지급기일에 계약금 및 잔금을 지급하였다고 단정하기 어렵고 달리 위 각 지급기일에 계약금 및 잔금을 지급하였다는 점을 인정할 증거가 없으며, 피고들은 각 지급일로부터 상당 기간이 경과하였음에도 위 부동산에 관한 소유권이전등기를 마치지 못하였다. 피고들이 사업부지 내 토지의 사용권원을 확보하기 위해 토지 소유자들과 매매계약서를 작성하였다 하더라도, 피고들이 토지소유자들에게 약정에 따라 계약금을 지급하여 토지사용권원을 취득하였다거나 현재까지 위 매매계약이 해제되거나 취소되지 아니한 채 그 효력을 유지하고 있다고 단정할 수 없다.

④ 이 사건 주택건설사업은 부산 해운대구 E 일원을 대상으로 지역주택조합을 설립하여 공동주택을 건설하려는 것으로 해당 부지의 확보가 필수적이라 할 것인데, 피고들은 이 사건 주택건설사업을 추진하는 과정에서 일부 소유자들에게 매매대금을 지급하고 아래 표 순번 1 내지 3 기재 부동산에 관하여 피고 추진위원회 앞으로 소유권이전등기를 마쳤고, 이 사건 사업부지 중 위 부동산 외에 피고들 소유 명의로 등기된 부동산은 없는 것으로 보인다.

피고들은 AT 주식회사에게 아래 표 순번 1, 2 기재 부동산을 신탁한 후 금융기관에 위 각 부동산을 담보로 제공하고 사업자금을 대출받아 사업자금으로 사용하였는데, 이후 순번 1 기재 부동산의 담보대출 원리금 73억 원, 순번 2 기재 부동산의 담보대출 원리금 2,160,000,000원을 변제하지 못하여 아래 표 기재와 같이 공매절차를 통해 순번 1 기재 부동산은 주식회사 AU에게, 순번 2 기재 부동산은 주식회사 AV에게 매각되어 소유권이전등기가 마쳐졌다.

한편 아래 표 순번 3 기재 피고 추진위원회 소유 부동산에 관하여, 채권자 AW (청구금액 107,000,000원)의 가압류 등 13건의 가압류등기가 마쳐졌다. 위 채권자들의 가압류등기 청구금액 합계액은 2,348,000,000원이고, 채권자 AX은 부산지방법원 동부지원 2019가단

214137 기타(금전) 사건의 집행력 있는 판결 정본에 기하여 청구금액을 109,691,478원으로 하여 아래 표 순번 3 기재 피고 추진위원회 소유 부동산에 대하여 부산지방법원 동부지원 AY로 부동산 강제경매 신청을 하였고, 2019. 10. 18. 부동산강제경매절차가 개시되어 진행 중이다.

피고들이 작성한 토지조서 기재 부동산 중 아래 표 기재와 같이 제3자에게 소유권이 이전된 토지 3050.4㎡(순번 1 기재 토지 1537㎡ + 순번 2 기재 토지 1513.4㎡)는 이 사건 사업부지의 약 8.17%(3050.4/37,317.75)이고, 경매가 진행 중인 부동산을 더하면 3,926.63㎡(순번 1 기재 토지 1537㎡ + 순번 2 기재 토지 1513.4㎡ + 순번 3 기재 토지876.23㎡)로 10.52%(=3,923.63/37,317.75)에 달한다. 피고들의 계약서 작성률이 피고들이 주장하는 대로 2018. 12. 기준 73.5%라고 하더라도 그 후 소유권을 상실한 8.17% 토지를 제외하면 이 사건 변론종결일 현재 65.33%에 불과하다. 그럼에도 불구하고 위 공매 및 경매를 중지 내지 취하시키지 못한 점, 위 ③항의 각주 기재 매매계약의 잔금지급기일이 상당기간 경과하였음에도 그 소유권이전등기를 마치지 못한 것으로 보아 잔금지급을 하지 아니한 것으로 추정되는 점, 피고들은 피고 추진위원회가 상당한 자산을 보유하고 있다고 주장하나 이를 알 수 있는 아무런 증거를 제출하지 않고 있는 점, 현재 피고들이 소유권을 취득한 이 사건 사업부지 내 토지는 전혀 없는 점 등에 비추어 보면, 지역주택조합사업이 목적을 달성하기까지 통상 장기간이 소요되는 점을 감안하더라도 피고들이 이 사건 사업을 계속 추진하여 이 사건 약정상 계약금 채무의 정지조건인 70% 이상 계약서 작성, 지역주택조합설립인가요건인 80% 이상 토지의 사용권원 확보, 주택건설사업승인요건인 이 사건 사업부지 중 95% 이상에 대한 소유권취득에 이를 것을 기대할 수 없다고 봄이 타당하다.

⑥ 피고 추진위원회는 2017. 9. 20. 창립총회를 개최한 이후 현재까지 조합설립 인가 신청을 하지 못하였다.

⑦ 피고 추진위원회는 피고들이 설립하려는 지역주택조합의 조합원으로 가입하려는 조합원들에게 이 사건 주택건설사업으로 신축될 아파트를 분양하기로 하는 가입계약을 체결하면서 창립총회로부터 1년 이내 설립인가 신청을 하지 못할 경우 납부한 계약금 및 업무추진비용을 포함한 금액을 모두 반환할 것을 보장한다는 내용의 안심보장증서를 교부하였다.

피고 추진위원회와 조합원 가입계약을 체결하고 안심보장증서를 교부받았던 AX은 피고 추진위원회가 창립총회로부터 1년 이내 설립이나 신청을 받지 못하였으므로 안심보장증서에 따른 부담금 반환과 가입계약 해지를 주장하며 피고 추진위원회를 상대로 부산지방법원 동부지원 2019가단215137호로 분담금반환 청구의 소를 제기하였다. 위 법원은 2019. 10. 10. 조합가입계약자들은 안심보장증서에 정한 조건이 성취되면 자신들이 납부한 금원을 반환받고 피고 추진위원회로부터 탈퇴할 수 있다고 봄이 상당하다는 이유로, 피고 추진위원회는 분담금 상당을 지급하고 조합원가입계약이 해지되었음을 확인한다는 내용의 판결을 선고하였고, 위 판결에 대하여 피고 추진위원회가 항소하여 부산지방법원 2019나31717호로 항소심 계속 중이다. EV, EW, EX, EY 역시 같은 이유로 피고 추진위원회를 상대로 부산지방법원 동부지원 2018가합107854호로 분담금반환 청구의 소를 제기하였고, 위 법원은 2019. 11. 13. 피고 추진위원회는 분담금 상당을 지급하고 조합원가입계약이 해지되었음을 확인한다는 내용의 판결을 선고하였다.

3) 이 사건 약정은 피고들의 귀책사유로 인하여 이행불능이 되었고, 원고의 해제의 의사표시가 담긴 2019. 9. 11.자 부대항소장 부본이 2019. 9. 16. 피고들 소송대리인에게 송달되었음은 이 법원에 현저하거나 기록상 분명하다.

이 사건 약정은 적법하게 해제되었다고 봄이 상당하고, 피고들이 이를 다투고 있는 이상 원고에게는 이를 확인할 이익이 있다.

[지역주택조합/ 사업계획 변경/ 조합가입계약 해제] 지역주택조합 사업은 사업진행 과정에 여러 변수가 생길 수 있으므로 최초 계약과 다른 상황이 발생하였더라도 당사자가 예측가능한 범위를 초과하였다는 등의 특별한 사정이 없는 한 조합가입계약의 불이행으로 보아 조합가입계약을 해제할 수 없다(대법원 2021다286116 총회결의무효확인등).

판례 해설

　대상판결에서는 지역주택조합사업의 특성상 사업계획이 변경될 가능성이 크고, 조합가입계약 시 조합원이 사업계획 변경 및 추가부담금 발생 가능성을 인지하고 동의하였으며, 조합규약에도 이러한 내용이 포함되어 있었다는 사실을 인정하면서, 조합원 총회에서 변경된 사업계획이 승인되었으므로, 전용면적 확대 및 부담금 증가만으로 조합의 아파트 공급이 불가능한 상태에 놓였다고 볼 수 없다고 판시하였다.

　즉, 대상판결은 조합원으로서 조합의 사업계획 변경이 충분히 예측 가능했고, 조합원들도 이에 동의하는 서약서를 작성하였으므로, 사업계획이 변경되어 조합원의 부담금이 증가한 사정만으로 조합가입계약 해제가 인정되지 않는다고 판시한 것이다.

　결국, 지역주택조합사업의 특성상 사업계획이 변경될 가능성이 크고, 사업계획 변경으로 인한 조합가입계약의 해제는 예측 가능한 범위를 초과하는 변경으로 신의칙에 반하는 경우에 가능하기 때문에, 조합가입계약시에는 조합가입계약서 및 조합규약에 건설 예정 아파트의 세대수·주택평형 등의 변경 및 추가부담금 발생 가능성이 명시되어 있는지, 조합에서 '향후 사업계획과 조합원부담금이 변경, 조정될 수 있음을 인지하고 이에 이의를 제기하지 않겠다.'는 취지의 서약서 작성을 요구하는지 등을 신중하게 검토해야한다.

원심의 판단

조합원들이 부담해야 할 조합원부담금이 2배로 증가하는 것은 이례적인 일로 보이므로, 위와 같은 조합원부담금의 증액은 이 사건 각 조합가입계약 체결 당시 원고들이 예측할 수 있었던 범위를 초과하는 변경 또는 현저한 사정변경에 해당하여, 조합가입계약을 해제할 수 있다.

대법원의 판단

1. 주택법상 지역주택조합사업은 통상 지역주택조합 설립 전에 미리 조합원을 모집하면서 그 분담금 등으로 사업부지를 매수하거나 사용승낙을 얻고, 그 이후 조합설립인가를 받아 추가적으로 소유권을 확보하고 사업승인을 얻어 아파트 등 주택을 건축하는 방식으로 진행되므로, 그 진행과정에서 조합원의 모집, 재정의 확보, 토지매입 작업 등 사업의 성패를 좌우하는 여러 변수들에 따라 최초 사업계획이 변경되는 등의 사정이 발생할 수 있다(대법원 2014. 6. 12. 선고 2013다75892 판결 참조).

따라서 지역주택조합의 조합원이 된 사람이, 사업추진 과정에서 조합규약이나 사업계획 등에 따라 당초 체결한 조합가입계약의 내용과 다르게 조합원으로서의 권리·의무가 변경될 수 있음을 전제로 조합가입계약을 체결한 경우에는 그러한 권리·의무의 변경이 당사자가 예측가능한 범위를 초과하였다는 등의 특별한 사정이 없는 한 이를 조합가입계약의 불이행으로 보아 조합가입계약을 해제할 수는 없다(대법원 2019. 11. 14. 선고 2018다212467 판결 참조).

2. 판단

가. 이 사건 각 조합가입계약서에서는 "목적물의 표시" 부분 밑에 "아파트 세대수, 주택평형, 단지규모, 세대 간 공간구성, 부대복리시설 규모, 단지시설물 및 건물외관 등의 사업개요는 건축심의와 사업계획승인 또는 변경승인 등 인허가 결과에 의하여 변경될 수 있습니다."라고 기재되어 있다. 또한 위 각 조합가입계약서 제7조 제11항 제1호에서 "본 사업부지 매입과 관련하여 인허가 시 사업계획변경에 따른 건축규모 및 세대별 단위면적 등의 변경에 따라 조합원부담금이 변경될 수 있으며, 조합원부담금의 10% 범위 내에서 금액 조정에 관하여 원고들은 피고의 이사회에 위임하고, 피고는 변경 내용을 확정하여 사업계획승인 후 조합원에게 개별통지하고, 원고들은 이에 동의하고 승인한다."라고 정하고, 제2호에서 "위 제1호에 따라 조합원부담금의 10% 이상의 금액 조정이 발생될 경우, 조합총회를 개최하여 변경사항을 결의한다."라고 정하고 있다. 즉 위 각 조합가입계약서에 주택평형 등 사업계획이 변경될 수 있고 조합원이 추가로 부담금을 납입할 수 있음을 예정하고 있다. 따라서 원고들은 이 사건 사업을 추진하는 과정에서 위 각 조합가입계약서에 정해진 아파트의 공급면적 및 조합원부담금이 피고의 조합총회 결의로 변경될 수 있다는 점을 예상할 수 있었다.

(2) 지역주택조합사업의 특성상 사업추진 과정에서 최초 사업계획이 변경되는 등의 사정이 발생할 수 있으므로 원고들 또한 이러한 점을 염두에 두고 이 사건 각 조합가입계약을 체결하면서 '향후 주택조합 설립인가 및 사업계획 승인 시 사업계획과 조합원부담금이 변경, 조정될 수 있음을 인지하고 이에 이의를 제기하지 않겠다.'는 취지의 '무주택서약서 및 각서'에 서명·날인하였다.

나. 피고의 조합규약도 '본 사업의 시행상 필요할 경우 또는 도시계획의 변경에 따른 대지의 총면적이 변경될 경우 그 변경 고시된 면적에 따른다.'고 정하고 있고(제4조), '조합원에게 공급하는 주택의 규모는 조합의 사업계획 및 사업승인의 내용에 따라 평형별로 확정한다.'고 정하고 있으며(제44조 제1항), 조합원의 탈퇴, 자격상실, 제명 등에 관한 규정(제12조) 및 조합원의 추가모집·교체에 관한 규정(제13조)을 두어 조합원 변경도 예정해 두고 있다.

다. 피고는 2021. 2. 6. 개최된 임시총회에서 이 사건 아파트의 전용면적을 49㎡ 및 59㎡에서 각 70㎡ 및 84㎡로 변경하는 사업계획 변경을 승인하는 안건 등을 결의하였다.

라. 이상과 같이 이 사건 각 조합가입계약서 및 피고 조합규약에 건설 예정 아파트의 세대수·주택평형 등의 변경 및 추가부담금 발생 가능성이 명시되어 있었고, 사업계획의 변경에 관하여 피고 조합원들의 총회

승인결의도 있었던 이상, 원고들이 당초 공급받기로 한 아파트의 전용면적이 넓게 변경되고 이에 따라 조합원부담금이 증가하였다는 사정만으로 원고들에 대한 피고의 아파트 공급이 불가능하게 되었다고 볼 수 없다. 위 각 조합가입계약 당시 원고들이 이 사건 사업계획의 변경을 예측할 수 없었다거나 그 변경의 정도가 예측 범위를 초과한다고 보이지 않는다. 또 사업계획 변경이 조합원인 원고들에게 책임 없는 사유로 발생하여 조합가입계약의 내용대로 구속력을 인정한다면 신의칙에 현저히 반하는 결과가 생긴다고 보기도 어렵다.

4. 그럼에도 원심은 그 판시와 같은 이유로 원고들이 피고의 이행불능 또는 사정변경을 이유로 이 사건 각 조합가입계약을 해제할 수 있다고 판단하였다. 이러한 원심판단에는 이행불능 또는 사정변경을 원인으로 한 지역주택조합 가입계약의 해제에 관한 법리를 오해하여 판결에 영향을 미친 잘못이 있다.

[지역주택조합/ 동호수 수정 / 조합계약해제] 조합계약 당시 지정된 동호수로 배정받지 못하였고 그 이행이 불가능하다고 하더라도 동등 또는 유사한 동호수 배정이 가능하다면 최초 계약 당시 지정된 동호수로 이행이 되지 않았다고 하여 이행불능이라고 볼 수 없다 (대법원 2019다259234 계약금반환등청구의소)

판례 해설

대상판결은 원심에서 조합계약 해제를 인정한 판결을 대법원이 파기환송 시킨 사건이다.

원심에서는 원래 예정된 사업부지 중 일부를 확보하지 못하여 사업부지가 축소됨으로서 계약 당시 지정된 동호수를 지정받지 못하였으므로 이는 결국 이행불능에 해당하고 원고의 계약이 적법하다고 판단하였다. 그러나 **대법원은 당초 1,121세대 규모의 공사를 진행할 예정이었으나, 부득이 축소되었다고 하더라도 그 규모는 1,014세대로서 그 규모에 있어서 별반 차이가 나지 않은 점을 고려**하여 다른 동호수가 지정된다고 하더라도 이행불능까지는 아니라고 판단한 것이다.

사실 기존 판례에서도 역시 이행불능의 요건 해석에 관하여 엄격하게 해석하였는바, 이 사건에서도 규모가 거의 동일하고 거기에 더하여 다르긴 하지만 동호수 역시 기존 계약과 유사한 정도라고 한다면 다소 차이가 있다고 하더라도 계약을 해제할 수 없다고 판단하였다.

사실관계

1) 피고는 화성시 Z 일원에서 공동주택 신축을 목적으로 2015. 2.경 설립된 지역주택조합이다. 원고 U를 제외한 나머지 원고들과 AA은 피고의 조합원이 되어 화성 AB 아파트(이하 '이 사건 아파트'라고 한다) 중 AC동, AD동에 속한 이 사건 지정호수를 공급받기로 하는 내용의 조합

가입계약을 체결하였다(이하 '이 사건 조합가입계약'이라고 한다).

　2) 원고 U를 제외한 나머지 원고들과 AA은 이 사건 조합가입계약에 따라 계약금과 업무추진비를 지급하였다. 그 후 AA이 2017. 11. 2. 사망하여 남편인 원고 S와 아들인 원고 U가 AA의 이 사건 조합가입계약에 따른 지위를 승계하게 되었다.

　3) 이 사건 아파트는 **당초 1,121세대 규모로 신축될 계획이었으나 사업부지 등 일부가 확보되지 못함에 따라, 2016. 1.경 1,014세대만이 신축**되는 것으로 사업계획이 변경되었고, 그 결과 AC동, AD동의 신축은 무산되었다.

　4) 피고는 원고들에게 다른 동·호수의 아파트로 변경할 수 있다고 안내하였지만, 원고들은 이 사건 소장부본의 송달로써 이 사건 조합가입계약의 해제를 통지하였다.

　5) 원고 U를 제외한 나머지 원고들과 AA이 이 사건 조합가입계약 체결 당시 작성하여 제출한 각서(이하 '이 사건 각서'라고 한다)에는 "본인은 (가칭) 화성시 Y 지역주택조합에 가입함에 있어 후일 아파트 단지 배치 및 입주 시 면적과 대지 지분이 다소 차이가 있어도 이에 이의를 제기하지 아니한다."(제6조), "본인은 (가칭) 화성시 Y 지역주택조합 및 조합업무대행 용역사가 결정 추진한 조합업무에 대하여 추인하며, 향후

사업계획 승인 시 사업계획(설계, 자금계획, 사업규모 등)이 변경, 조정될 수 있음을 인지하고 이에 이의를 제기하지 아니하기로 한다."(제10조)라고 기재되어 있다.

법원판단

1. 주택법상 지역주택조합 사업은 통상 지역주택조합 설립 전에 미리 조합원을 모집하면서 그 분담금 등으로 사업부지를 매수하거나 사용승낙을 얻고, 그 이후 조합설립 인가를 받아 추가적으로 소유권을 확보하고 사업승인을 얻어 아파트 등 주택을 건축하는 방식으로 진행되므로, 그 진행과정에서 조합원의 모집, 재정의 확보, 토지매입작업 등 사업의 성패를 좌우하는 여러 변수들에 따라 최초 사업계획이 변경되는 등의 사정이 발생할 수 있다(대법원 2014. 6. 12. 선고 2013다75892 판결 참조).

따라서 지역주택조합의 조합원이 된 사람이, 사업 추진 과정에서 조합규약이나 사업계획 등에 따라 당초 체결한 조합가입계약의 내용과 다르게 조합원으로서의 권리·의무가 변경될 수 있음을 전제로 조합가입계약을 체결한 경우에는 그러한 권리·의무의 변경이 당사자가 예측 가능한 범위를 초과하였다는 등의 특별한 사정이 없는 한 이를 조합가입계약의 불이행으로 보아 조합가입계약을 해제할 수는 없다(대법원 2019. 11. 14. 선고 2018다212467 판결 참조).

2. 위와 같은 사실관계에 기초하여 앞서 본 법리에 따라 판단한다.

1) 변경된 사업계획에 의하더라도 신축되는 이 사건 아파트의 규모가 1,014세대에 이르러 원고들은 피고로부터 당초 공급받기로 한 이 사건 지정호수 대신 그와 비슷한 위치와 면적의 다른 아파트를 공급받을 가능성이 있으므로, 특별한 사정이 없는 한 이와 같은 정도의 변경은 **이 사건 각서에서 예정한 범위 내의 아파트 단지 배치 및 사업계획의 변경에 해당한다**고 볼 수 있다.

2) 지역주택조합사업의 특성상 사업추진 과정에서 최초 사업계획이 변경되는 등의 사정이 발생할 수 있으므로 원고들 또한 이러한 점을 고려하여 **이 사건 조합가입계약을 체결하면서 후일 아파트 단지 배치 등에 일부 차이가 발생하거나 사업계획이 변경되더라도 이의를 제기하지 않겠다는 취지의 이 사건 각서를 작성하여 교부**한 것으로 보인다.

3) 따라서 원고들이 당초 지정한 동·호수의 아파트를 공급받지 못하게 되었다는 사정만으로 이 사건 조합가입계약의 위반이라거나 원고들에 대한 피고의 아파트 공급이 불가능하게 되었다고 단정할 수 없다.

3. 그럼에도 원심은, 이 사건 조합가입계약에 따른 피고의 원고들에 대한 채무가 피고의 귀책사유로 인하여 이행불능이 되었고 이 사건 조합가입계약이 적법하게 해제되었다고 판단하였다. 이러한 원심 판단에

는 지역주택조합 가입계약의 해제에 관한 법리 등을 오해하여 판결에 영향을 미친 잘못이 있다. 이 점을 지적하는 상고이유 주장은 이유 있다.

[지역주택조합/ 조합원 자격/ 조합원 지위 상실] 조합가입계약의 내용이 조합규약보다 반드시 우선 적용되는 것은 아니다[조합 자격 상실 관한 쟁점]. (대법원 2020다237100 조합원지위부존재등청구의소).

판례 해설

지역주택조합의 설립 및 운영은 주택법과 시행령에 따라 엄격히 규정되어 있으며, 이러한 자격은 당사자의 의사로 배제하거나 변경할 수 없다.

대상판결은, 조합규약은 조합의 근본규칙이자 자치법규이므로, 작성자의 주관이나 해석 당시 조합원의 다수결에 의한 방법 등으로 자의적으로 해석되어서는 안 되고, 이 사건 조합의 규약은 '조합원 자격에 해당하지 않게 된 자의 조합원 자격은 자동상실된다'고 규정하고 있으므로 세대주 자격 상실 시 조합원 자격도 자동으로 상실된다고 판시하였다.

또한, 대상판결은 가입계약서에서 '조합원이 관련 법규 및 규약에 의거 주택조합의 조합원 자격을 상실하였을 때, 조합은 이행의 최고 또는 기타 별도이 조치를 취함이 없이 즉시 계약을 해지할 수 있으며, 이때 그 조합원의 조합원 자격은 자동으로 상실된다'는 규정이 있다고 해도, 세대주 자격이 상실되어 조합원 자격을 상실하였다면 그 조합원은 조합의 계약 해지 없이 조합원 자격을 자동 상실하고, 조합원 지위도 자동 상실한다고 판시하였다.

> 결국, 관련 법령에 규정된 조합원의 자격에 관한 규정은 당사자 의사에 의하여 배제할 수 없고, 조합규약에 조합원 자격 자동 상실에 대한 규정이 있다면 조합가입계약에 다소 다른 내용이 규정되어 있다고 해도, 조합규약보다 우선적용된다고 볼 수 없으므로 조합규약에 따라 조합원 자격이 자동 상실됨을 주의해야 한다.

원심의 판단

원심은 그 판시와 같은 이유로, 이 사건 가입계약 제10조 제1호에 따라 피고가 위 계약을 해지한 때에야 비로소 조합원 가입자인 원고의 조합원 지위가 상실된다고 할 것인데, 피고가 위 계약을 해지하였다고 인정할 증거가 없으므로 원고가 비록 세대주 자격을 상실하였다고 하더라도 피고 조합원 지위를 상실하였다고 볼 수는 없다고 판단하여, 원고의 조합원 지위 부존재 확인청구를 기각하였다.

대법원의 판단

가. 1) 지역주택조합 제도는 일정한 구분에 따른 지역에 거주하는 무주택 또는 소형주택 세대주의 주택마련을 통한 주거안정 등을 위한 제도인바, 지역주택조합의 조합원 자격에 관한 구 주택법이나 그 시행령 등의 규정은 당사자의 의사에 의하여 그 적용을 배제할 수 있는 규정이라고 할 수 없다.

2) 한편 구 주택법 시행령 제37조 제1항 제1호 (가)목 (3) 및 같은 조 제2항에 따르면 지역주택조합의 설립인가를 받으려는 자는 그 인가신청서에 조합원 전원이 자필로 연명한 조합규약 등을 첨부하여 관할 시장·군수·구청장에게 제출하여야 하고, 그 조합규약에는 조합원의 자격에 관한 사항, 조합원의 제명·탈퇴 및 교체에 관한 사항, 조합원의 비용부담 시기·절차 및 조합의 회계에 관한 사항 등이 포함되어야 한다.

3) 이러한 조합규약은 지역주택조합의 전체 조합원뿐만 아니라 조합의 기관, 즉 조합장, 이사, 이사회, 총회 등도 구속하는 근본규칙이자 자치법규이므로, 어디까지나 객관적인 기준에 따라 그 규범적인 의미 내용을 확정하는 법규해석의 방법으로 해석되어야 하고, 작성자의 주관이나 해석 당시 조합원의 다수결에 의한 방법 등으로 자의적으로 해석되어서는 안 된다.

4) 법률행위의 해석은 당사자가 그 표시행위에 부여한 객관적인 의미를 명백하게 확정하는 것으로서, 사용된 문언에만 구애받는 것은 아니지만, 어디까지나 당사자의 내심의 의사가 어떤지에 관계없이 그 문언의 내용에 의하여 당사자가 그 표시행위에 부여한 객관적 의미를 합리적으로 해석하여야 하고, 당사자가 표시한 문언에 의하여 그 객관적인 의미가 명확하게 드러나지 않는 경우에는 그 문언의 형식과 내용, 그 법률행위가 이루어진 동기 및 경위, 당사자가 그 법률행위에 의하여 달성하려는 목적과 진정한 의사, 거래의 관행 등을 종합적으로 고려하여 사회정

의와 형평의 이념에 맞도록 논리와 경험의 법칙, 그리고 사회 일반의 상식과 거래의 통념에 따라 합리적으로 해석하여야 한다(대법원 2009. 5. 14. 선고 2008다90095, 90101 판결, 대법원 2010. 10. 14. 선고 2009다67313 판결, 등 참조).

나. 위 사실관계를 앞에서 본 구 주택법과 그 시행령 등의 규정 내용 및 관련 법리에 비추어 살펴본다. 원고는 2018. 11. 12. 세대주 자격을 상실하여 피고의 조합원 자격을 상실하였으므로 더 이상 피고의 조합원이 아니라고 봄이 타당하다. 피고가 이 사건 가입계약 제10조 제1호에 따라 계약을 해지하지 않았다고 하더라도 원고가 피고의 조합원 자격이나 지위를 유지한다고 볼 수 없다. 구체적 이유는 다음과 같다.

1) 구 주택법 제32조 제7항, 구 주택법 시행령 제38조 제1항 제1호, 같은 조 제2항 및 피고의 조합규약 제8조, 제12조 제2항, 제4항 등에 따르면, 원고의 경우와 같이 조합원이 피고 조합주택의 입주가능일 도래 전에 세대주 자격을 상실함으로 인해 지역주택조합의 조합원 자격에 해당하지 않게 된 경우, 그 조합원은 피고의 조합원 자격을 자동으로 상실하고, 조합원 지위 역시 상실한다고 보아야 한다.

2) 이 사건 가입계약 제10조 제1호는 피고의 이 사건 가입계약 해지가능 사유와 그 해지에 따른 효과를 규정하고 있다. 그중 제10조 제1호 ④ 부분을 살펴보면, 그 문언 내용은 "원고가 관련 법규 및 규약에 의거

주택조합의 조합원 자격을 상실하였을 때, 피고는 이행의 최고 또는 기타 별도의 조치를 취함이 없이 즉시 계약을 해지할 수 있으며, 이때 원고의 조합원 자격은 자동으로 상실된다."라는 것으로서, 그 해지 가능 사유는 "관련 법규 및 규약에 따라 원고가 조합원 자격을 상실하였을 때"이고 그 해지 효과도 "원고의 조합원 자격 자동상실"이다. 이는 사실상 같은 내용이다. 따라서 이 사건 가입계약 제10조 제1호 ①, ②, ③, ⑤, ⑥ 부분과 달리 ④ 부분의 경우는, 해당 사유 발생 시 피고의 계약 해지 없이도 원고의 조합원 자격은 당연히 상실되고 이때 피고는 원고에게 그 자격상실을 확인하는 의미에서 통지하도록 하는 것으로 볼 여지가 있다.

3) 이 사건 가입계약 제15조 제3호에서는 "본 계약서에 표시되지 않은 내용에 대해서는 위임장, 각서, 조합규약 및 공사도급계약서에 따르기로 한다."라고 정하였는데, 이는 그 문언 그대로 이 사건 가입계약의 계약서에 표시되지 않은 내용에 대하여는 위임장, 각서, 조합규약 등에서 정한 사항을 보충적으로 적용한다는 취지이다. 반드시 이 사건 가입계약이 피고의 조합규약보다 우선 적용된다거나, 이 사건 가입계약으로써 그 계약 체결 후 제정, 시행된 피고 조합규약의 적용과 효력을 부인할 수 있다는 취지로 해석되지는 않는다.

4) 결국 이 사건 가입계약 제10조 제1호 ④ 부분과 앞에서 본 관계 법령, 조합규약의 규정 내용 등을 종합하면, 비록 피고가 이 사건 가입계약을 해지하지 않았다고 하더라도, 원고는 2018. 11. 12. 세대주 자격을

상실함에 따라 피고의 조합원 자격을 상실하였으므로 더 이상 피고의 조합원이 아니라고 할 것이다.

    5) 한편 피고의 조합규약 제12조 제1항은 조합원의 임의탈퇴 제한에 관하여, 같은 조 제2항은 조합원의 자격상실에 관하여 분명하게 구분하여 규정하고 있다. 구 주택법과 그 시행령 등 관계 법령, 피고의 조합규약과 이 사건 가입계약 가운데 조합원으로 하여금 세대주 자격을 계속 유지하도록 하거나 조합원이 세대주 자격을 변경하는 방법으로 조합원 자격을 상실할 수 없도록 하는 취지의 규정은 따로 두고 있지 않다. 원고가 세대주 자격을 상실함에 따라 피고의 조합원 자격을 상실한 것만을 두고 위 조합원 임의탈퇴 제한규정에 위배된 행위를 한 것이라고 단정하기는 어렵다.

    라. 그런데도 원심은 그 판시와 같은 이유로, 피고가 이 사건 가입계약 제10조 제1호에서 정한 바에 따라 위 계약을 해지하였다고 인정할 증거가 없는 이상 원고가 피고의 조합원 지위를 상실한 것으로 볼 수 없다고 판단하였다. 이러한 원심의 판단에는 구 주택법 및 그 시행령에 따른 지역주택조합의 조합원 자격상실에 관하여 정한 지역주택조합 규약의 해석과 그 효력 및 계약의 해석에 관한 법리를 오해하는 등으로 판결에 영향을 미친 잘못이 있다.

    [지역주택조합/ 조합원지위상실/ 장래효만 인정] 조합원 지위를 상실한 경

우 상실 이후에는 분담금 납부 의무가 면제되지만 이미 도래한 부담금은 납부할 의무가 있다.(대법원 2021다281999, 2021다282008 조합원부담금청구·조합원지위부존재확인등)

> **판례 해설**
>
> 대상판결은 먼저, 지역주택조합의 조합원 자격 요건을 규정한 구 주택법 및 시행령의 관련 조항은 단순한 단속규정일 뿐, 당사자가 이를 알고도 통정하여 위반하는 경우에는 사회질서에 반하는 법률행위로 무효가 될 수 있지만, 이를 위반한 약정이 곧바로 무효가 되는 것은 아니라고 하여 이러한 단속규정을 위반하여 체결한 조합가입계약을 유효로 볼 수 있다고 판시하였다.
>
> 그리고 대상 판결은 조합원은 사업 진행 단계별로 부담금을 납부해야 하며, 조합원 지위를 상실은 장래효가 있어 장래의 부담금 납부 의무는 면제되지만, 이전에 발생한 부담금은 납부해야 한다고 판시하였다.
>
> 특히 대상판결은 조합 가입 당시 자격 요건을 갖추었으나 주택조합설립인가신청일 이후 자격을 상실한 경우, 이후 발생하는 부담금은 납부할 필요가 없으나, 이전에 발생한 부담금은 납부해야 하며, 처음부터 조합원 자격을 갖추지 못한 경우에도 주택조합설립인가신청일 이후 부담금 납부 의무는 면제되지만, 그 이전의 부담금은 납부해야 한다고 판시하였다.
> 단속규정을 위반한 조합가입계약이라 하더라도, 통정에 의한 반사회질서 법률행위가 아니라면 유효로 볼 수 있다는 점과, 처음부터 조합원 자격없이 조합가입계약을 체결하고, 조합설립인가신청일까지도 그 자격을 얻지못했다 하더라도, 조합설립인가신청일 이전에 발생한 부담금 납부의무가 있음을 주의해야 한다.

법원판단

1) 이 사건 조합가입계약 체결 당시 시행되던 구 주택법(2015. 7. 24. 법률 제13435호로 일부 개정되기 전의 것, 이하 '구 주택법'이라고 한다) 제32조 제5항 및 동법 시행령(2014. 12. 23. 대통령령 제25880호로 일부 개정되기 전의 것) 제38조 제1항은 지역주택조합의 주택조합설립인가신청일부터 해당 조합주택의 입주가능일까지 세대원 전원이 주택을 소유하지 아니하거나 주거전용면적 $60m^2$ 이하의 주택 1채를 소유한 세대주인 자에 한하여 조합원이 될 수 있다고 규정하였고, 이 사건 조합가입계약과 원고의 조합 규약에 위와 같은 법령상 조합원 자격 요건을 그대로 반영하고 있다.

위와 같은 지역주택조합의 조합원 자격에 관한 구 주택법이나 그 시행령의 규정은 단순한 단속규정에 불과할 뿐 효력규정이라고 할 수 없어 당사자 사이에 이에 위반한 약정을 하였다고 하더라도 그 약정이 당연히 무효라고 할 수는 없다(대법원 1998. 7. 10. 선고 98다17954 판결, 대법원 2011. 12. 8. 선고 2011다5547 판결 참조). 다만, 당사자가 통정하여 위와 같은 단속규정을 위반하는 법률행위를 한 경우에 비로소 선량한 풍속 기타 사회질서에 위반한 사항을 내용으로 하는 법률행위에 해당하게 된다(대법원 1993. 7. 27. 선고 93다2926 판결, 대법원 2015. 9. 10. 선고 2012다44839 판결 참조).

이 사건에서 피고가 이 사건 조합가입계약을 체결할 당시 본인과 세대원인 배우자 명의로 각 1채씩 주택을 소유하고 있어 조합원 자격 요건을 충족하지 못하였지만, 추가로 원고와 피고가 통정하여 위와 같은 단속규정을 위반하여 이 사건 조합가입계약을 체결하였다는 사정에 관한 아무런 증거가 제출되지 아니하였다. 따라서 그와 같은 사정만으로는 피고가 원고와 사이에 체결한 이 사건 조합가입계약이 당연히 무효라고 볼 수는 없다.

2) 지역주택조합과 조합원 사이의 법률관계는 근거 법령이나 조합 규약의 규정, 조합총회의 결의 또는 조합과 조합원 사이의 약정에 따라 규율된다. 일반적으로 지역주택조합사업은 무주택자들이 주택 마련이라는 일정한 목적을 가지고 조합설립 준비단계에서부터 사업부지의 확보, 조합의 설립과 사업계획승인, 아파트 등 주택의 건축에 이르기까지 일련의 절차를 진행하여 시행되고, 조합원은 사업의 진행과정에서 그 진행단계에 따라 지속적으로 발생하는 사업비에 충당할 부담금을 납부할 의무를 진다.

이 사건에서 근거 법령에 따라 마련된 원고의 조합 규약이나 이 사건 조합가입계약에는 조합원의 의무로서 부담금 및 기타 비용에 관한 납부 의무를 정하고, 조합원 지위를 상실한 경우 납부한 부담금에 대하여 별도의 환불 범위, 방법 및 시기 등을 정하고 있다. 이러한 지역주택조합사업과 조합가입계약의 성질, 조합 규약이나 조합가입계약의 내용, 당사자들의 의사, 조합원 부담금 납부의 성질, 형태와 방법 등을 고려하여 보면, 조합원이 그 지위를 상실하면 그 효력은 장래에 향해서만 미친다고 보아야 한다.

따라서 조합가입계약 체결 당시에는 조합원 자격 요건을 충족하였으나 주택조합설립인가신청일 이후 조합원의 지위를 상실한 자는 그 지위를 상실한 이후부터는 그 후 이행기가 도래하는 부담금을 납부할 의무를 면하지만, 그 전에 발생하여 이행기가 도래한 부담금은 이를 납부할 의무가 있다. 나아가 이 사건 조합가입계약의 내용, 당사자들의 지위, 부담금 납부의무의 내용이나 성질에 비추어 보면, 조합가입계약을 체결하였으나 그 당시는 물론 주택조합설립인가신청일까지도 조합원 자격 요건을 충족하지 못한 자에 대하여도 마찬가지로 볼 수 있으므로 그와 같은 자는 주택조합설립인가신청일 이후 이행기가 도래하는 부담금을 납부할 의무를 면하지만, 그 전에 발생하여 이행기가 도래한 부담금은 이를 납부할 의무가 있다.

3) 피고는 이 사건 조합가입계약 체결 당시는 물론 주택조합설립인가신청일까지도 조합원 자격 요건을 충족하지 못하여 원고의 조합원 자격을 취득하지 못하였으므로, 주택조합설립인가신청일인 2015. 2. 14. 이후로서 2017. 4. 20.에야 이행기가 도래하는 3차 부담금에 대하여는 원고가 피고에게 그 지급을 구할 수는 없다.

라. 그런데도 원심은 그 판시와 같은 이유만을 들어 피고에게 이 사건 조합가입계약에 따른 3차 부담금 및 이에 대한 지연손해금의 지급을 명하였으니, 이러한 원심의판단에는 지역주택조합의 규약 및 이 사건 조합가입계약상 부담금 납부의무에 관한 법리를 오해하여 판결에 영향을 미친 잘못이 있다.

[지역주택조합/ 조합가입철회/ 설명의무미이행] 추진위원회가 조합계약 당시 제대로 설명하지 않았다면 추후 설립된 조합은 그에 대한 책임을 부담하여야 한다(대전지방법원 2022가단114635 부당이득금).

판례 해설

지역주택조합 추진위원회는 당사자에게 조합가입계약을 체결하면서 청약 철회 및 환급 절차를 명확히 설명하지 않았고, 계약금 반환이 불가능하다는 거짓 설명을 반복하여 갑이 계약을 유지하도록 유도했다.

한편, 주택법 제11조의6 제6항은 모집주체가 가입 신청자의 청약 철회를 이유로 위약금이나 손해배상을 청구할 수 없도록 규정하고 있는바, 지역주택조합 추진위원회는 이러한 법 조항을 무시한 채, 철회할 수 없다고 오해하도록 설명하였고, 위약금 납부가 필요하다고 안내하였다.

대상판결은 지역주택조합 추진위원회는 주택법 제11조의4 제1항에 따른 설명의무를 다하지 않았을 뿐만 아니라, 오히려 일부러 반대 취지로 설명하였으므로 적극적 기망이 있음을 인정하면서, 민법 제110조의 사기로 인한 계약 취소 사유에 해당하므로, 당사자는 계약을 취소할 수 있으며, 지역주택조합 추진위원회는 당사자에게 계약금을 반환해야 한다고 판시하였다.

주택법은 가입신청 철회를 이유로 위약금이나 손해배상을 청구할 수 없도록 규정하고 있으므로, 조합 추진위원회가 청약철회 등에 대한 설명의무를 다하지 아니하거나 오히려 위약금에 대하여 잘못 안내를 하는 경우 적극적 기망에 해당하여 민법 제110조 취소사유가 인정될 수 있음을 유의해야 한다.

피고의 주장

위약금 발생 때문에 1,500만 원 환불은 불가능하여서 그렇게 말한 것이지 무조건적으로 해지 자체가 불가라고 말한 취지는 아니고, 원고가 원고 스스로의 판단으로 계약을 유지할 것을 결정했으니 이는 번의하여 취소권을 포기하고 추인한 것에 해당한다.

법원판단

피고 측은 "위약금 발생 때문에 1,500만 원 환불은 불가능하여서 그렇게 말한 것이지 무조건적으로 해지 자체가 불가라고 말한 취지는 아니다."라고 변명한다. 하지만, 이는 "모집주체는 주택조합의 가입을 신청한 자에게 청약 철회를 이유로 위약금 또는 손해배상을 청구할 수 없다."고 규정한 주택법 제11조의6 제6항에 어긋나는 피고 주장이다. 뿐만 아니라 F이 실제 그처럼 설명한 바가 있다면 이는 F이 위 법률 규정을 몰각하여 거짓 설명을 한 것이고 주택법 제11조의4 제1항의 설명의무도 실질적으로 위반한 데에 해당한다.

그 후 F이 2022. 2. 18. 전화통화 시 원고에게 "포기하면 3,300만 원 업무추진비<각주2> 공제된다 했잖아요."라고 말했다. 그러한 위약금 3,300만 원 없이는 조합원 탈퇴가 불가하며 탈퇴하려면 3,300만 원을 위약금 납입해야 한다는 뜻으로 말한 것이다. 당초 청약철회권(주택법 제11조의6 제2항, 제6항)에 관하여 제대로 설명하지 않았고 오히려 일부러 틀리게(위약금이 1,500만 원이라고) 설명했었는데, 이제는 철회기간 30일이 지난 상황이라는 차이만 있을 뿐이고 결국 기존과 유사한 맥락에서, 그 연장선상에서 그렇게 말한 것이다.

F 등 피고 측 직원의 이러한 설명의무 해태 내지 설명의무 법률조항 위반은 비교적 일관되고 반복된 것으로 보인다. F 증언에 의하면 F은 계약 제9조 제2항, 주택법 제11조의6 제2항에서 규정한 '30일 내 철회권'에 대해 이 사건 계약 체결 무렵에 이미 알고 있었다. 마찬가지로, 주택법상 설명의무에 대해서도 잘 알고 있었으리라 보아야 옳다. 즉 F은 알면서도 원고에게 정확한 설명을 해주지 아니한 것이다.

주택법 제11조의4(설명의무) ① 모집주체는 제11조의3 제8항 각 호의 사항을 주택조합 가입 신청자가 이해할 수 있도록 설명하여야 한다.
제11조의3(조합원 모집 신고 및 공개모집) ⑧ 제1항에 따라 조합원을 모집하는 자(제11조의2 제1항에 따라 조합원 모집 업무를 대행하는 자를 포함한다. 이하 "모집주체"라 한다)와 주택조합 가입 신청자는 다음 각 호의 사항이 포함된 주택조합 가입에 관한 계약서를 작성하여야 한다.
1. 주택조합의 사업개요
2. 조합원의 자격기준
3. 분담금 등 각종 비용의 납부예정금액, 납부시기 및 납부방법
4. 주택건설대지의 사용권원 및 소유권을 확보한 면적 및 비율
5. 조합원 탈퇴 및 환급의 방법, 시기 및 절차
6. 그 밖에 주택조합의 설립 및 운영에 관한 중요 사항으로서 대통령령으로 정하는 사항

주택법 시행령 제24조의3(주택조합 발기인의 자격기준 등) ② 법 제11조의3 제8항 제6호에서 "대통령령으로 정하는 사항"이란 다음 각 호의 사항을 말한다.
5. 법 제11조의6에 따른 청약 철회 및 가입비등(법 제11조의6 제1항에 따른 가입비 등을 말한다. 이하 같다)의 예치·반환 등에 관한 사항

F 팀장 등이 청약 철회와 가입비 반환에 관하여 원고 측에 구두 설명을 정확하게 해주었어야 비로소 위와 같은 주택법상 설명의무를 이행했다고 볼 수 있다. 그러나 피고 측 직원 누구도 원고에게 계약 제9조 제2항 및 철회권, 철회기간에 관하여 구두 설명을 함으로써 설명의무에 관한 위 주택법령을 충실히 준수하였다고 볼 만한 정황 증거가 없다.

비록 설명확인서(갑3의 12쪽)에 원고가 가입철회 안내를 확인하였다는 란에 V 표시를 했기는 하나, 그러한 증거만으로는 피고 측이 주택법상의 설명의무를 이행하였다는 반증을 인정할 수 없다. 오히려 일부러 틀리게, 반대 취지로 설명한 바 있음이 명백하기 때문이다.

설명의무를 이행하지 않았음을 뒷받침하는 정황이 더 있다. 갑3 계약서 6쪽의 제9조에는 볼펜으로 밑줄 치거나 동그라미 표시한 곳이 없다. 이는 갑3 계약서 11쪽의 제12조 제4항(위약금 발생) 부분은 볼펜으로 동그라미와 별표가 표시되어 있으니 피고 측 직원이 구두 설명을 했으리라 추정되는 것과 대조된다.

설명의무 위반 외에도 피고 측 행동은 주택법 제11조의6 제2항(철회권 보장), 제6항(위약금 또는 손해배상 청구 금지)에 어긋나는 것이기도 함은 앞서 지적한 바와 같다.

> **주택법 제11조의6(조합 가입 철회 및 가입비 등의 반환)**
> ② 주택조합의 가입을 신청한 자는 가입비등을 예치한 날부터 30일 이내에 주택조합 가입에 관한 청약을 철회할 수 있다.
> ⑥ 모집주체는 주택조합의 가입을 신청한 자에게 청약 철회를 이유로 위약금 또는 손해배상을 청구할 수 없다.

청약을 임의로 철회할 수 있다는 등의 위 규정들을 신설하는 주택법 일부개정법률<각주3>에 적힌 개정 이유는 이러하다:

> 현행법은 주택조합의 조합원이 탈퇴하는 경우 조합규약이 정하는 바에 따라 부담한 비용의 환급을 청구할 수 있도록 하고 있으나, 조합규약의 불명확성과 불합리성으로 인하여 이를 원활히 환급받지 못하는 사례가 발생하고 있는바, 조합가입 철회 및 가입비 등의 반환에 필요한 사항을 정하고, 주택 공급과 관련된 허위·과장 광고에 대한 통제를 강화하기 위하여 사업 주체에게 공급하려는 주택에 대한 표시 및 광고 사본의 제출 의무를 부과하는 등 현행 제도의 운용상 나타난 일부 미비점을 개선·보완하려는 것임.

이러한 입법 취지를 감안할 때, 피고 측 직원의 이러한 법령상 여러 조항들의 위반행위는 단순하고 사소한 위반이 아니고 적극적 기망으로써 원고를 속인 데에 해당한다고 보아야 한다. 따라서 원고는 민법 제110조에 의하여 계약을 취소할 수 있다고 보는 것이 옳다(2021. 12. 22. 이미 계약 체결이 마쳤고 그 후에야 비로소 사후적 기망이 있었을 뿐이라고, 철회권에 한하는 기망일 뿐이라고 이해하는 것은 올바른 관찰이 아니다).

결국 원고와 피고 B가 맺은 계약은 원고의 취소 의사표시가 적힌 내용증명 우편물이 도달한 때에, 늦어도 이 사건 소장의 부본이 도달한 때에 적법하게 취소되었다. 특별한 사정이 없는 한, 취소에 따른 원상회복으로 원고는 피고 B를 상대로, 기 수령 계약금 3,500만 원의 반환과 지연손해금을 청구할 수 있다(민법 제741조). 그러한 특별한 사정이 있어 원고의 청구를 저지할 수 있는지는 피고의 항변이 타당한지 여부에 좌우되기에, 피고 항변에 대하여 아래에서 살펴본다.

피고 항변의 요지는, 원고가 원고 스스로의 판단으로 계약을 유지할 것을 결정했으니 이는 번의하여 취소권을 포기하고 추인한 것에 해당한다는 것이다.

그러나 피고의 항변을 뒷받침할 만한 피고의 증명이 없다. 2021. 12. 23.부터 2022. 2. 18.까지의 기간 중에서 원고가 기망에 빠진 상태가 유지되고 있는 동안에 원고가 보인 태도는, 추인이 있었다는 피고 항변을 뒷받침하지 아니한다. 피고의 항변은 타당하지 못하다.

[지역주택조합/ 조합가입계약취소/ 광고의 기망성] 조합가입계약 당시 기망의 기준(대법원 2022다293395 부당이득금반환청구의소)

판례 해설

대상판결은 먼저, 상품 광고에서는 다수의 과장이 허용되지만, 거래의 중요한 사항에 대해 신의성실의무에 비추어 비난받을 정도의 방법으로 허위 정보를 제공하면 기망행위가 될 수 있음을 밝혔다.

또한 대상판결은 지역주택조합 조합원 모집 광고가 기망에 해당하는지는 관련 법령, 모집공고 내용, 모집 현황 및 진행 경과 등을 종합적으로 고려하여 판단해야 하며, 광고의 기망 여부는 보통의 주의력을 가진 일반인의 시각에서 객관적으로 판단해야 한다고 판시하였다.

대상판결은 원고는 피고 추진위원회의 광고 중 토지 확보비율 등을 보고 조합가입계약을 체결하였으며, 해당 광고는 피고 추진위원회나 업무대행자가 작성했을 가능성, 계약서에 첨부된 '사업계획 동의서'의 '매입대지면적' 기재 방식도 계약 상대방이 이미 확보된 토지로 오인할 소지가 있는 등 기망 또는 착오를 유발함을 인정할 수 있는 부분도 충분히 있었음에도 원심이 피고 추진위원회의 광고 작성 및 게시 경위, 광고와 피고 추진위원회의 연관성, 피고 추진위원회의 조치 등을 충분히 심리하지 않은 채 원고의 주장을 배척하였으므로, 심리미진의 위법이 있다고 인정하였다.

광고는 표현의 허용범위가 넓지만, 보통의 주의력을 가진 일반인의 시점에서도 신의칙에 반할 정도의 허위정보임이 인정되는 경우 기망행위가 될 수 있으며, 이러한 기망행위에 근거하여 체결된 계약은 취소가능성이 있다.

사실관계 및 원심의 판단

가. 원심판결 이유 및 기록에 의하면, 다음과 같은 사실을 알 수 있다.

1) 피고는 인천 서구 (주소 생략) 일대에서 지역주택조합 아파트 건립사업(이하 '이 사건 사업'이라 한다)을 추진하고 있는 자이다.

2) 2017. 5.경부터 이 사건 사업에 관한 인터넷 게시물이 작성·게시되었고, 위 게시물에는 주택조합설립 동의율, 대지 확보 관련 내용이 포함되어 있다.

3) 원고는 2018. 12.경 피고와 조합가입계약을 체결하고(이하 '이 사건 계약'이라 한다), 업무대행비와 분담금 등을 지급하였다.

나. 원심은 피고가 이 사건 계약을 체결하면서 확보한 토지사용권원의 비율에 관하여 사실과 다르게 고지하였다면 거래상 중요 사항을 허위 고지한 경우에 해당할 수 있다고 전제하면서도, ① 피고가 원고에게 이미 확보한 토지사용권원의 비율을 확정적으로 설명하였다고 보기 어렵고, ② 피고가 관련 광고판을 설치하거나 인터넷 게시물 작성에 관여하였는지 확인되지 않고 원고가 위 광고 등을 보고 이 사건 계약을 체결하였다고 보기도 어렵다는 이유로, 기망 및 계약 내용의 중요 부분에 관한 착오 주장을 배척하였다.

대법원의 판단

가. 그러나 원심의 판단은 그대로 수긍하기 어렵다.

1) 원고는 이 사건 사업을 위한 토지의 사용권원 확보비율 관련 광고 등을 보고 이 사건 계약 체결을 결정하였고, 위 광고 등은 피고나 업무

대행자와 사업대행 기타 계약관계가 존재하는 주체에 의하여 작성·게시되었다고 볼 여지가 있다.

가) 주택조합이나 주택조합 설립을 위한 추진위원회가 주택건설사업 등을 시행하는 경우 직접 자신의 명의로 조합원 모집 등 업무 전부를 진행하는 것이 아니라, 업무대행자 등에게 조합원 모집 등을 맡기는 경우가 대부분이다. 한편 일반인에 대한 인터넷 광고에 있어서 그 주체는 주택조합 측 본인이거나 명시적으로 업무대행계약을 체결한 업무대행자인 경우는 물론 광고 업무를 위임받은 제3자인 경우도 가능하고, 일반인의 입장에서 인터넷 광고의 주체가 주택건설사업 시행자와의 계약관계나 의사연결에 기하여 광고를 한 것인지를 확인할 방법은 없으므로, 인터넷 광고나 입간판 등 홍보물을 이용한 광고의 작성 주체가 문제되는 경우 그러한 광고의 상대방인 일반인이 광고가 해당 사업 시행자에 의하여 이루어졌다는 사정까지 증명하여야 하는 것은 아니다.

피고는 2017. 5.경 제1심 공동피고 주식회사 강북종합건설(이하 '강북종합건설'이라 한다) 등과 사이에 ○○동지역주택조합사업에 관하여 강북종합건설을 업무대행자로 한 사업협약서를 작성하였고, 위 사업협약서는 피고가 조합원의 모집 및 관련 제반업무를 수행·관리하되 강북종합건설이 피고의 업무를 지원한다고 정하고 있다. 강북종합건설의 대표이사 소외인은 관련 형사사건 수사과정에서 아파트 홍보 및 모집과 관련해서 분양대행사와 업무계약을 맺었다는 진술을 하였다. 이 사건 사업 관련 광고가 피고나 피고의 업무대행자 등과 관련하여 작성·게시되었을 가능성을 배제하기 어렵다.

나) 일반인은 광고에서 직접적으로 표현된 문장, 단어 등과 그 결합에 의하여 제시되는 표현뿐만 아니라 간접적으로 암시하고 있는 사항, 관례적이고 통상적인 상황 등 여러 사정을 종합하여 전체적·궁극적 인상을 형성하게 되므로, 지역주택조합 조합원 모집 광고가 계약상대방을 속이거나 계약상대방으로 하여금 잘못 알게 할 우려가 있는지는 보통의 주의력을 가진 일반인이 그 광고를 받아들이는 전체적·궁극적 인상을 기준으로 하여 객관적으로 판단하여야 한다. 이 사건 사업과 관련한 인터넷 게시물에는 이 사건 사업지에 걸려있다는 '주택조합설립 동의율 달성'이라는 내용의 현수막사진이나 '토지확보완료에 대한 공증서도 공개'한다는 내용 등이 포함되어 있고, 이러한 내용은 계약상대방을 속이거나 계약상대방으로 하여금 착오에 빠지게 할 우려가 있다.

이에 대해 피고는 인터넷 게시물에 의한 광고가 자신과 무관하다고 주장하지만, 그 광고가 피고와 사이의 계약관계 등에 따른 의사합치가 없는 제3자에 의하여 작성·게시된 것이라면 피고는 작성자 등을 상대로 이를 문제 삼았어야 할 것임에도 그러한 사정은 찾기 어렵다.

다) 피고의 대표자에 대한 관련 형사사건에서 검사는 2020. 6.경 사기 피의사실에 대해 혐의없음(증거불충분)의 불기소처분을 하였는데,

피고의 대표자가 기망행위에 관한 증거 부족 등으로 불기소처분을 받았다고 하더라도 피고의 대표자가 직접 허위·과장 광고를 하여야만 피고의 허위·과장 광고가 인정되는 것은 아니다. 한편 위 불기소처분의 불기소이유 중 피고의 토지확보 면적 비율이 66.6%임이 확인된다는 내용이 있는데, 이는 이 사건 사업 관련 인터넷 게시물에 포함된 내용과 비교할 때 상당한 차이가 있다.

라) 나아가 원심도 피고가 확보한 토지사용권원의 비율이 조합가입계약 체결에 있어 중요한 사항임은 인정하였다(이 사건 계약 체결 후 2020. 1. 23. 법률 제16870호로 개정된 주택법은 제11조의3 제8항에서 지역주택조합 조합원을 모집하는 자는 주택건설대지의 사용권원 및 소유권을 확보한 면적 및 비율이 포함된 주택조합가입에 관한 계약서를 작성하여야 하고, 제11조의5 제1, 2항에서 모집주체가 주택조합의 조합원을 모집하기 위하여 광고를 하는 경우 위 비율이 포함되어야 하며 이를 사실과 다르거나 불명확하게 제공하는 행위를 하여서는 아니 된다는 취지로 규정하고 있다).

지역주택조합 조합원 모집에 있어 주택건설대지 사용권원 확보와 같은 중요한 사항의 허위고지가 계약상대방인 일반인의 의사결정에 작용하는 태양과 그로 인해 침해되는 계약상대방의 이익의 성질을 고려하면, 그러한 허위고지와 계약상대방의 의사표시 사이의 인과관계를 인정함에 있어 인과관계가 자연과학에 준하는 수준으로 명백히 증명되어야 하는 것은 아니고 당해 상대방을 기준으로 법적·규범적 관점에서 상당인과 관계가 인정되면 그 증명이 있다고 볼 수 있다. 원고는 다수의 장소에 붙어 있는 피고의 홍보물을 보고 이 사건 사업에 관심이 생기게 되어 인터넷 게시물을 통하여 피고의 정보를 확인하고 그 고지 내용 등을 신뢰하여 이 사건 계약을 체결하게 되었다고 주장하고 있는바, 원고 주장 계약 체결 경위가 자연스럽고 특별히 신빙성을 부정할 사정은 보이지 않는다.

2) 또한 이 사건 계약서에 첨부된 '사업계획 동의서'의 '매입대지면적' 기재 부분은 원고를 비롯한 계약상대방의 입장에서는 '사업면적'에 대응하여 이미 매입한, 즉 계약 당시 사용권원이 확보된 주택건설대지 면적으로 이해되었을 여지가 충분하다.

가) 피고 측의 이 사건 사업 계획안과 토지이용계획도 등에 의하면, 전체 사업면적 중 도로와 공원 등 기반시설 용도로 제공될 용지를 제외한 나머지 부분이 이 사건 사업에 따라 건설될 공동주택에 제공될 '공동주택용지'로 보이고, 위 계획안 등에서 '매입대지면적'이라는 표현은 찾기 어렵다. 그런데 원고와 피고 사이의 이 사건 계약서 중 가입계약서 사업개요 부분에는 전체 '사업면적'만이 기재되어 있고, '사업계획 동의서' 부분에서는 전체 '사업면적'과 함께 '매입대지면적'이 기재되어 있는데, '매입대지면적' 부분에는 위 '공동주택용지' 면적과 동일한 면적이 기재되어 있다. 위 '사업계획 동의서'의 '매입대지면적' 기재 면적은 피고 측의 사업 계획안 등에 비추어 보더라도 '공동주택용지'로 계획된 면적일 뿐임에도 '매입대지면적'이라는 용어로 바꾸어 기재되어 있는바, '사업계

획 동의서'의 전체 문언이나 체계 등에 비추어 보더라도 '매입대지면적'은 '이미 매입한 면적', 즉 피고가 이미 소유권 등 사용권원을 확보한 면적으로 이해된다.

나) 위 '사업계획 동의서'의 '매입대지면적'은 '사업예정개요' 부분에 포함되어 있고, '사업계획 동의서' 본문에 '상기 사업계획은 인, 허가 과정에서 변경될 수 있다'는 취지의 내용이 있으나, 이후의 사업계획 변경가능성과 조합가입계약 체결 당시 피고가 사용권원을 확보한 면적과의 직접적인 관련성은 부족해 보인다.

다) 앞서 본 인터넷 게시물을 통한 광고 관련 사정까지 종합하여 고려하면, '사업계획 동의서'의 '매입대지면적'에 관한 피고의 의도가 무엇이든 계약상대방의 입장에서는 '매입대지면적'은 함께 기재된 '사업면적'에 대응하여 이미 매입한, 즉 계약 당시 사용권원이 확보된 대지 면적으로 이해하였을 것으로 보인다.

나. 따라서 원심으로서는 원고가 제출한 광고들이 피고나 피고의 업무대행자 등과 아무런 관련 없이 피고의 의사와 무관하게 작성·게시되었는지, 피고의 의사와 무관하다면 피고가 광고들에 대하여 어떤 조치를 취하였는지 등을 심리하고, 이 사건 계약 당시 작성된 '사업계획 동의서'의 '매입대지면적' 부분 등에 대해서도 피고가 '공동주택용지'에 해당하는 부분을 '매입대지면적'으로 바꾸어 기재한 경위는 어떠한지 등을

심리한 다음 기망행위의 존부 등을 판단하였어야 한다.

다. 그럼에도 원심은 판시와 같은 이유만으로 피고가 사업부지 확보 여부에 관하여 원고를 기망하였다거나 원고가 계약의 내용의 중요 부분에 관하여 착오에 빠져 있었다고 보기 어렵다고 판단하였으니, 이러한 원심판단에는 필요한 심리를 다하지 아니하고 의사해석에 관한 법리를 오해하여 판결에 영향을 미친 위법이 있고, 이를 지적하는 상고이유는 이유 있다.

[지역주택조합/ 조합가입계약취소/ 토지확보현황기망] 광고를 통하여 토지확보현황을 허위로 고지하는 것은 신의성실 의무에 비추어 비난받을 정도의 방법으로, 기망행위에 해당하고 이로 인하여 체결된 조합가입계약은 취소할 수 있다(의정부지방법원 남양주지원 2022가단34903 부당이득금).

> **판례 해설**
>
> 대상판결은 피고 추진위원회가 실제 11%밖에 토지확보를 못하였음에도, 95% 이상 확보하였다고 광고한 부분에 대하여 관련 법령상 지역주택조합의 토지 사용권원 확보 현황은 지역주택조합 사업의 추진 및 성패를 가르는 중요한 사항으로서 조합원들의 지역주택조합 가입에 있어서도 중요하게 고려될 요소임이 경험칙상 명백하다고 판시하면서,
> 피고가 사업 시행대행사인 E, F을 통하여 원고들과 이 사건 계약을 체결함에 있어 사업부지의 사용권원 확보 현황을 신의성실의 의무에 비추어 비난받을 정도의 방법으로 허위로 고지하였다고 볼 수 있고, 이와 같은 행위

는 기망행위에 해당하므로 원고들은 피고의 기망행위를 이유로 이 사건 계약을 취소할 수 있다고 판시하였다.

또한, 대상판결은 위 기망행위는 업무대행사였던 E과 F의 실질적 대주주라고 주장했던 K가 이 사건 조합 사업을 실질적으로 주도하면서 자의적으로 행한 것이고 이 사건 계약 체결 과정에서 피고가 원고들을 기망한 사실이 없다는 피고 주장에 대하여, 이는 피고와 업무대행사들간의 내부적 사정에 불과할 뿐이고 원고들과의 관계에서는 피고 및 피고의 권한을 위임받은 업무대행사가 앞서 본 바와 같은 기망행위를 행한 것으로 해석함이 타당하다고 판시하였다.

즉, 토지확보비율은 지역주택조합 가입에 있어, 중요하게 고려될 요소이고 광고를 통하여 이에 대하여 허위 고지한 것은 기망행위로, 이를 이유로 조합가입계약 취소가 인정될 수 있다. 한편, 추진위원회가 업무대행사를 매개로 조합가입계약을 진행하면서, 가사 업무대행사 측이 허위의 광고로서 기망행위를 한 것이라 하더라도, 이는 추진위원회와 업무대행사 내부적 관계의 문제일 뿐 조합원이 조합가입계약을 취소하는 것에는 영향이 없음도 명확히 알아두어야 한다.

사실관계

가. 피고 C 지역주택조합설립 추진위원회는 남양주시 D 토지 일대 61,376㎡에 아파트를 신축하는 지역주택사업(이하 '이 사건 사업'이라 한다)을 추진하려는 목적으로 설립된 단체로서, 2015. 11.경부터 2017. 2.경까지 E 주식회사(이하 'E'이라 한다)를 그 업무대행사로 지정하여

이 사건 사업을 추진하였다. 주식회사 F(이하 'F'라 한다)은 분양대행업 등을 영위하는 회사로서 2017. 2. 6. 피고와 조합업무대행용역계약을 체결하였고, 2018. 8. 3.경까지 조합원 모집 등을 포함한 피고의 이 사건 사업과 관련한 제반 업무를 대행하였다.

나. 피고 또는 그 업무대행사였던 E, F은 2016. 6.경부터 2016. 9.경까지 사이에 "토지 매입 97.5% 마감", "토지 매입 95.5% 완료" 등의 문구가 포함된 인터넷 블로그 광고를 게시하였고, 그 무렵 및 2017년경 "아파트 예정부지 기준으로 95% 이상 확보"의 문구가 포함된 신문 광고를 게재하였다. 그러나 2016. 6.경부터 2017. 7.경 사이까지 피고가 사용권원을 확보한 토지는 이 사건 사업 부지의 총면적 61,376㎡의 약 11%에 불과한 7,172㎡에 불과하였고, 나머지 토지의 경우 매매잔금을 지급하지 못하여 사용권원을 확보하지 못하였거나(G 및 H 소유 토지), 토지 상당 부분이 별도의 신탁 주식회사에 담보신탁 되어 있었던 데다가 매매잔금도 지급하지 못하여 사용권원을 확보하기 어려운 상황(I 및 J 소유 토지)이었다.

다. 원고들은 별지 표 순번 1 내지 2 '계약서 작성일'란 기재 각 일자에 피고와 조합원가입계약서(이하 위 계약서에 따른 계약을 '이 사건 계약'이라 한다)를 각 작성하였고, 별지 표 순번 1 내지 2 '납입일'란 기재 각 일자에 피고에게 조합원분담금 내지 조합업무대행용역비 명목으로 별지 표 순번 1 내지 2 '납입금'란 기재 각 돈을 지급하였다.

라. 원고들은 2022. 10. 4. 이 법원에 피고를 상대로 이 사건 계약을 사기를 이유로 취소한다는 의사표시가 담긴 소장을 제출하였고, 2023. 4. 6. 피고에게 위 소장부본이 송달되었다.

법원판단

상품의 선전·광고에 다소의 과장이나 허위가 수반되는 것은 그것이 일반 상거래의 관행과 신의칙에 비추어 시인될 수 있는 한 기망성이 결여된다고 하겠으나, 거래에 있어서 중요한 사항에 관하여 구체적 사실을 신의성실의 의무에 비추어 비난받을 정도의 방법으로 허위로 고지한 경우에는 기망행위에 해당한다(대법원 2014. 1. 23. 선고 2012다84417, 84424, 84431 판결 참조).

위 인정사실에 의하면, 원고들은 원고들이 조합원분담금 내지 조합업무대행용역비를 납입한 2016. 7.경부터 이 사건 계약에 관한 계약서를 작성한 2017. 4. 30.경 사이에 피고와 사이에 이 사건 계약을 체결한 사실을 인정할 수 있고, 그 당시 피고는 사업부지 대부분에 대한 사용권원을 확보하지 못하였음에도 불구하고 사업예정부지 중 95% 이상을 매입하여 확보하였다는 취지의 광고를 하였음을 알 수 있다.

한편, 주택법 제11조, 제15조, 주택법 시행령 제16조 제2항 제2호에 따르면 지역주택조합설립인가를 받으려는 자는 해당 주택건설대지의

80% 이상에 해당하는 토지의 사용권원을 확보하여야 하고, 주택건설사업계획의 승인을 신청하려면 주택건설대지의 95% 이상의 소유권을 확보하여야 한다. 위 법령에 비추어 볼 때, 지역주택조합의 토지 사용권원 확보 현황은 지역주택조합 사업의 추진 및 성패를 가르는 중요한 사항으로서 조합원들의 지역주택조합 가입에 있어서도 중요하게 고려될 요소임이 경험칙상 명백하다.

따라서 피고는 사업 시행대행사인 E, F을 통하여 원고들과 이 사건 계약을 체결함에 있어 사업부지의 사용권원 확보 현황을 신의성실의 의무에 비추어 비난받을 정도의 방법으로 허위로 고지하였다고 볼 수 있고, 이와 같은 행위는 기망행위에 해당하므로 원고들은 피고의 기망행위를 이유로 이 사건 계약을 취소할 수 있다. 나아가 원고들의 취소 의사표시가 포함된 이 사건 소장 부본이 피고에게 송달되었으므로, 그 송달일인 2023. 4. 6. 이 사건 계약은 적법하게 취소되었다.

이 사건 계약은 취소되었으므로, 피고는 원고들에게 조합원분담금 내지 조합업무대행용역비 명목으로 지급받은 돈을 반환할 의무가 있다. 그리고 계약이 취소된 때에 그에 따라 지급된 돈의 반환의무는 성질상 부당이득반환의무로서 그 반환 범위에 관하여는 민법 제748조가 적용되고, 악의의 수익자는 그 받은 이익에 이자를 붙여 반환하고 손해가 있으면 이를 배상하여야 하는데(민법 제748조 제2항 참조), 앞서 살핀 이 사건 계약의 체결 경위 및 피고의 기망행위 등을 감안하면 피고는 악의의 수익자로 봄이 상당하므로, 피고는 원고들로부터 조합원분담금 내지 조합업무대행용역비를 수령한 별지 표 순번 1 내지 2 '납입일'란 기재 각 일자부터의 이자 내지 지연손해금을 지급할 의무가 있다.

이에 대하여 피고는 위 기망행위는 업무대행사였던 E과 F의 실질적 대주주라고 주장했던 K이 이 사건 조합 사업을 실질적으로 주도하면서 자의적으로 행한 것이고 이 사건 계약 체결 과정에서 피고가 원고들을 기망한 사실이 없다고 주장하나, 이는 피고와 업무대행사들간의 내부적 사정에 불과할 뿐이고 원고들과의 관계에서는 피고 및 피고의 권한을 위임받은 업무대행사가 앞서 본 바와 같은 기망행위를 행한 것으로 해석함이 타당하므로, 피고의 주장은 받아들이지 않는다.

[지역주택조합/ 조합가입계약취소/ 토지확보현황기망] 토지확보현황을 허위로 고지하는 것은 기망행위이나, 업무대행사 또는 추진위원회 등이 허위의 설명을 하였다는 점은 증거를 통하여 객관적으로 입증되어야 한다(광주지방법원 2022가단549680 부당이득금).

판례 해설

대상판결은 원고가 제출한 증거들, 특히 네이버 카페에 달린 일부 댓글이나 소외 회사의 직원이라고 주장하는 F와의 통화내역 녹취록 등은 댓글을 작성한 주체가 누구인지, 언제, 어디에서, 누구로부터 그와 같은 설명을 들었는지 등에 관한 정보를 구체적으로 확인할 수 없고, 위 F가 위 가입계약 당시 소외 회사의 직원이거나 원고에게 그와 같은 설명을 실제로 하였는지도 알 수 없으므로, 위 증거들만으로 원고의 주장을 받아들이기는 어렵다고 판시하였다.

또한, 대상판결은 피고가 위 가입계약 체결 이전인 2019. 12. 27. 이 사건 공고를 통해 피고의 토지확보면적과 확보율 등을 일반에 공개하면서 향후 진행될 절차(조합설립인가 접수 시 80%, 사업계획승인신청 시 95%)에 따른 토지확보율 목표치를 제시한 다음, 그 후 꾸준히 토지확보면적과 확보율 등을 증대시켜온 점을 인정하여 원고의 청구를 기각하였다.

즉, 토지확보비율을 허위 고지한 것은 기망행위로, 이를 이유로 조합가입계약 취소가 가능하지만, 허위로 고지하였다는 점이 증거를 통하여 객관적으로 입증되지 못하는 경우는 조합가입계약 취소가 인정되지 않음을 주의해야 한다.

사실관계

가. 피고는 광주 서구 C 일대에 주택법에 따른 공동주택 신축사업(이하 '이 사건 사업'이라 한다)을 위한 지역주택조합의 설립을 추진하고자 구성된 단체이다.

나. 원고는 2021. 3. 25. 피고와 이 사건 사업에 관한 주택조합가입계약(이하 '이 사건 가입계약'이라 한다)을 체결하고, 계약 당일 1차 계약금(1,000만 원) 및 발코니 계약금(100만 원)으로 1,100만 원, 같은

달 26. 업무추진비용으로 1,430만 원, 같은 해 4. 15. 2차 계약금으로 13,838,000원 등 합계 39,138,000원을 피고의 자금관리신탁회사인 D 주식회사 명의의 농협계좌로 각 송금하였다.

다. 피고는 2019. 12. 27. 관할관청인 광주광역시 서구청 홈페이지에 '(가칭) B 지역주택조합 조합원 모집공고'(이하 '이 사건 공고'라 한다)를 게재하면서 당시의 토지 권원 확보면적(승낙면적)과 확보율을 '구역면적 대비'로는 4,795.6㎡와 42.5%, '대지면적 대비'로는 4,654.96㎡와 42.99%로 각 공지하였고, 이와 함께 '조합설립인가 접수 시 80% 이상 사용권원(토지사용승낙서 등) 확보하겠으며, 사업계획승인 신청 시 95% 이상 소유권 확보할 예정입니다.'라는 문구를 부기하였다.

라. 한편, 원고가 이 사건 가입계약을 체결한 2021. 3. 25.을 기준으로 피고가 권원을 확보한 토지면적은 5,247.30㎡로 그 확보율은 46.59%였고, 이 사건 변론종결일에 가까운 2023. 3. 22.을 기준으로 한 토지 확보면적은 7,867㎡로 확보율이 69.87%였다.

원고의 주장

원고는 이 사건 가입계약 당시 피고 또는 그 업무대행사인 주식회사 E(이하 '소외 회사'라 한다) 소속의 성명불상 직원으로부터 피고의 '토지 확보율이 90%이고, 2021년 4월에서 6월 사이에 조합설립인가가 나며,

2021년 9월경 동·호수 추첨을 하여 2023년도에 완공된다. 발코니 확장 공사를 진행하려면 지금 진행해야 한다.'는 취지의 안내를 받았고, 당시 피고와 가입계약을 체결한 다른 사람들도 동일한 설명을 들었다. 원고는 피고 측으로부터 위와 같은 토지확보율에 관한 설명을 듣고 이 사건 가입계약을 체결하였으나, 그로부터 약 1년이 지난 2022년 3월경 피고의 임시총회에서 피고가 확보한 토지 확보율은 60.34%에 불과하였다. 따라서 원고는 토지확보율 등에 관한 피고 측의 기망행위에 속아 위 가입계약을 체결하였으므로, 이를 취소한다. 실제로 원고는 위 가입계약에 대한 취소의 의사표시를 담은 내용증명을 2022. 10. 13. 피고에게 발송하였으므로, 피고는 원고에게 위 가입계약에 따라 원고로부터 지급받은 계약금 등 합계 39,138,000원 및 그 지연손해금을 부당이득으로 반환할 의무가 있다.

법원판단

원고가 제출한 증거들만으로는 이 사건 가입계약 당시 피고나 그 업무대행사인 소외 회사 직원 등이 원고에게 이 사건 사업의 토지확보율이나 주택의 완공 또는 입주 시기 등에 관하여 원고 주장과 같은 허위의 설명을 하였다고 인정하기 부속하다.

특히 원고는 네이버 카페에 달린 일부 댓글(갑5)이나 소외 회사의 직원이라고 주장하는 F과의 통화내역 녹취록(갑12, 13) 등을 증거로 제출하고 있으나, 위 댓글을 작성한 주체가 누구인지, 언제, 어디에서, 누구로부터 그와 같은 설명을 들었는지 등에 관한 정보를 구체적으로 확인할 수 없고, 위 F이 위 가입계약 당시 소외 회사의 직원이거나 원고에게 그와 같은 설명을 실제로 하였는지도 알 수 없으므로, 위 증거들만으로 원고의 주장을 받아들이기는 어렵다.

오히려 피고는 위 가입계약 체결 이전인 2019. 12. 27. 이 사건 공고를 통해 피고의 토지확보면적과 확보율 등을 일반에 공개하면서 향후 진행될 절차(조합설립인가 접수 시 80%, 사업계획승인신청 시 95%)에 따른 토지확보율 목표치를 제시한 다음, 그 후 꾸준히 토지확보면적과 확보율 등을 증대시켜온 것으로 보이므로, 토지확보면적이나 확보율 등에 관한 피고 측의 원고에 대한 기망행위를 인정하기는 더욱 어려워 보인다.

이처럼 이 사건 가입계약 당시 피고 측의 원고에 대한 기망행위가 있었다거나 이로 인해 원고가 위 가입계약을 체결하였다고 볼 수 없는 이상, 이를 전제로 위 가입계약을 취소하고 원고가 피고에게 지급한 계약금 등의 반환을 구하는 원고의 이 사건 청구는 받아들일 수 없다.

[지역주택조합 / 사업부지 확보율 관련 기망] 지역주택조합이 조합원과 계약을 체결할 당시 사업부지와 관련하여 100% 확보가 되지 않았음에도 100% 확보라고 광고 및 설명을 하였다면 이는 기망에 해당하고 이를 기화로 조합원은 조합계약을 취소할 수 있다(대전고등법원 2019나12822 부당이득금반환등청구의소)

> **판례 해설**
>
> 대상판결이 다른 판결과 다른 점은 조합원이 조합계약을 체결할 당시에는 분양권 홍보나 광고 등의 근거가 되는 사업부지를 확보하지 못하였, 계약 체결 이후 광고 등에 부합하는 사업부지를 확보하였음에도 불구하고 계약 당시를 기준으로 기망에 의한 취소가 인정된 것이다. 그러나 뒤의 판례들에서도 보는 바와 같이 조합계약 체결 당시 사업부지 확보율에 대하여 다소 과장이 있다고 하더라도 변론종결 당시에 사업 부지를 이미 확보하여 사업을 진행할 수 있을 경우에는 분양계약 당시 그와 같은 일부 기망행위가 있다고 하더라도 이미 치유되었다는 이유로 더 이상 취소를 인정하지 않았다.
>
> 그러나 계약 체결 자체에 기망이 있었다면 그 이후 추인은 그와 같은 내용을 알고도 동의하기로 하는 명시적 의사 정도가 있어야 하는바, 본 대상판결이 오히려 타당하다.

피고의 주장

'토지 100% 확보'의 문구는 이 사건 사업부지 전체를 매입했다는 것이 아니라 토지 소유자들로부터 사용승낙을 받았거나 토지 소유자들과의 협의가 이루어졌다는 의미에 불과하고, **피고 조합은 2015. 말까지 이 사건 사업부지 중 85.84%(국공유지에 대한 동의가 없다고 볼 경우) 또는 94.6%(국공유지에 대한 동의가 있다고 볼 경우)의 사용권원을 확보하였으므로**, 피고 조합이 이 사건 각 조합가입계약 당시 원고들에게 이 사건 사업 각 조합가입계약 당시 원고들에게 이 사건 사업부지 확보 여부를 기망하였다고 할 수 없다.

법원판단

가. 판단의 전제

1) 기망은 널리 재산상의 거래관계에 있어 서로 지켜야 할 신의와 성실의 의무를 저버리는 모든 적극적 또는 소극적 행위를 말한다(대법원 2004. 5. 30. 선고 2002도3455 판결 등 참조)

2) 상품의 선전·광고에 있어 다소의 과장이나 허위가 수반되는 것은 그것이 일반 상거래의 관행과 신의칙에 비추어 시인될 수 있는 한 기망성이 결여되나, 거래에 있어서 중요한 사항에 관하여 구체적 사실을 신의성실의 의무에 비추어 비난받을 정도의 방법으로 허위로 고지한 경우에는 기망행위에 해당한다(대법원 2009. 4. 23. 선고 2009다1212 판결 등 참조).

3) 주택법상 지역주택조합 사업은 **통상 지역주택조합 설립 전에 미리 조합원을 모집하면서 그 분담금 등으로 사업부지를 매수하거나 사용승낙을 얻고, 그 이후 조합설립인가를 받아 추가적으로 소유권을 확보하고 사업승인을 얻어 아파트 등 주택을 건축하는 방식으로 진행**되므로,

그 진행과정에서 조합원의 모집, 재정의 확보, 토지매입 작업 등 사업의 성패를 좌우하는 여러 변수들에 따라 최초 사업계획이 변경되는 등의 사정이 발생할 수 있다(대법원 2014. 6. 12. 선고 2013다75892 판결, 대법원 2019. 12. 12. 선고 2019다259234 판결 등 참조).

나. 사업부지 확보 기망 관련 주장에 관한 판단

앞서 채택한 증거 및 변론 전체의 취지에 의하여 인정되는 다음의 사실 및 사정을 종합하여 보면, **피고 조합은 원고들과 이 사건 각 조합가입계약을 체결한 2015. 12. 31.경까지 이 사건 사업부지 중 일부 부분만을 확보하였음에도 불구하고, 마치 이 사건 사업부지 95% 이상의 소유권 내지 사용권원을 확보한 것과 같이 원고들을 기망하여, 이에 속은 원고들과 이 사건 각 조합가입계약을 체결하였다고 할 것인바, 피고 조합의 원고들에 대한 사업부지 확보에 관한 기망은 거래에 있어서 중요한 사항에 관한 구체적 사실을 신의성실의 의무에 비추어 비난받을 정도의 방법으로 허위 고지한 경우에 해당한다고 할 것이므로, 원고들은 피고 조합의 기망을 이유로 이 사건 각 조합가입계약을 취소할 수 있다.** 따라서 이 사건 각 조합가입계약은 원고들의 이 사건 각 조합가입계약 취소 의사표시가 포함된 이 사건 소장 부본이 피고 조합에 송달된 2018. 10. 23. 적법하게 취소되었다고 할 것이다.

[지역주택조합/ 토지권원확보비율/ 기망의 정도] 사업부지 확보 비율에 있어서 다소의 기망행위가 있다고 하더라도 이를 이유로 취소할 수 없다(창원지방법원 2019가합54002 분담금반환).

판례 해설

지역주택조합 설립에 있어서 가장 중요한 점은 토지 사용권원 확보 비율 그리고 조합원 모집이다. 특히 토지 사용권원 자체는 조합사업의 진행 여부를 좌우하기 때문에 조합원 모집할 때 가장 중요한 사항 중 하나이고 일부 조합은 토지 사용권원 확보 비율을 부풀려서 계약을 체결하는 경우도 종종 있다. 문제는 그렇게 부풀릴 경우 어느 정도 선까지 허용되는지 여부이다.

먼저 조합설립인가를 받기 위해서는 80% 이상의 토지 사용권원을 확보해야 하고 95% 이상 사용권원을 확보할 경우에는 확보하지 못한 대지의 모든 소유자에게 매도 청구권을 행사할 수 있다. 즉 조합 자체의 설립 여부가 결정되는 확보 비율은 80%인바, 80% 이상의 비율을 확보하지 못하여 조합 설립 자체가 무산될 처지에 있는 조합이 만연히 80% 이상의 사용권원을 얻었다고 홍보할 경우에는 기망이라고 판단될 가능성이 높으나 이미 80%를 넘어서 원활하게 조합사업이 진행될 정도라고 한다면 그 비율에 다소 부풀렸다고 하더라도 이를 기망행위로 평가되지 않고 결국 조합계약 취소가 되지 못하는 것이다.

대상판결에서도 역시 **조합에서 조합원을 모집할 때 98%의 동의를 얻었다고 광고하였으나 실제 조합설립인가를 받을 정도의 동의를 받았고 이와 같은 점을 고려한다면 상거래의 관행상 용인될 수 있는 과장의 범위를 넘어설 정도로 현저하다고 보지 않아 결국 원고의 청구를 부정**하였다.

법원판단

갑 제5·8호증의 각 기재와 변론 전체의 취지에 의하면, 추진위 또는 추진위와 업무대행용역계약을 체결한 업무대행사는 인터넷, 홍보 전단지 등을 통하여 **조합원 모집을 위한 광고를 하면서** "토지매입 100% 완료로 확정 가격"이라는 표현을 사용한 사실은 인정된다.

그러나 앞에서 든 증거들과 이 법원의 김해시에 대한 사실조회 회신에 변론 전체의 취지를 종합하면 인정되는 다음과 같은 사실과 판단에 비추어 보면, 원고가 제출한 증거들만으로는 피고가 이 사건 가입계약의 중요한 사항에 관하여 구체적 사실을 신의성실의 의무에 비추어 비난받을 정도의 방법으로 허위로 고지하는 등 원고를 기망 하였다고 할 수 없고, 달리 이를 인정할 증거가 없다. 따라서 원고의 이 사건 가입계약 취소 및 원상회복 주장은 받아들일 수 없다.

① 피고가 2016. 3. 25 조합설립인가 당시 사용승낙 등으로 사용권원을 확보한 면적(국공유지 포함)은 29,687㎡(= 소유권 확보 면적 1,442㎡ + 사용승낙 받은 면적28,245㎡)로 사업부지 면적 30,286㎡ (기반시설 면적 제외)의 약 98%에 해당하는데, 이 사건 가입계약 체결 당시 피고가 사용권원을 확보한 면적은 이보다 적었을 것으로 보이므로 피고가 사업부지 사용권원 확보에 관하여 광고한 내용은 일부 사실과 다르다고 할 수 있다.

그러나 추진위가 조합설립인가 신청을 위하여 김해시에 제출한 토지사용 승낙서는 대체로 이 사건 가입계약 체결 이후에 작성된 것이기는 하나, 그 이전에 매매계약을 체결한 후 소유권이전등기를 받지 못한 상태에서 조합설립인가 신청을 위하여 토지사용승낙서를 받은 경우도 있는 것을 고려하면 **이 사건 가입계약 체결 당시에 추진위가 토지의 사용권원을 확보한 면적이 조합설립인가 당시보다 현저히 적다고 단정할 수는 없는 점, 피고가 2016. 3 .25. 조합설립인가와 2017. 12. 28. 사업계획승인을 받는 과정에서 사업부지 사용권원 확보와 관련하여 별다른 문제가 발생하지 않았던 점**에 비추어, 이와 같은 차이가 상거래의 관행상 용인될 수 있는 과장의 범위를 넘어설 정도로 현저하다고 할 수는 없다.

② 지역주택조합이 추진하는 주택건설사업은 토지매입, 사업계획승인, 조합원 모집 등의 절차에서 변수가 많아 당초 예정했던 사업 내용이 일부 변경되거나 사업비가 증액되는 경우가 많으므로, 이러한 사정은 원고를 비롯한 조합원들도 어느 정도 예상할 수 있었을 것이다. 조합규약 제 24조 제1항은 사업비의 조합원별 부담 내역을 총회의결 사항으로 정하고 있는데, 피고가 조합원 총회에서 추가 분담금을 납부하기로 하는 결의를 하는 경우 그 결의 내용이 원고의 개별적 의사와 부합하지 않는다고 하더라도 조합규약에 따라 적법하게 결의된 이상 조합원인 원고에게도 효력이 미치므로, 이처럼 조합원들이 단체법적 행위에 따라 변경한 조합원 분담금의 액수가 이 사건 가입계약 체결 당시에 예정·고지되었던 것과 다르다는 사정만으로 피고가 이 사건 가입계약 체결 과정에서 원고를 기망하였다고는 할 수 없다.

[지역주택조합/ 사업부지확보/ 기망의 정도] 조합원 계약 당시 토지 확보 비율에 대하여 조합의 성립 여부를 좌우할 정도로 기망한 경우 조합원은 조합에 대하여 민법 제110조 기망으로 인하여 조합원 계약을 취소할 수 있다(창원지방법원 2019가단107237 분담금반환)

판례 해설

지역주택조합 가입할 당시 가장 중요한 부분은 조합을 설립할 정도의 토지의 사용권원을 확보하였는지 여부 및 조합원이 어느 정도 모집되었는지 여부이다.

대상판결에서 조합은 **창립총회 당시 사업토지의 81.5.%를 확보하였다고 공고하였으나, 그 이후 원고와 계약을 체결할 당시 토지 사용권원 확보율이 48%에 불과하였고, 그나마 국공유지 토지까지 합하더라도 65%에 불과하였는바**, 결국 조합설립 자체가 불투명한 상태였다.

사정이 이와 같다면 조합에서는 이를 충분히 설명하였어야 함에도 오히려 토지 사용권원 자체를 부풀려서 공지하였는바, 이는 피고 조합의 기망행위에 의하여 체결된 계약에 해당하므로 원고의 민법 제110조 기망행위에 의한 계약 취소의 주장이 받아들여졌고 원고가 납부한 금원 역시 반환되었다.

(대상판결에서 피고는 매도의향서까지 고려한다면 80%가 넘는다고 주장하였으나 법원은 토지소유자로부터 교부받았다는 매도의향서의 내용 자체는 그저 "매도할 의향"이 있다는 것에 불과할 뿐 매도의향서가 토지사용권원을 확보하였다고 평가하지 않았다.)

법원판단

가. 관련 법리

상품의 선정·광고에 있어 다소 과장이나 허위가 수반되는 것은 그것이 일반 상거래의 관행과 신의칙에 비추어 시인될 수 있는 한 기망성이 결여된다고 하겠으나, 거래에 있어서 중요한 사항에 관하여 구체적 사실을 신의성실의 의무에 비추어 비난받을 정도의 방법으로 허위로 고지한 경우에는 기망행위에 해당한다(대법원 2014. 6. 12. 선고 2013다75892 판결 참조).

나. 이 사건에 관한 판단

1) 앞서 인정되는 아래와 같은 사정들을 종합하면, 이 사건 가입계약을 체결하면서 중요한 사항인 사업부지의 토지 사용권원 확보율에 관하여 신의성실의 의무에 비추어 비난받을 정도의 방법으로 허위로 고지하였다고 인정되고, 피고의 이와 같은 행위는 기망행위에 해당된다.

① 주택법에 의하면 주택조합 설립인가를 받으려는 자는 해당 주택건설대지의 80% 이상에 해당하는 토지의 사용권원을 확보하여야 하고(제11조 제2항), 주택건설사업계획의 승인을 받은 지역주택조합이 주택건설대지면적의 95% 이상의 사용권원을 확보한 경우에는 사용권원을

확보하지 못한 대지의 모든 소유자에게 매도청구권을 행사할 수 있다(제22조 제1항 제1호)

위와 같이 **지역주택조합의 토지 사용권원 확보율**은 지역주택조합의 설립인가 및 최종 부지 확보를 위한 매도청구권 행사의 요건이 되고, 향후 사업부지 확보가 필요한 범위, 소요 기간 등을 파악할 수 있도록 하여 조합원의 분담금 상승 여부, 사업계획의 변경 여부 등을 예상할 수 있게 해주는 중요한 자료이다. 이는 지역주택조합사업이 조합설립 이전에 조합원을 미리 모집하면서 그 분담금 등으로 사업부지를 매수하고 사용승낙을 받은 후 사업승인을 얻어 아파트를 건축하는 방식으로 진행되는 것이어서 조합설립 이전에 이루어져야 하는 조합설립 추진업무가 매우 중요하고 그 진행과정에서 사업의 성패를 좌우하는 변수가 많으며 당초 예정했던 사업의 진행이 지연되는 경우가 많은 점에서도 그러하다.

② 피고는 2017. 9. 28. 창립총회에서 사업설명을 하면서 '**현재 토지를 81.5% 확보한 상태이며 이 숫자는 변호사에 의해서 공증까지 받은 수치이다... 지역주택조합** 사업에서 가장 중요한 토지확보와 조합원 모집이 안정적이기 때문에 우리 사업을 진행하는데 있어서 걱정할 요소가 극히 낮을 수밖에 없다. 지역주택조합 사업에서 가장 중요한 요소가 토지확보와 조합원 모집인데 우리 조합은 이 두 가지 요소가 안정적이라고 판단하고 있다... **우리 조합은 토지가 공증으로 81.6% 확보되었고**

남아 있는 토지에 대해서도 계속 매매협의 진행 중에 있다... 이제 토지 확보는 거의 마무리 단계에 와 있다. 사업계획승인을 위한 95%와 비교해서 13.4%의 차이가 있지만 현재 일부는 추가 매수가 진행 중이다'라는 설명을 하였다.

③ 그런데 위 창립총회 개최일 이후로서 원고가 이 사건 가입예약을 체결한 시기인 2017. 10. 20.을 기준으로 한 **피고의 토지 사용권원 확보율 48.26%**(=소유권이전등기가 완료된 토지 2.21% + 매매계약 체결 후 계약금이 지급된 토지 44.28% + 매매계약이 체결된 토지 1.77%, 국공유지 17.69%를 포함하더라도 전체 합계 69.95%)에 불과했다.

피고는 2017. 9. 28. 창립 총회에서 토지 사용권원 확보비율을 81.6%라고 설명하면서 위 비율에 국공유지가 포함되어 있다는 내용을 설명하지 아니하였을 뿐만 아니라, 위와 같이 국공유지의 비율을 합산하더라도 토지 사용권원 확보율은 65.95%에 불과하다.

[피고는, 원고의 이 사건 가입계약 체결 시기인 2017. 10. 20. 기준으로 토지소유자의 매도의향서를 교부받은 비율이 15.69%에 이르고 위와 같이 매도의향서가 작성된 부분을 합산하면 토지 사용권원 확보율이 81%가 넘는다고 주장한다. 그러나 **피고가 토지소유자로부터 교부받았다는 매도의향서의 내용은 토지를 '매도할 의향'이 있다는 것에 불과하여 위와 같은 사정만으로는 피고가 해당 토지의 사용권원을 확보하**

였다고 볼 수 없다. 그러므로 피고의 위 주장은 이유 없다.]

④ 피고는 위 창립총회 개최 이후에도 토지 사용권원 확보 비율 80%를 달성하지못하여 2019. 3. 8.자 임시총회에서 사업면적을 42,108㎡에서 35,960㎡로 축소하기로 하는 등 사업규모를 축소하는 내용의 결의를 하였다. 피고가 위 임시총회에서 설명한 내용에 의하더라도, 토지 사용권원 확보비율이 57.42%(=소유권이전등기가 완료된 토지3.27% + 매매계약 체결 후 계약금이 지급된 토지 53.46% + 매매계약이 체결된 토지 0.69%, 국공유지 17.69%를 포함하더라도 전체 합계 75.11%)에 불과하다.

결국 피고는 현재까지도 지역주택조합의 설립인가에 필요한 주택건설대지의 80% 이상에 해당하는 토지 사용권원을 확보하지 못하여 조합 설립인가를 받지 못하고 있다.

2) 그러므로 피고의 기망행위에 의하여 체결된 원고의 이 사건 가입계약은 원고가 이를 취소한다는 의사표시가 기재된 이 사건 소장 부본이 피고에게 송달된 2019. 4. 15.자로 취소되었다. 따라서 피고는 원고에게 부당이득금으로 원고의 납부금액 상당인 54,620,000원과 이에 대하여 2019. 4. 26.부터 2019. 5. 31.까지는 소송촉진 등에 관한 특례법 제3조 제1항 본문, 구 소송촉진 등에 관한 특례법 제3조 제1항 본문의 법정이율에 관한 규정(2019. 5. 21 대통령령 제29768호로 개정되기 전의

것)에 정해진 연15%, 그 다음 날부터 다 갚는 날까지는 소송촉진 등에 관한 특례법에 정해진 연 12%의 각 비율로 계산한 지연손해금을 지급할 의무가 있다.

[지역주택조합/ 평당 분양가/ 평형 및 동·호수 등 기망] 지역주택조합에서 조합원 계약을 체결할 당시 평당 분양가, 평형 및 동·호수, 시공사, 입주예정시기에 대해서 다소의 과장된 사실을 말했다고 하더라도 이를 이유로 조합계약을 취소할 수 없다(대전고등법원 2019나12822 부당이득금반환등청구의소)

판례 해설

분양 계약을 체결할 당시 시행사의 입장에서는 어느 정도 과장된 광고를 하여 일반인에게 호소하고 이를 기화로 분양계약 또는 조합계약을 체결하게 된다. 그리고 대법원은 이와 같은 광고 또는 홍보에 대하여 다소의 과장이 있다고 하더라도 이를 이유로 계약을 해제할 수 없다고 판단하고 있다.

이 사건에서도 조합은 조합계약을 체결할 당시와는 다르게 **지정된 동·호수나 기타 평형 그리고 시공사까지도 추후 사업진행 방향이 달라졌음에도 불구하고 이를 기망이라고 할 수 없고 결국 계약의 취소는 불가능하다고** 판단하였다.

(다만 이 사건에서 사업부지 확보율에 대한 기망에 대해서는 사기 또는 기망을 이유로 취소가 인정되었다.)

원고의 주장

1) 피고 조합에 대한 청구

피고 조합은 다음과 같이 원고들을 기망하였고, 이에 속은 원고들은 피고 조합과 이 사건 각 조합가입계약을 체결하였다. 따라서 원고들은 이 사건 소장부본의 송달로써 이 사건 각 조합가입계약을 착오 내지 사기를 이유로 취소하는바, 피고 조합은 부당이득반환으로 원고들에게 원고들이 피고 조합에게 지급한 이 사건 각 납입금액 및 위 각 돈에 대한 지연손해금을 지급할 의무가 있다.

(1) 피고 조합은 사업승인계획을 얻은 후에야 구체적인 평당 분양가를 고지하거나 구체적인 분양 세대를 지정할 수 있는데, **피고 조합은 조합설립인가도 받지 못한 상태에서 평당 분양가가 5백만 원대로 확정되었고, 원고들이 원하는 평형의 세대와 동·호수를 배정하여 줄 것처럼 원고들을 기망**하였다.

(2) 피고 조합이 P와 체결한 이 사건 사업약정서에 따르면 약정 체결 이후 6개월 이내에 조합원 모집률이 100%에 미달하고 공사비를 확보하지 못하였을 경우 P은 위 약정을 해지할 수 있었음에도 불구하고, **피고 조합은 마치 P이 이 사건 사업의 시공사로 확정된 것처럼 원고들을 기망**하였다.

(3) 피고 조합은 2015. 경 조합설립인가도 받지 못한 상태였음에도 불구하고, 2018.경 원고들이 이 사건 아파트에 입주할 수 있을 것처럼 원고들을 기망하였다.

법원판단

가. 판단의 전제

1) 기망은 널리 재산상의 거래관계에 있어 서로 지켜야 할 신의와 성실의 의무를 저버리는 모든 적극적 또는 소극적 행위를 말한다(대법원 3004. 5. 30. 선고 2002도 3455 판결 등 참조)

2) 상품의 선전·광고에 있어 다소의 과장이나 허위가 수반되는 것은 그것이 일반 상거래의 관행과 신의칙에 비추어 시인될 수 있는 한 기망성이 결여되나, **거래에 있어서 중요한 사항에 관하여 구체적 사실을 신의성실의 의무에 비추어 비난받을 정도의 방법으로 허위로 고지한 경우에는 기망행위에 해당**한다(대법원 2009. 4. 23. 선고 2009다1212 판결 등 참조).

3) 주택법상 지역주택조합 사업은 통상 지역주택조합 설립 전에 미리 조합원을 모집하면서 그 분담금 등으로 사업부지를 매수하거나 사용승낙을 얻고, 그 이후 조합설립인가를 받아 추가적으로 소유권을 확보하

고 사업승인을 얻어 아파트 등 주택을 건축하는 방식으로 진행되므로, 그 진행과정에서 조합원의 모집, 재정의 확보, 토지매입 작업 등 사업의 성패를 좌우하는 여러 변수들에 따라 최초 사업계획이 변경되는 등의 사정이 발생할 수 있다(대법원 2014. 6. 12. 선고 2013다75892 판결, 대법원 2019. 12. 12. 선고 2019다259234 판결 등 참조).

나. 판단(평당 분양가, 평형 및 동·호수, 시공사, 입주예정시기 기망 관련 주장에 관한 판단)

(1) 피고 조합이 원고들을 포함한 조합원 가입 희망자에게 배포한 광고의 평당 분양가 등 설명자료의 전면에는 '**5백만 원대 특급혜택**' 등 1**평당 5백만 원대의 분양가**를 강조하는 문구가 기재되어 있다. 피고 조합의 조합원모집용역업체가 운영한 인터넷 블로그에서도 **기본 인근 아파트들보다 1평당 약 2,000,000원이 저렴한 1평당 5백만 원대라고 강조하여 광고**를 하였다. 피고 조합이 운영한 모델하우스의 벽면에도 위와 같은 광고 내용이 부착되어 있다.

(2) 원고들과 피고 조합 사이에 작성된 이 사건 각 조합가입계약서에는 '조합원 분담금 및 납부 일정표'라는 항목으로 각 평형별 층별 총액과 이에 따른 계약금, 중도금 및 잔금 지급금액이 자세하게 기재되어 있는데, 위 각 평형별 층별 공급가액 총액을 각 평형으로 나누어 보면, 1평당 분양가는 5백만 원대 중반에서 6백만 원대 초반대가 된다. 피고 조합이 원고들을 포함한 조합원 가입 희망자에게 배포한 광고와 평당 분양

가 등 설명자료에도 '조합원 분담금 및 납부 일정표'라는 항목으로 동일한 내용이 기재되어 있다.

 (3) 원고들은 피고 조합과 이 사건 각 조합가입계약을 체결할 당시 평형과 동·호수를 지정하여 각 계약서 전면에 기재하였다. 이 사건 각 조합가입계약 제12조는 피고 조합이 조합가입계약시 원고들이 입주하기를 희망하는 주택형과 동·호수를 지정하여 계약하고, 계약된 동·호수에 대해 원고들은 일체의 이의를 제기하지 아니한다고 규정하고 있다. 피고 조합은 원고들로부터 위와 같이 원고들이 지정한 평형과 층에 따라 각기 다른 조합원 분담금을 수령하였다.

 (4) **피고 조합이 원고들을 포함한 조합원 가입 희망자에게 배포한 광고에는 P의 아파트 브랜드인 'Z'이기에 성공을 확신한다는 내용**이 기재되어 있다. 피고 조합이 원고들에게 교부한 안심보장확약서에는 P의 시공보증서가 발급되어 있다는 내용이 기재되어 있다. 피고 조합은 이 사건 각 조합가입계약 체결 당시 원고들로부터 P을 이 사건 사업의 시공예정사로 선정하는 데 동의한다는 내용의 선정동의서를 징구하였다.

 (5) 피고 조합이 원고들을 포함한 조합원 가입 희망자에게 배포한 설명자료에는 2018.경 이 사건 아파트에 입주 예정이라는 문구가 기재되어 있다.

(6) 피고 조합은 2016. 6. 10. 사업면적 40,420.38㎡, 건축동수 13개 동(부속건물 3동 별도), 세대수 752세대, 조합원수 380명, 사업예정기간 2018. 8. 31.까지로 하여 조합설립인가를 받았으나, 2017. 4. 12. 사업면적을 22, 159㎡, 건축동수 6개동(부속건물 2동 별도), 세대수 400세대, 조합원수 320명, 사업예정기간을 2019. 8. 31.까지로 하여 조합변경인가를 받았다. **피고 조합은 그 이후로 현재까지 주택건설사업계획 승인을 받지 못하고 있고, 위와 같이 세대수가 감소함에 따라 일부 조합원들은 최초 지정하였던 평형과 동·호를 공급하지 못할 상황**에 처하였다.

(7) 피고 조합은 2018. 7. 28. 1평당 입주자 분담금을 7,365,000원으로 정하는 안건을 결의하기 위한 임시총회를 소집하였으나 의결정족수가 충족되지 아니하여 총회가 성립하지 아니하였다.

다. 그러나 앞서 채택한 증거, 을나 제11호증의 기재 및 변론 전체의 취지에 의하여 인정되는 다음의 사실 및 사정들을 앞서 본 법리에 비추어 보면, 위 인정사실만으로는 피고 조합이 원고들에 대하여 이 사건 아파트의 1평당 분양가, 평형 및 동·호수, 입주예정시기, 시공사에 관하여 다소의 과장이나 허위를 넘어 재산상의 거래관계에 있어 서로 지켜야 할 신의성실의 의무에 위배된 기망을 하였다고 인정하기에 부족하고, 달리 이를 인정할 만한 증거가 없다. 따라서 원고들의 이 부분 주장은 이유 없다.

(1) 지역주택조합 사업은 조합설립 전에 조합원들을 모집하면서 그 분담금으로 사업부지를 매수한 후 조합설립인가 및 공동주택사업승인을 받는 절차로 진행되고, 그 소요 기간도 적어도 3년 이상의 장기간이 소요되는 것이 일반적이다. 따라서 지역주택 조합 사업을 추진하려는 사람들은 초기 단계에서 조합원들이 납부할 분담금을 산출하기 위한 일응의 기준으로 잠정적인 평당 분양가를 산출할 필요가 있고, 그와 산출된 잠정 평당 분양가는 상황에 따라 증감할 것이 충분히 예상된다. 피고 조합은 이 사건 각 조합가입계약 제8조 제6호 제2항에서 '사업계획승인 인·허가 과정에서 아파트 면적 증감 또는 사업규모의 변경이 있을 수 있으며, 변경될 경우 변경된 사업계획에 의해 분담금 증감에 이의 없이 동의한다.'는 문구를 두었고, **원고들을 포함한 피고 조합의 조합원들로부터 '관련법규 개정 및 사업 인·허가 또는 시공사 변경 등의 과정에서 추가분담금이 발생할 수 있음을 인지한다.'는 내용의 확약서를 받았는바, 원고들이 이 사건 사업을 추진함에 있어 부담하여야 하는 분담금 내지 분양가격이 증가할 수 있음을 예상하지 못하였다고 보기 어렵다.**

(2) 피고 조합은 이 사건 각 조합가입계약 당시에는 사업면적 41,393㎡에 13개동, 총 861세대의 아파트를 건축하려고 계획하고 있었고, 2016. 6. 10. 사업면적 40,420.38㎡, 13개동, 총 752세대를 건축하려는 계획으로 조합설립인가를 받았는바, 피고 조합이 추후 원고들에 대하여 당시 약정된 평형 내지 동·호수의 아파트를 공급하지 못하였다고 하더라도, 이를 들어 피고 조합이 이 사건 각 조합가입계약 당시 평형 내지 동·

호수에 관하여 원고들을 기망할 의사를 가지고 있었음을 추단하기는 어렵다. 피고 조합은 앞서 본 바와 같이 이 사건 각 조합가입계약 제8조 제6호 제2항을 통하여 원고들에게 공급하는 아파트 면적이 증감될 수 있음을 밝혔고, 원고들로부터 교부받은 확약서에도 그와 같은 내용의 조항을 두었다.

(3) 피고 조합이 원고들을 포함한 조합원 가입 희망자에게 배포한 설명자료에 의하더라도 2018.경은 입주예정일에 불과하고, 피고 조합이 2018.경으로 입주시기를 확약하였다고 할 수 없다. 나아가 설령 피고 조합이 2018.경으로 입주시기를 확약하였다고 하더라도, 앞서 본 지역주택조합 사업의 특징에 비추어 보면, 피고 조합이 확약한 입주시기를 변경하였다고 하더라도 이 사건 각 조합가입계약 체결 당시 원고들을 기망하였다고 보기는 어렵다.

(4) 피고 조합은 2018. 7. 28. P에 관한 시공사 선정 안건 및 P와의 이 사건 사업에 관한 공사도급계약 체결 안건을 결의하기 위한 임시총회를 소집하였는바, 피고 조합은 2018. 7. 28.경까지 P와 이 사건 사업에 관한 공사도급계약을 체결할 수 있었던 것으로 판단된다. 나아가 P가 비록 사후적으로 'Z'라는 아파트 브랜드를 사용할 수 없게 되었다고 하더라도, 원고들이 이 사건 각 조합가입계약을 체결한 2015.경에는 피고 조합으로 하여금 'Z'라는 아파트 브랜드를 사용하게 할 권한이 있었던 것으로 보인다.

[지역주택조합/ 조합원 지위/ 조합원 탈퇴] 조합탈퇴서를 제출하였다는 사정만으로 바로 탈퇴가 되는 것은 아니고 정관에 규정된 이사회 결의가 있어야만 가능하다 [인천지방법원 2019가합56479 임시총회결의무효]

> **판례 해설**
>
> 조합원 자격과 관련하여 법적 요건을 결여하여 스스로 탈퇴의 상황을 만들지 않은 이상 탈퇴서를 제출하였다는 사정만으로 바로 탈퇴가 되는 것은 아니고, 그 이후 적법한 절차를 거친 탈퇴 결의가 있어야만 탈퇴가 가능하다.

피고의 주장

원고 A는 피고와 체결한 이 사건 조합가입계약을 해지하였으므로 더 이상 피고 조합원이 아니다. 따라서 원고 A에게는 이 사건 결의의 무효를 구할 원고적격이 없다.

법원판단

이 사건 조합가입계약은 조합원이 자진하여 조합을 탈퇴하고자 할 경우 15일 전에 피고에게 인감증명서를 첨부하여 조합탈퇴서를 제출하여야 하고, 이후 조합 규약에서 정한 절차에 따라 처리하도록 정하고 있으며(제10조 제2항), 이 사건 규약은 조합원이 조합탈퇴서를 제출할 경우 조합장이 총회 또는 이사회의 의결로써 탈퇴 여부를 결정하도록 정하고 있다(제12조 제1항).

을 제22호증의1, 2의 각 기재에 의하면, 원고 A가 2018. 7. 18. 피고에게 인감증명서를 첨부하여 조합탈퇴서를 제출한 사실을 인정할 수 있다. 그러나 피고가 제출한 증거들만으로는 피고 조합장 또는 피고 조합장 직무대행자가 총회 또는 이사회의 의결로써 원고 A의 탈퇴를 결정하였다고 인정하기 부족하고 달리 이를 인정할 증거가 없다(오히려 원고 A는 이 사건 2호 안건의 해임 대상 임원 중 한 사람이었음을 알 수 있다). 피고의 위 본안전항변은 받아들일 수 없다.

[지역주택조합/ 제명사유의 법원 해석 기준] 원칙적으로 법원은 제명 절차보다 제명 사유에 관하여 엄격하게 해석하고 있다(서울중앙지방법원 2022가합547356 총회결의무효확인청구의소)

판례 해설

조합 임원 해임과 다르게 조합원 제명은 **조합원 지위 자체를 박탈시키는** 것이기 때문에, **제명 절차보다는 그 사유가 적절한지** 집중하여 판단하게 된다. 즉, 조합 임원 해임 사건에서는 어차피 조합원과 조합임원은 민법상 위임관계이기 때문에, 법원은 원칙적으로 해임결의가 된 것 자체로 신뢰관계가 깨어진 것으로 보고있으므로 소명기회 부여나 구체적인 해임사유 존재 여부는 해임결의의 유효성을 판단하기 위한 절대적인 요건이 아니다. 그러

> 나 제명은 조합원 지위 자체를 박탈하는 것이므로 **절차보다는 구체적인 사유 각각이 적절한지 여부를 엄격하게 판단하게 되는 것**이다.
>
> 대상판결은 제명 절차는 적법하다고 인정하였으나, 제명 사유에 관하여 아주 구체적으로 판단하였고 결국 제명의 유효성을 인정하지 않았던 것이다.

법원판단

가. 절차적 하자에 관한 판단

1) 소명기회가 충분히 부여되었는지 여부

앞서 든 증거들 및 을 제3, 4호증의 각 기재에 변론 전체의 취지를 종합하여 인정할 수 있는 다음과 같은 사실 또는 사정에 비추어 보면, 원고가 제출한 증거만으로 피고가 이 사건 결의 전에 원고에게 소명기회를 부여하지 않은 절차적 하자가 있다고 인정하기 부족하고, 달리 이를 인정할 증거가 없다. 따라서 원고의 이 부분 주장은 받아들이지 않는다.

가) 피고 조합규약 제12조 제3항은 '피고는 대의원회 또는 총회의 의결에 따라 조합원을 제명할 수 있고, 이 경우 제명 전에 해당 조합원에 대하여 소명 기회를 부여하여야 한다.'고 정하고 있다. 위 조항의 문언 및 전체적인 취지에 의하면, 조합원을 제명하기로 하는 총회 또는 대의

원회를 개최하기 전에 제명 대상 조합원에게 소명 기회를 부여하면 족하다고 해석된다. 따라서 이사회에서 총회에 조합원을 제명하는 안건을 상정하는 결의를 한다고 하여 그 개최 과정에서 해당 조합원에게 소명기회를 보장하여야 하는 것은 아니다.

나) 나아가 위 조항은 제명 대상 조합원에게 소명의 기회를 부여하도록 정하고 있을 뿐 그 방식 또는 기간에 관하여는 구체적으로 정하고 있지 않다. 피고는 원고에게 제명사유를 기재하여 일정한 기간 내에 소명을 요청하는 내용의 2021. 11. 17. 자 내용증명을 발송하여 원고에게 약 7일의 기간 동안 소명기회를 부여하였다. 그렇다면 피고는 위 조항에서 정한 바에 따라 원고에게 소명기회를 부여하였다고 봄이 상당하고, 조합규약에 원고에게 위 정도를 넘어선 소명기회가 부여되어야 한다고 볼 만한 근거가 없다.

다) 피고는 원고로부터 소명자료를 제출받은 후 이를 피고의 홈페이지에 게시하였고, 전자투표를 하는 기간인 2021. 11. 26.부터 2021. 11. 29.까지 조합원들에게 문자메시지를 세 차례 발송하여 원고의 소명서가 피고의 홈페이지에 게시되었음을 알렸다. 피고가 발송한 위 각 문자메시지에는 '총회 책자와 소명서를 자세히 읽어보신 후 판단 해주시길 바란다.'는 취지의 내용이 기재되어 있고, 조합원들로서는 피고 홈페이지에서 위 소명서를 어렵지 않게 확인할 수 있었을 것으로 보이므로, 피고가 위 소명서를 조합원들에게 우편발송하지 않았다고 하여 원고에 대

한 불리한 선입견을 심어주었다고 보기 어렵다.

라) 원고는 조합이 배포한 총회 책자에 '사실'과 다른 내용이 기재되어 있었다고 주장하나, 이는 피고가 총회 책자를 통해 밝힌 제명사유에 대한 원고의 입장에 불과하다고 보아야 한다. 앞서 본 바와 같이 원고는 피고에게 소명서를 제출함으로써 본인의 입장을 소명할 기회를 가졌으므로, 위 소명서를 통하여 총회 책자에 기재된 내용이 사실과 다르다는 원고 입장을 피력하는 것은 얼마든지 가능하였고, 피고가 제시한 제명사유가 사실인지 여부는 조합원들이 총회 책자와 원고의 소명서를 종합하여 판단하는 것이다. 따라서 총회 책자에 원고의 입장과 다른 내용이 일부 기재되었다고 하여 피고가 이 사건 결의 과정에서 조합원들에게 정확한 정보를 제공하지 아니하였다고 보기는 어렵다.

2) 제명사유가 특정되었는지 여부

앞서 든 증거들 및 변론 전체의 취지를 종합하면, 원고의 방어권 자체가 침해될 정도로 원고에 대한 제명사유가 특정되지 않았다고 보기 어려우므로, 원고의 이 부분 주장도 받아들이지 않는다. 그 구체적인 이유는 다음과 같다.

가) 피고가 조합원들에게 배포한 총회 책자의 원고에 대한 제명 안건 하단을 살펴보면[갑 제6호증 26쪽], '피고가 D 부동산과 금융자문사 변

경에 관한 업무를 이사회 의결에 따라 수행하였음에도, 원고를 비롯한 임원 및 대의원들은 조합장이 독단적으로 위 업무를 수행하였다는 허위사실을 유포하였다.', '피고는 이 사건 사업구역 내 알박기를 방지하려는 목적에서 N 부동산을 매수한 것인데, 원고를 비롯한 임원 및 대의원들은 조합장이 차명계좌를 이용하여 위 N 부동산을 매수한 후 이를 피고에 전매하였다는 허위사실을 유포하였다.'고 기재되어 있다.

나) 위 기재 내용에 비추어 원고에 대한 제명사유는 구체적인 행위가 무엇인지 구분될 수 있을 정도로 육하원칙에 의하여 명확하게 기재된 것은 아니지만, 그로 인하여 원고의 소명기회가 박탈당할 정도로 제명사유가 특정되지 아니하였다고는 할 수 없다. 비록 원고에 대한 제명사유에 원고가 다른 제명대상 조합원들과의 관계에서 구체적으로 어떠한 행위나 역할을 분담하였는지 기재되어 있지는 아니하나, 이 사건에서 문제되는 원고의 발언은 대부분 2021. 7. 12. 자 이사회 및 2021. 7. 13. 자 대의원회에서 이루어진 것이어서, 원고로서는 위 각 사안에 관한 문제제기의 경위 및 과정에 관하여 구체적으로 소명함으로써 방어권을 적절히 행사할 수 있을 것으로 보이므로, 위와 같은 기재가 원고가 방어권을 행사할 수 없을 정도라고 보기는 어렵다.

다) 실제로 원고는 2021. 11. 24. 소명서를 제출하여 D 부동산의 매입과 관련하여 허위사실을 유포한 적이 없고, 피고 조합장 O이 N 부동산의 매입 과정에 관여하였다는 취지의 의견을 피력하였다. 피고는 이 사

건 변론 과정에서 원고에 대한 구체적인 제명사유로 위와 같은 D 부동산 매입 및 N 부동산의 전매 과정에 관한 허위사실 유포를 들고 있고, 원고 또한 이를 기초로 의견을 개진하면서 변론하고 있다.

나. 실체적 하자에 관한 판단

1) 관련 법리 및 쟁점

가) **단체의 구성원인 조합원에 대한 제명처분이라는 것은 조합원의 의사에 반하여 그 조합원인 지위를 박탈하는 것이므로 조합의 이익을 위하여 불가피한 경우에 최종적인 수단으로서만 인정되어야 할 것이므로**(대법원 1994. 5. 10. 선고 93다21750 판결 참조), **실체적인 제명사유의 존부를 판단함에 있어서 해당 조합원의 행위가 단체의 목적 달성을 어렵게 하거나 제명이 불가피할 정도로 단체구성원의 공동이익을 해하는 경우에 해당하는지 엄격하게 해석할** 필요가 있다(대법원 2004. 11. 12. 선고 2003다69942 판결 참조). 나아가 단체의 제명결의에 대하여 해당 구성원이 실체적인 제명사유가 존재하지 않는다는 이유로 다투는 경우, 구체적인 제명사유를 주장하고 제명사유의 존재를 증명할 책임은 제명결의의 유효를 주장하는 피고에게 있다.

나) 피고 규약 제12조 제3항 제2호가 "조합원이 피고의 목적에 위배되는 행위를 하여 사업추진에 막대한 피해를 초래하였을 경우에는 총

회의 의결에 따라 조합원을 제명할 수 있다."라고 규정한 사실은 앞서 본 바와 같으므로, 이하에서 원고가 이 사건 각 제명사유와 같이 피고의 목적에 위배되는 행위를 하였는지, 그로 인하여 피고의 사업추진에 막대한 피해를 초래하였는지 여부에 관하여 차례로 살펴본다.

2) 구체적 판단

앞서 든 증거들 및 갑 제18, 20호증, 을 제10, 12, 14, 15 내지 18호증의 각 기재 및 변론 전체의 취지를 종합하여 앞서 본 법리에 입각하여 보면, 피고가 제출한 증거들만으로는 원고에 대한 이 사건 각 제명사유가 존재한다고 보기 어렵고, 달리 이를 인정할 증거가 없다. 그 구체적인 이유는 다음과 같다.

가) 조합의 목적에 위배되는 행위를 하였는지 여부

(1) 제1 제명사유에 관하여

(가) 피고는 원고가 2021. 7. 12. 자 이사회에서 그 주장과 같은 취지의 발언을 하였다고 주장하나, 피고가 지적하는 원고의 발언은 '최근 조합을 둘러싼 여러 가지 의혹이 제기되었으니 이 사건 사업을 원활하게 추진하기 위해서는 집행부 운영의 실태를 점검할 필요성이 있다.'는 내용으로(을 제12호증 11쪽), 그 전체적인 취지 및 맥락을 고려하더라

도 '피고가 D 부동산의 매입을 위해 터무니없이 많은 금액을 지급하였다.'는 것으로 보기는 어렵다. 그밖에 2021. 7. 12. 자 이사회 및 2021. 7. 13. 자 대의원회의 의사록을 살펴보더라도, 원고가 위 각 회의에서 피고 주장과 같은 발언을 하였음을 뒷받침할 내용을 찾을 수 없다.

(나) 설령 원고가 '피고가 D 부동산의 매입을 위해 터무니없이 많은 금액을 지급하였다.' 같은 취지의 발언을 하였다고 하더라도, 아래와 같은 이유로 원고가 이 사건 사업을 방해하거나 이를 지연시킬 목적으로 허위사실을 유포하였다고 볼 수는 없으므로, 원고가 피고의 목적에 위배되는 행위를 하였다고 보기 어렵다.

① 매매대금이 과다한지 여부는 사실관계의 영역이 아니라 판단 내지 평가의 영역에 속하는 것이다. 원고가 'D 부동산의 매매대금이 과다하다'는 취지의 발언을 하였다고 하더라도, 이는 위 매매대금이 지나치게 높다는 취지로 원고의 의견을 제시한 것에 불과해 보이고, 그 발언 내용 자체로 허위의 사실을 유포한 것이라고 보기는 어렵다.

② 원고를 비롯한 피고의 임원 및 대의원들은 피고가 D 부동산에 관한 매매계약을 체결한 이후에서야 피고가 위 부동산을 899억 원에 매수하게 되었다는 사실을 알게 되어 그 매매대금의 적정성 등에 관한 의문을 가졌던 것으로 보인다(을 제15호증 참조).<각주3> D 부동산의 매매대금은 원고를 비롯한 피고 조합원들의 관심 사안이었던 것으로 보이

는바, 위 매매대금에 관한 의견 제시를 통해 피고 집행부의 업무 수행과정 등에 관하여 문제를 제기한 것으로 볼 수 있다.

③ 따라서 원고가 이와 같은 문제 제기를 하였다고 하더라도, 피고가 추진하는 이 사건 사업 자체를 반대하거나 방해한 것으로 볼 수 없음은 명확해 보인다. 또한 원고는 피고의 조합원으로서 피고의 사업 진행에 관한 의견을 자유롭게 개진할 수 있을 뿐만 아니라, 조합의 집행기관에 대한 견제와 비판은 어느 정도 보장되어야 한다는 점에서 보더라도, 원고가 위와 같은 문제제기를 하였다는 사정만을 들어 피고의 목적에 위배되는 행위를 하였다고 보기는 어렵다.

(2) 제2 제명사유에 관하여

(가) 원고가 2021. 7. 12. 자 이사회 및 2021. 7. 13. 자 대의원회에 출석하여 N 부동산의 전매 경위 및 과정에 관하여 설명하면서 '피고 조합장 O이 N 부동산 전매 과정에 관여하였다.'는 취지의 발언을 한 사실은 인정된다. 그러나 다음과 같은 N 부동산의 전매 과정에 관한 제반 정황을 고려하면, 원고의 위와 같은 발언이 허위라고 단정하기 어렵다.

① O의 제부 Q은 2019. 10. 14. N 부동산을 13억 원에 매수하는 매매계약을 체결하였다. 당시 Q은 위 매매계약의 매수자금 중 2억 원을 조달하기도 하였는데, 이 사건 기록에서 Q이 N 부동산의 매수자금을 제공할

별다른 동기는 달리 나타나지 않는바, O의 친족이 이 사건 사업구역 내의 부동산에 관한 매매계약의 매수자금을 조달하였다는 사정은 O이 위 부동산의 전매에 관여하였음을 뒷받침하는 강력한 정황이 된다.

② 원고의 동서 M은 2020. 2. 7. N 부동산에 관한 매매계약을 다시 체결한 후 2020. 3. 2. 소유권이전등기를 마쳤는데, 위 매매계약은 계약서상 매매대금을 16억 원으로 증액하되 실제로는 13억 원만 지급하기로 하는 내용의 업계약이었다. 그런데 원고와 O이 위 업계약의 체결 무렵인 2020. 1. 29.경 나눈 대화 내용에 의하면, O이 원고에게 '15억 원의 업계약을 체결할 수 있는지가 핵심이니, 매도인과 업계약을 할 수 있는지 협의를 해 보시라.'라고 말하는가 하면, 그 매매대금 중 2억 8,000만 원의 조달을 요구하기도 하였는바, 이는 위 매매계약의 체결에 O이 관여하지 않고서는 도저히 발언할 수 없는 내용으로 보인다.

③ 나아가 원고는 위 소유권이전등기를 마치는 과정에서 R조합에서 채무자를 M로 하여 5억 3,000만 원을 대출받아 매매대금으로 지급하였다. 그런데 위 대화 내용에서 O이 'R조합에서 대출이 6억 원이 나오는지, 명의자가 대출을 받아줄 것인지가 관건이다. 명의자가 대출받으면 아파트 하나 주는 걸로 하자.'라는 취지의 발언을 하는 것이 확인된다. 이는 M이 R조합로부터 매수자금을 대출받는 과정에서 채무자 명의를 제공하여 주는 것에 대한 대가로 이 사건 사업구역에 신축될 공동주택을 제공하겠다는 취지로, 그 내용에 비추어 O이 조합장의 지위를 이용

하여 N 부동산의 전매에 관여하였다고밖에 볼 수 없게 한다.

④ 원고와 O은 위 2020. 1. 29.경부터 N 부동산을 피고에 전매함으로써 얻을 수익에 관하여 여러 경우를 상정하면서 구체적으로 논의한 것으로 보이고, 그 배분 비율을 5:5로 정하기도 하였다(갑 제18호증 9쪽). 피고는 M로부터 위 N 토지를 29억 400만 원에 매수한 후 M에게 2021. 6. 30. 잔금의 지급을 완료하였는데, 2021. 7. 4.경 피고의 직원 F이 N 부동산의 전매 과정에 관한 문제를 제기하여 그 실상이 드러나게 되었다. M이 2021. 7. 8. Q이 조달한 매수자금에 5,000만 원만을 더하여 반환한 것은 이와 같이 N 부동산의 전매 과정이 발각됨에 따른 조치로 보일 뿐이어서, O이 위 전매 과정을 통하여 얻으려고 했던 이익이 위 5,000만 원에 한정된다고 단정할 수 없다.

(나) 원고는 위와 같이 피고의 직원에게 N 부동산의 전매 사실이 발각되자, 2021. 7. 10. 감사 P 등 피고의 임원 및 대의원 앞에서 N 부동산의 전매 경위에 관하여 설명하는 자리를 가졌고, 그 과정에서 Q에게 위 5,000만 원을 송금한 자료를 제시하면서 O이 위 전매에 관여하였다고 진술하였다. 이에 원고 및 O에 대한 조치 방안을 논의하는 차원에서 위 이사회 및 대의원회가 개최된 것이고, 원고 및 O은 위 이사회 및 대의원회에 출석하여 자신의 입장을 밝혔다. 이와 같은 위 이사회 및 대의원회가 개최되기까지의 경위 및 원고와 O이 위 이사회 및 대의원회에 출석하여 발언한 내용을 종합적으로 고려하면, 원고는 위 이사회 및 대의원

회에서 임원 및 대의원들에게 N 부동산의 전매 경위 및 과정에 관하여 자세히 소명하는 것으로 보일 뿐이고, 피고의 주장과 같이 O을 피고의 조합장에서 사임시킬 목적으로 피고의 임원 및 대의원들을 선동하는 것이라고 보기 어렵다.

(다) 원고 및 O의 N 부동산 전매는 조합 운영의 공정성을 저해하는 행위이므로, 원고가 위 이사회 및 대의원회에서 위 전매 과정에 관하여 소상히 밝힘에 따라 조합 운영의 투명성을 제고하고 전체 조합원의 권익을 보호하는 결과가 된다고 볼 여지도 있다. 원고는 위 대의원회에서 N 부동산의 전매로 인한 이익을 피고에 모두 반환할 것을 약속하기도 한 점까지 고려하면, 원고의 위 발언이 이 사건 사업의 추진을 방해하거나 지연시키는 등의 행위로서 피고의 목적에 위배된다고 보기도 어렵다.

나) 조합의 사업추진에 막대한 피해를 초래하였는지 여부

나아가 피고의 위 주장에 의하더라도 원고의 행위로 인하여 피고에게 어떠한 구체적이고 실질적인 손해가 발생하였는지 불분명할 뿐만 아니라, 앞서 본 사정 등에 비추어 피고가 제출한 증거만으로 원고의 행위로 인하여 업무 방해, 이 사건 사업의 지연 등과 같은 피고에게 손해를 발생시킬 만한 상황이 초래되었다고 보기도 어렵다.

다. 소결론

따라서 이 사건 결의는 원고에 대한 정당한 제명사유 없이 이루어진 것으로서 무효라고 봄이 상당하고, 나아가 피고가 위 결의의 효력 유무를 다투고 있는 이상 원고로서는 그 확인을 구할 이익도 있다.

[지역주택조합/ 제명 결의/ 제명 결의 유효 판단 사례] 통상적으로 제명결의는 엄격하게 판단하여 거의 무효로 볼 수 있음에도, 제명결의가 유효라고 판단한 사례(인천지방법원 2020가합64810 조합원제명결의무효확인청구의소)

> **판례 해설**
>
> 부조합장의 형사 재판 연루로 인하여 부조합장 해임 결의를 할 수 있는 바, 조합원 자체의 지위까지 박탈시키는 제명결의가 과연 인정될 수 있을까.
>
> 왜냐하면 조합 임원으로서 업무 수행상 발생한 귀책에 관하여 조합에 손실을 입혔다고 하더라도 그로 인하여 조합 임원이라는 지위를 박탈시키는 것은 별론으로 하고, 조합원으로서의 지위는 전혀 다른 의미의 지위이기 때문이다.
>
> 실제 조합 임원 해임결의와 조합원 제명결의에 대하여 하급심 법원은 근본적으로 다르게 보고 있다.
>
> 그러나 대상판결은 제명결의를 인정하였는바, 조합 임원의 해임 사유과

제명사유는 일단 구분하지 않고 있고, 그 외 **원고가 그동안 조합에서의 주요 요직을 장악함으로써 조합에 크나큰 손해를 끼친 점을 고려**하여 조합원 자격 자체의 박탈을 유효하게 판단하였던 것이다.

법원판단

1) 관련 법리

단체의 구성원인 조합원에 대한 제명은 조합원의 의사에 반하여 조합원 지위를 박탈하는 것이므로 조합의 이익을 위하여 불가피한 경우에 최종적인 수단으로서만 인정되어야 할 것이고, 조합이 조합원을 제명한 경우에 법원은 제명 사유의 존부와 결의 내용의 당부 등을 가려 제명결의의 효력을 심사할 수 있다(대법원 1994. 5. 10. 선고 93다21750 판결 등 참조).

2) 구체적 판단

앞서 본 증거들과 변론 전체의 취지를 더하여 인정되는 다음과 같은 사정들에 비추어 볼 때, **원고의 이 사건 범죄사실은 이 사건 규약 제13조 제7항 제9호의 '기타 본 사업을 추진함에 있어 조합원으로서 규약 및 의결사항 등을 무시하고 사업수행에 막대한 지장을 초래하는 행위**

를 하였을 때'에 해당하므로 조합원 제명 사유에 해당한다고 봄이 상당하다. 따라서 원고의 청구는 이유 없다.

① 이 사건 규약에서 부조합장은 조합원 중에서 선출하는 것으로 정하고 있고, 이 사건 규약 제13조 제7항(조합원의 제명사유)이 부조합장에게는 적용되지 않는다는 별도의 규정도 없으며, 이 사건 규약상 부조합장 등 임원의 해임 규정과 조합원 제명규정이 구분되어 규정되어 있는바, 원고가 부조합장 직무를 수행하면서 한 행위가 이 사건 규약 제13조 제7항 제9호에 해당한다면 부조합장 해임과 별도로 직권제명 또는 임원회의 결의를 통해 조합원에서 제명할 수 있다고 봄이 타당하다.

② E과 H은 'J'이라는 상호가 포함된 법인을 다수 설립하여 오창, 천안, 아산, 평택, 동작, 영신 등지에서 지역주택조합사업 시행대행업을 영위하면서 이익을 공동으로 분배하기로 하고, E의 기획하에 위 J의 직원이나 관련자들로 각 지역주택조합추진위원회를 구성함으로써 조합과 시행대행사가 일체가 되도록 하여 시행대행사의 실질적인 운영자인 E, H의 지시에 따라 운영되는 지역주택조합 개발사업을 하였다.

그런데 E과 H은 2016년 3월 초순경 피고가 진행하는 아파트 등 신축사업의 B 지역주택조합 추진위원회(이하 '피고 추진위원회'라고 한다)를 구성하면서 K의 용역업체 운영자인 원고를 피고 추진위원회 추진위원으로 임명하는 등 E이 운영한 시행대행사 직원이나 관련자들로 피고 추진위원회를 구성하고, 인가된 피고의 조합실무자 자리(원고는 부조합장)도 그와 같이 차지하여 피고를 장악하였다.

원고는 피고의 부조합장이자 조합원으로서 피고의 사업추진을 위해 용역계약 체결이 필요한지, 계약금액이 적정한지 여부 등을 면밀하게 살펴 계약이 필요할 경우 피고에 자금부담이 되지 않도록 체결하는 한편, 법령과 이 사건 규약에 따라 총회에서 계약체결과정이나 그 내용을 조합원들에게 실질적이고 적절한 방법으로 고지하는 등 선량한 관리자의 주의로 조합원들 전체의 이익을 위해 피고 재산을 관리하며 피고에 손해가 발생하지 않도록 해야 함에도, E 등과 공모하여 피고에게 토지 용역계약 관련하여 3,193,960,000원의, 조합원 모집대행수수료가 부풀려진 모집대행계약 관련하여 액수미상의 재산상 손해를 가하였고, 위와 같은 내용의 범죄사실로 관련 형사판결에서도 유죄가 선고되었다.

이는 단지 원고가 피고의 부조합장으로서 업무를 제대로 이행하지 못한 것에 그치는 것이 아니라 피고에게 상당한 재산상 손실을 끼쳐 그 사업수행에 막대한 지장을 초래한 행위라고 할 것이므로, 이 사건 규약 제13조 제7항 제9호의 제명사유에 해당한다.

그렇다면 원고의 청구는 이유 없어 이를 기각하기로 하여 주문과 같이 판결한다.

나. 조합원 지위 확인 관련 분쟁

[조합원 지위/본안전항변] 사업계획 승인이 되었다고 하더라도 조합원 지위를 확인할 법률상 이익이 있다(부산지방법원 서부지원 2022가합102531, 2022가합102784 조합원지위확인·조합원지위확인의소)

판례해설

조합측(피고)는 조합이 조합원 개인에 대하여 자격상실 통보를 한 이후 사업계획 승인을 받은 경우, 추후 자격이 상실된 조합원이 지위를 회복하려고 할 때, 이는 조합원 수의 변경을 동반하여야 하는바, 이미 조합이 사업계획승인을 신청한 상태로 변경인가 승인 자체가 불가능하다고 주장하면서 확인의 이익이 없다고 항변한 사항이다.

이에 대하여 대상판결은 변경인가 가부의 여부와 상관없이 조합원 자격에 관한 사항은 순수하게 법률적 판단 사항이기 때문에 법원이 종국적으로 판단할 수 밖에 없다는 이유로 피고의 본안전 항변을 기각시켰다.

피고의 주장[본안 전 항변]

주택법 시행령 제21조 제2항에 의하면 구청장이 원고들의 부득이한 사유를 인정할 것을 요건으로 하고 있다. 원고들이 피고로부터 조합원 자격을 인정받는다고 하더라도 조합원 자격 상실의 예외에 해당할 수 없다. **원고들이 조합원 자격을 회복하려면 조합원 수의 변경을 수반한 변경인가를 받아야 하는데, 피고는 이미 사업계획승인을 신청한 상태로 변경인가 신청이 불가하므로 원고들은 조합원 자격을 회복할 수 없다.**

법원판단

1) 먼저 원고들이 조합원 자격을 회복하기 위해서는 '구청장의 인정'이 있어야 한다는 취지의 주장에 관하여 보건대, 앞서 인정한 사실들을 종합하여 인정되는 다음의 여러 사정들,

즉 ① 지역주택조합은 일정한 지역에 거주하는 주민들이 주택을 마련하기 위하여 구성한 비법인사단의 성격을 가지는데(대법원 2000. 7. 7. 선고 2000다18271 판결 등 참조), 이러한 비법인사단 구성원의 자격은 관계 법령과 조합규약에 의하여 해당 구성원과 조합 사이에 결정될 문제이고, 주택법령에는 관할 행정청이 이를 결정할 수 있다고 볼 만한 위임규정이 존재하지 않는 점,

② 지역주택조합의 조합원들과 관할 행정청 사이에는 직접적인 법률관계가 없어 원고들이 관할 행정청을 상대로 직접 조합원 자격의 확인을 구할 수는 없고, 원고들과 관할 행정청 사이의 행정심판 내지 행정소송의 효력도 피고에게 직접 미치지 않는 점,

③ 주택법 제11조 제1항, 제7항, 주택법 시행령 제21조 제3항의 위임을 받은 주택법 시행규칙 제8조 제3항에서 관할 행정청이지역주택조합에 대하여 설립인가, 사업계획승인, 임시사용승인 등 처분을 할 때마다 미리 국토교통부장관에게 전산검색을 의뢰하여 조합원 자격에 해당하는지 여부를 확인하도록 정하고 있기는 하나, **이는 관할 행정청으로 하여금 기존 조합원들의 조합원 자격 유무와 관련한 사실관계를 사업 진행의 일정 단계마다 확인하여 그 결과를 지역주택조합에게 통보하도록 함으로써 지역주택조합의 구성과 운영 등에 대한 감독권한을 원활히 행사하도록 함과 동시에 조합원 자격에 관한 분쟁과 혼란을 최소화하려는 취지에 불과한 것으로 보일 뿐, 관할 행정청에게 지역주택조합과 조합원 사이에 직접 개입하여 법령상 조합원 자격 유무를 결정하여 줄 권한까지 부여하는 취지라고는 보이지 않는 점 등을 종합하여 보면,**

주택법 시행령 제21조 제2항에 정한 '시장 등의 인정' 절차는 조합원의 세대주자격을 일시적으로 상실한 경우 조합원자격 유지 여부에 대한 1차적인 판단 권한을 시장 등에게 부여한 것으로 보일 뿐이고, 시장 등으로 하여금 조합원자격 유무를 결정할 최종적이고 독점적인 권한을 갖도록 규정한 것이라고 보기는 어렵다. 결국 조합원이 '부득이한 사유로 인하여 세대주자격을 일시적으로 상실한 경우'에 해당하는지 여부에 관한 종국적인 판단은 법원에서 이루어져야 하므로, 행정청이 이를 인정하지 않는 경우라도 법원에서 해당 조합원이 부득이한 사유로 인하여 세대주자격을 일시적으로 상실하였다고 인정하는 경우라면, 해당 조합원은 위 조항에 따라 조합원 자격을 유지하게 된다고 할 것이다. **따라서 원고들이 피고를 상대로 민사소송으로 조합원 자격의 확인을 구할 법률상의 이익**이 있다고 보아야 하므로, 피고의 이 부분 주장은 이유 없다.

2) 다음으로 피고는 이미 사업계획승인신청을 하여 주택조합 변경인가 신청이 불가능하므로 원고들의 조합원 자격이 회복될 수 없다는 취지의 주장에 관하여 보건대, 갑가 제13호증의 기재에 변론 전체의 취지를 종합하여 인정되는 다음의 여러 사정들

즉, ① 주택법 시행령 제22조 제1항 제1호에 정한 '조합원 추가모집'은 위 시행령 제22조 제3항에서 그에 따른 주택조합의 변경인가 신청을 사업계획승인신청일까지 해야 한다고 규정한 것과 달리, 위 시행령 제22조 제1항 제2호에 정한 인가받은 조합원 수 범위 내에서의 '충원'은 사업계획승인신청 이후에도 가능한 것으로 해석함이 타당한 점,

② 설령 원고들이 절차상 이유로 최종 조합원 명단에 등재되지 못한다고 하더라도, 피고 규약(갑가 제13호증) 제12조 제4항에서는 "탈퇴, 조합원자격의 상실, 제명 등으로 조합원의 지위를 상실한 자에 대하여는 조합원이 납입한 제 납입금에서 조합원 가입계약서에 명시된 계약금(청약금 포함) 및 업무대행수수료 중 업무대행수수료를 제외한 납입원금만을 환불하며, 환불시기는 신규조합원 및 일반 분양자로 대체되어 입금이 완료되었을 때 환불하기로 한다"고 정하고 있어 원고들이 조

합원 자격을 상실한 것으로 남아있게 되는 경우 분담금 등의 반환 범위 및 그 이행기와 관련하여 불이익을 받게 되는 점 등에 비추어 보면, 이 사건 확인판결을 받는 것은 원고들의 권리 또는 법률상 지위에 현존하는 불안·위험을 제거하기 위한 가장 유효적절한 수단이라고 보이므로, 피고의 이 부분 주장 또한 이유 없다.

3) 피고의 본안 전 항변은 모두 이유 없다.

[지역주택조합/ 조합원자격/ 조합원자격해석] 주택법상 조합원 자격에 관한 규정은 강행규정에 해당하고 해당 사유가 발생한 경우 그 즉시 조합원 자격을 상실한다(부산지방법원 2023가합41433 지역주택조합조합원지위확인청구의소).

판례 해설

대상판결은 주택법 시행령에 따르면 조합 설립인가 신청일부터 입주 가능일까지 무주택자 또는 소형주택 1채만 소유한 세대주여야 하는바, 원고 및 배우자D 는 2017. 1. 13.~2017. 3. 7. 동안 2주택을 소유한 사실을 인정하고, '근무·질병치료·유학·결혼 등 부득이한 사유로 인한 일시적인 세대주 자격 상실'과 같은 주택법령상 예외사유를 인정할 여지도 없으므로, 원고는 2주택 소유가 인정되어 조합원 자격이 상실되었다고 판시하였다.

즉, 주택관계 법령상 조합원 자격 상실에 관한 규정은 당사자의 의사로 배제할 수 없는 것으로서 엄격하게 해석되어야 하고, 예외사유에 해당하지 않는 이상 조합원 자격 상실사유가 발생하면 조합원 자격이 당연상실되는 점을 주의해야한다.

사실관계

가. 피고는 부산 C 일원에 공동주택 신축·분양 사업을 추진하기 위하여 결성된 지역주택조합이고, 원고는 2017. 9. 7. 피고와 조합가입계약을 체결하여 피고의 조합원이 된 사람이다.

나. 원고의 배우자 D은 부산 북구 E아파트 F호(전용면적 84.28㎡, 이하 '이 사건 E아파트'라 한다)를 소유하고 있던 중 2017. 2. 10.경 이를 매도하는 계약을 체결하고, 2017. 3. 7. 매수인에게 소유권이전등기를 넘겨주었다. D은 2016. 12. 8. 부산 북구 G아파트 H호(전용면적 84.96㎡, 이하 '이 사건 G아파트'라 한다)를 매수하여, 2017. 1. 13. 소유권이전등기를 마쳤다. 결과적으로 원고 및 배우자 D 세대는 2017. 1. 13.부터 2017. 3. 7.까지 사이에는 주택 2채를 소유하게 되었다.

다. 피고는 2017. 1. 25. 관할관청에 조합 설립인가를 신청한 후 지역주택조합사업을 진행하고 있었다.

라. 부산광역시 연제구청장은 2023. 1. 4. 피고에 대한 조합변경인가 과정에서 조합원 자격의 확인 절차를 거쳐 원고가 주택법에 따른 조합원 자격 요건을 갖추지 않았다
는 이유로 원고를 부적격 처리하였고, 이에 따라 피고는 2023. 1. 12. 원고에게 조합원자격상실 통보를 하였다.

원고의 주장

가. 원고의 배우자 D은 이 사건 E아파트를 매도하고 이 사건 G아파트를 취득하는 과정에서 일시적으로 주택 2채를 소유하게 된 것일 뿐, 시세차익을 남기는 등의 목적으로 주택을 여러 채 보유한 것이 아니므로 주택법 시행령, 조합가입계약이나 피고 규약에서 정한 조합원 자격을 상실하였다고 볼 수 없다.

나. 주택법 시행령 제21조에서는 조합설립인가 신청일부터 조합주택의 입주 가능일까지, 세대주 세대원 포함 주택을 보유하고 있지 않거나 전용면적 85㎡ 이하의 주택 1채를 소유한 경우 지역주택조합 조합원이 될 수 있고, 주택 1채 소유 여부 판정기준은 주택공급에 관한 규칙 제53조를 준용하도록 되어 있다. 그리고 주택공급에 관한 규칙 제53조 제3호<각주1>에는 "개인주택사업자가 분양을 목적으로 주택을 건설하여 이를 분양 완료하였거나 사업주체로부터 제52조 제3항에 따른 부적격자로 통보받은 날부터 3개월 이내에 이를 처분한 경우" 주택을 소유하지 아니한 것으로 보는데, 원고는 피고로부터 부적격자라는 통보를 받은 2023. 1. 12.을 기준으로 이미 1주택자였으므로, 원고는 1주택자로 보아야 한다. 따라서 원고가 주택 2채를 소유한 사로서 피고의 조합원 자격을 상실하였다고 볼 수 없다.

법원판단

가. 관련 법리

지역주택조합 제도는 일정한 구분에 따른 지역에 거주하는 무주택 또는 소형주택 세대주의 주택마련을 통한 주거안정 등을 위한 제도인바, <u>지역주택조합의 조합원 자격에 관한 주택법이나 그 시행령 등의 규정은 당사자의 의사에 의하여 그 적용을 배제할 수 있는 규정이라고 할 수 없다</u>(대법원 2020. 9. 7. 선고 2020다237100 판결 등 참조).

나. 구체적인 판단

<u>지역주택조합 제도는 무주택 또는 소형주택 세대주의 주택마련을 통한 주거안정을 위한 제도인바, 지역주택조합의 조합원 자격에 관한 구 주택법이나 그 시행령 등의 규정은 당사자의 의사에 의하여 그 적용을 배제할 수 없으므로, 그 규정을 엄격히 해석</u>하여야 한다. 따라서 지역주택조합 조합원의 자격을 규정한 주택법 시행령 제21조에서 주택 소유의 목적에 따라 소유할 수 있는 주택의 수에 차등을 두고 있지 않으므로, 조합원이 시세차익을 남기는 등의 목적이 없이 2주택을 소유하였더라도 그 조합원을 무주택 또는 소형주택 세대주라고 볼 수는 없다.

나아가 보건대, 주택법 시행령 제21조 제1항 제1호 가.목에 대한 예외 규정인 주택법 시행규칙 제8조 제2항 제1호, 제2호는 '상속·유증 또

는 주택소유자와의 혼인으로 주택을 취득하였을 때에는 사업주체로부터 주택공급에 관한 규칙 제52조 제3항에 따라 부적격자로 통보받은 날부터 3개월 이내에 해당 주택을 처분하면 주택을 소유하지 아니한 것으로 보거나 주택공급에 관한 규칙 제53조(주택소유 여부 판정 기준)를 준용한다'는 내용만 두고 있을 뿐, **세대주 상실의 경우와 달리 '부득이한 사유'로 인한 예외규정을 두고 있지 아니하다.**

원고와 같은 세대를 구성하는 원고의 배우자는 2017. 1. 13.부터 2017. 3. 7.까지 2주택을 소유하였고, 그 기간은 주택법 시행령 제21조 제1항 제1호 가.목 및 피고 규약 제8조 제1호 가.목의 1)에 따라 주택을 소유하지 아니하거나 주거전용면적 85㎡ 이하의 주택 1채를 소유할 것이 요구되는 피고의 주택조합설립인가신청일인 2017. 1. 25.부터의 기간과 중첩되는 사실은 앞서 인정한 바와 같다.

그런데 이와 같은 **원고 배우자의 2주택 소유기간이 주택법 시행규칙 제8조 제2항 제1호에서 부적격자로 통보받은 날부터 3개월 이내에 해당 주택을 처분하면 주택을 소유하지 아니한 것으로 보는 '상속·유증 또는 주택소유자와의 혼인으로 주택을 취득하였을 때'에 해당하지 아니하고, 또한 주택법 시행규칙 제8조 제2항 제2호에서 준용되는 주택공급에 관한 규칙 제53조 각호에서 '주택을 소유하지 아니하는 것'으로 보는 경우 중 어디에도 해당하지 않는 것으로 보이며,** 달리 원고의 배우자가 위 기간 동안 2주택을 소유한 것이 피고 규약이나 주택법 시행규칙에서 정한 2주택 소유에 관한 예외 사유에 해당한다고 보기도 어렵다[원고는, 원고의 2주택 소유는 주택공급에 관한 규칙 제53조 제3호의 경우에 해당하여 '주택을 소유하지 아니한 것'으로 보아야 한다고 주장하나,

① 주택공급에 관한 규칙 제53조 제3호는 '개인주택사업자가 분양을 목적으로 주택을 건설하여 이를 분양 완료하였거나 사업주체로부터 제52조 제3항에 따른 부적격자로 통보받은 날부터 3개월 이내에 이를 처분한 경우'에 적용되는 조항으로, 위 규정의 문언상 개인주택사업자에만 한정적으로 적용되는 규정으로 보이는데, 원고가 위 규정의 적용 대상인 개인주택사업자라고 볼 증거가 전혀 없는 점(개인주택사업자는 세무서 등에 등록된 사업자 등록자로서 해당 업무분야에 주택 판매 또는 분양을 목적으로 기재하고 사업을 영위하는 자여야 하나, 원고가 세무서 등에 사업자 등록자을 마치고 해당 업무분야에 주택 판매 또는 분양을 목적으로 기재하고 사업을 영위하는 자라고 볼 증거가 전혀 없고, 원고의 주장에 의하더라도 D은 이 사건 E아파트를 매도하고 이 사건 G아파트를 매수하는 과정에서 일시적으로 2주택을 소유하게 된 자에 해당한다),

② 주택공급에 관한 규칙 제53조 제3호는 개인주택사업자가 주택을 소유할 의사 없이 **분양을 목적으로 주택을 건설하는 과정 등에서 부득이하게 일정기간 주택을 소유한 경우** 개인주택사업자를 무주택자로 인정해주고자 하는 규정으로 보이는데, D은 이 사건 E아파트를 소유할

의사로 일정 기간 소유하다가 이를 매도한 자에 불과한 점,

③ 원고 주장대로 사업주체로부터 주택공급에 관한 규칙 제52조 제3항에 따른 **부적격자로 통보 받은 날부터 3개월 이내에 이를 처분하기만 하면(이미 처분한 경우 포함) 주택공급에 관한 규칙 제53조 제3호가 적용된다고 본다면,** 주택법 시행규칙 제8조 제2항 제1호에서 '상속, 유증, 주택소유자와의 혼인'으로 주택을 취득하였을 때에 한하여 사업주체로부터 주택공급에 관한 규칙 제52조 제3항에 따른 부적격자로 통보받은 날부터 3개월 이내에 이를 처분한 경우 주택을 소유하지 아니한 것으로 본다고 규정한 것이 아무런 의미가 없는 결과가 되어 **부당한 점** 등의 사정들을 종합하면, 원고의 경우가 주택공급에 관한 규칙 제53조 제3호에 따라 주택을 소유하지 아니한 것으로 볼 수 있는 경우에 해당한다고는 볼 수 없다고 봄이 타당하다].

따라서 원고에게는 주택법 시행규칙 제8조 제2항에서 정한 2주택 소유에도 불구하고 지역주택조합의 조합원의 자격을 유지하는 예외 사유가 없으므로, 원고가 같은 세대를 구성하는 D의 2주택 소유에도 불구하고 피고의 조합원 자격을 유지한다고는 볼 수 없고, 원고는 피고의 조합원 자격을 상실하였다고 봄이 타당하다. 결국 원고의 주장은 이유 없다.

[지역주택조합/조합원자격부존재와 자격상실] 조합설립인가신청 시점에 주택법령상 조합원 자격이 없는 경우 지역주택조합원의 자격을 갖추지 못한 것이지만, 예외사유가 인정되는 경우 조합원 자격이 유지된다(부산지방법원 서부지원 2022가합102678, 2022가합102715 조합원지위확인등·조합원지위확인의소).

> **판례 해설**
>
> 대상판결은 원고 A는 조합설립인가신청 시점에 이미 2주택자임이 인정되었으므로, 주택법령상 조합원 자격이 없으며, 조합의 안내가 다소 부족하였다 하더라도 원고 A 스스로 관계 법령 규정과 조합 규약을 통하여 조합원 자격을 충족하는지를 쉽게 알 수 있었을 것이므로 원고 A의 조합원 자격을 인정하지 않았다.
>
> 그러나 대상판결은 병합원고 B의 경우 세대주 지위를 상실한 것이 하루에 불과한 점, 원고 B의 나이와 사회, 경제적 지위, 전입신고 경위 등을 종합적으로 고려할 때, 투기나 탈법의 목적이 아니라 근무를 위한 부득이한 사유로 세대주 자격을 일시적으로 상실한 것에 불과하다고 판단하고, 예외사유를 인정하여 원고 B가 조합원 자격을 유지한다고 판시하였다.
>
> 즉, 주택법령상 조합원 자격 관련 규정은 엄격하게 해석되지만, 세대주 지위의 일시적 상실과 같은 예외사유가 인정되는 경우에는 조합원 자격이 유지됨을 기억해야 하며, 대상판결에서 원고 A가 조합원 자격은 인정되지 않았지만, 조합가입계약상 기납부 금액 반환은 별도로 인정하였음도 알아두어야 한다.

법원판단

가. 2022가합102678 사건(본소)에 대한 판단

1) 원고 A의 주위적 청구에 대한 판단

주택법 시행령 제21조 제1항에서는 지역주택조합의 주택조합설립인가 신청일부터 해당 주택조합의 입주가능일까지 세대주 전원이 주택을 소유하지 아니하거나 세대원 중 1인에 한하여 주거전용면적 85㎡ 이하의 주택 1채를 소유한 세대의 세대주에 한하여 조합원이 될 수 있는 것으로 규정한 사실, 피고 조합 규약 제8조는 위 주택법 시행령 제21조 제1항의 요건 및 조합설립인가 신청일 현재 주택법 제2조 제11호 가목의 구분에 따른 지역에 6개월 이상 계속하여 거주하여 온 사람일 것이라는 요건을 추가하고 있으며, 제12조는 관계법령 및 피고 조합 규약에서 정하는 조합원 자격에 해당하지 않게 된 자의 조합원 자격은 자동 상실된다고 정하고 있고(제2호), 이 사건 제1 가입계약 제5조 제2호는 조합 가입 계약자에게 지역주택조합원의 자격유지와 관련된 결격사유가 발생할 경우 제10조의 해약규정에 따른다고 정하고 있으며, 제10조는 피고 조합 추진위원회는 조합 가입 계약자가 관계 법규에 의거 지역주택조합원의 자격을 상실하였을 때 별도의 조치를 취함이 없이 즉시 계약을 해지할 수 있으며, 피고 조합 추진위원회는 조합 가입 계약자가 기납부한 조합원 분담금 중에서 총 분양금액의 10%를 공제한 후 환불하며 행정용역비는 전액 행정용역사에게 귀속되고, 환불 시기는 조합 가입 계약자의 지위를 승계하는 조합원의 총 분담금이 입금되었을 때로 정하고 있는 사실, 피고 조합의 조합설립인가 신청일인 2018. 11. 30. 당시 원고 A가 이 사건 제1, 2아파트를 소유하고 있었던 사실은 앞서 본 바와 같다.

위 인정사실들에 의하면, 원고 A는 2018. 11. 30. 지역주택조합원의 자격을 갖추지 못하였다고 보아야 하므로, **원고 A를 피고 조합의 조합원으로 볼 수 없다. 원고 A의 피고 조합에 대한 주위적 청구는 이유 없다.**

2) 원고 A의 예비적 청구에 대한 판단

가) 피고 조합

(1) 이 사건 제1 가입계약의 무효를 원인으로 한 부당이득반환청구 등

(가) 원고 A는 이 사건 제1 가입계약은 무효이므로 피고 조합은 원고 A에게 원고 A가 이 사건 제1 가입계약에 따라 지급한 돈 합계 160,000,000원 중 K조합으로부터 대출받아 지급한 돈 80,000,000원을 제외한 나머지 80,000,000원 및 이에 대하여 그 각 지급일로부터의 이자 또는 지연손해금을 반환할 의무가 있다고 주장하나, 원고 A는 이 사건 제1 가입계약의 구체적인 무효 사유를 주장하고 있지 않은바, 원고 A가 주장하는 사정들만으로는 이 사건 제1 가입계약이 무효라는 사실을

인정하기에 부족하고 달리 이를 인정할 증거가 없다. 원고 A의 이 부분 청구는 이유 없다.

(나) **이 사건 제1 가입계약 제5조 제2호는 조합 가입 계약자에게 지역주택조합원의 자격유지와 관련된 결격사유가 발생할 경우 제10조의 해약규정에 따른다고 정하고 있으며, 제10조는 피고 조합 추진위원회는 조합 가입 계약자가 관계 법규에 의거 지역주택조합원의 자격을 상실하였을 때 별도의 조치를 취함이 없이 즉시 계약을 해지할 수 있으며, 피고 조합 추진위원회는 조합 가입 계약자가 기납부한 조합원 분담금 중에서 총 분양금액의 10%를 공제한 후 환불하며 행정용역비는 전액 행정용역사에게 귀속된다고 정하고 있는 사실은 앞서 본 바와 같고**, 을가 제15, 16호증의 각 기재 및 변론 전체의 취지에 의하면 피고 조합은 업무대행사인 주식회사 Z에 조합원 모집대행수수료로 1세대당 8,000,000원(부가가치세 별도), 업무대행비로 1세대당 12,000,000원(부가가치세 별도)를 지급하기로 약정한 사실을 인정할 수 있다. 그렇다면 피고 조합은 원고 A에게 이 사건 제1 가입계약 제10조에 따라 원고 A가 청구하는 80,000,000원에서 행정용역비 22,000,000원[= (업무대행비 12,000,000원 + 분양대행 수수료 8,000,000원) × 1.1<각주4>]을 공제한 58,000,000원에서, 위 58,000,000원의 10%인 5,800,000원을 공제한 금액인 52,200,000원을 지급할 의무가 있다. 원고 A의 이 부분 청구는 위 인정범위 내에서 이유 있다[원고 A는 이자 또는 지연손해금의 지급도 구하나, 이 사건 제1가입계약 제10조 제1호에서 정한 환

불시기가 도래하였다는 사실을 인정할 증거가 제출되지 않았으므로 원고 A의 이 부분 청구는 이유 없다].

① 원고 A는 피고 조합이 자신에게 잘못된 안내를 했다는 주장을 하면서도 피고 조합이 잘못 안내했다는 점에 대한 구체적 자료 제출하지 못하고 있다.

② 이 사건 제1 가입계약 제10조 제1항은 조합 가입 계약자가 관계 법규에 의거 지역주택조합원의 자격을 상실하였을 때(라목) 피고 조합 추진위원회는 별도의 조치를 취함이 없이 즉시 계약을 해지할 수 있다고 정하고 있으며, 피고 조합 규약 제8조는 위 주택법 시행령 제21조 제1항의 요건 및 조합설립인가 신청일 현재 주택법 제2조 제11호 가목의 구분에 따른 지역에 6개월 이상 계속하여 거주하여 온 사람일 것이라는 요건을 추가하고 있으며, 제12조는 관계법령 및 피고 규약에서 정하는 조합원 자격에 해당하지 않게 된 자의 조합원 자격은 자동 상실된다고 정하고 있다(제2호).

원고 A와 같이 지역주택조합의 조합원 가입을 희망하는 계약자로서는 스스로 조합원 자격을 갖추고 있는지 여부를 충분히 검토하고 조합원 가입계약을 체결하여야 할 필요가 있고, **계약 체결 전에 관계 법령의 규정과 조합 규약을 통하여 자신이 조합원 자격을 충족하는지 쉽게 확인할 수 있는 점 등을 고려하면, 피고 조합이 설령 조합원 자격에 관한**

안내를 다소 부족하게 하였다고 하더라도 원고 A는 스스로의 조사와 검토를 통하여 조합가입 계약을 체결하지 않거나 피고 조합의 조합설립인가 신청일 전에 자신이 보유한 아파트의 소유권을 타인에게 이전하는 등의 방법을 취했어야 한다.

나. 2022가합102715(병합) 사건(병합된 소)에 대한 판단

살피건대, 원고 B가 2021. 9. 6. 1일 동안 '부산 금정구 U, V호'의 세대주 W의 세대원으로 전입신고가 마쳐진 사실은 앞서 본 바와 같고 갑 나 제9호증의 기재에 의하면 원고 B가 김해시 Y 대 359.7㎡ 토지 및 그 지상 건물을 소유하고 있는 사실을 인정할 수 있지만, 앞서 든 증거들에 갑 나 제7 내지 11호증의 각 기재 및 변론 전체의 취지를 종합하여 인정할 수 있는 아래와 같은 사정들에 비추어 보면, 원고 B는 주거전용면적 85㎡ 이하의 주택 1채를 소유한 세대의 세대주로서 근무를 위하여 부득이한 사유로 세대주 자격을 일시적으로 상실한 경우로서 주택법 시행령 제21조 제1항에 따라 조합원 자격이 있다고 봄이 상당하고, 이와 달리 원고 A가 세대주 요건을 충족하지 못하여 조합원 지위를 당연히 상실하였다는 전제에서 피고 조합이 원고 B에게 한 조합원자격 상실 통보는 효력이 없다 할 것이므로, 결국 원고 B의 이 사건 청구는 이유 있다. 한편 피고 조합이 이를 다투는 이상 확인의 이익도 인정된다.

① <u>조합원이 부득이한 사유로 인하여 세대주 자격을 일시적으로 상</u>

실한 것인지 여부에 관한 종국적인 판단은 법원에서 이루어져야 하고, 구청장이 인정하지 않는 경우라도 법원에서 해당 조합원이 부득이한 사유로 인하여 세대주 자격을 일시적으로 상실하였다고 인정하는 경우라면 주택법 시행령의 관련 조항에 의해 조합원 자격을 유지하게 된다고 봄이 상당하다.

② **주택법 시행령 제21조 제1항에서 말하는 "부득이한 사유"의 존재나 "일시적으로 상실한 경우"에 해당하는지 여부를 판단함에 있어서는, 주택법 시행령이 지역주택조합의 조합원 자격 요건으로 '세대주 지위'를 요구하는 취지, 세대주 지위를 계속 유지하게 할 현실적인 필요성의 정도, 장기간 세대주 지위를 유지하는데 따르는 제한이나 부담의 크기 등을 종합적으로 고려**하여야 한다.

③ 원고 B는 2020. 6. 10. '부산 금정구 U, V호'에 주민등록을 마치고 거주하다가 2021. 7. 1. 부산시설공단에서 퇴직하고 2021. 7. 12. 충주시설관리공단에 취업하게 되었는데(갑나 제7, 8호증), 위와 같이 부산에서 충주시로 근무처를 옮기는 과정에서 충주시에 주거를 마련할 필요가 있었던 것으로 보인다. 위 주거 마련을 위하여 원고 B의 아내 W은 2021. 9. 6. 충주시 AA건물, AB호에 관하여 전세계약을 체결하였고(갑나 제10호증), 위 전세금 대출을 위하여 W이 기존 주민등록지인 '부산 금정구 U, V호'에 세대주로 변경신고를 하였던 것으로 보이며(갑나 제11호증), 원고 B는 위 2021. 9. 6.의 바로 다음날인 2021. 9. 7. 다시

위 '부산 금정구 U, V호'에 세대주로 변경신고를 하였다. 이처럼 원고 B는 근무처를 옮기는 과정에서 주거 마련의 필요로 단 하루 세대주 지위를 일시 상실하였던 것에 불과하다고 보인다.

④ 원고 B는 2015. 4. 23. 이래로 계속하여 세대주 지위를 유지하였고 세대주 지위를 상실한 것은 위 2021. 9. 6. 단 하루에 불과한 점과 원고 B의 나이와 사회·경제적 지위, 전입신고를 마친 경위 등 제반 사정을 종합적으로 감안할 때, 원고 B에게 관련 법령이 지역주택조합의 조합원 자격 요건으로 세대주 지위를 요구하는 취지에서 벗어나 투기나 탈법의 목적이 있었다고 보이지는 아니하고, 세대주 지위를 계속 유지하도록 강제하여야만 할 현실적인 필요성은 그다지 크지 않다고 보이는바, **원고 B는 근무를 위한 부득이한 사유로 인하여 세대주 자격을 일시적으로 상실한 경우에 해당한다고 봄이 상당하다.**

⑤ 김해시 Y 대 359.7㎡ 토지 지상에는 목조 스레이트지붕 단층 주택 42.98㎡, 토담조 스레이트지붕 단층 창고 33.06㎡ 및 재래식 화장실이 존재하는 것으로 보일 뿐, 그 밖에 주거전용면적 85㎡를 초과하는 건물이 존재한다는 사실을 인정할 만한 자료가 제출되지 않았다.

[지역주택조합/ 조합원자격상실/ 예외사유의인정] 주택법령상 조합원 자격 상실의 예외사유를 인정하기 위해서는 사실관계가 예외사유와 구체적으로 부합하여야 한다(의정부지방법원 고양지원 2022가합142 지역주택조합원지위확인의소).

판례 해설

대상판결은 원고가 세대주 자격을 일시적으로 상실한 것이 지방근무로 인한 것이 아니라, 친척 거주지인 서울의 다른 주소로 전입신고를 하면서 세대주 자격을 상실한 것 뿐이라고 판단하고, 주택법령상 정한 예외사유에 해당한다고 볼 수 없으므로, 원고가 조합원 지위에 있지 않다고 판시하였다.

즉, 세대주 자격의 일시적 상실과 같은 예외사유를 인정하기 위해서는, 세대주 자격이 일시적으로 상실된 점이 인정되는 것으로는 충분하지 않고, 근무, 질병치료, 유학, 결혼 등 부득이한 사유로 세대주 자격을 일시적으로 상실한 것임이 구체적으로 인정되어야 함을 주의해야한다.

사실관계

가. 피고는 고양시 일산동구 C 일원에 아파트를 신축하는 사업을 하기 위하여 주택법에 따라 설립된 지역주택조합으로, 2020. 8. 14. 조합설립인가를 신청하여 고양시장으로부터 2020. 10. 29. 조합설립인가를 받았다. 고양시는 2020. 8. 14. 당시 주택법 제63조에 따른 투기과열지구에 지정된 바 없다.

나. 원고는 2017. 7.경 피고 설립을 위한 지역주택조합 설립 추진위원회와 조합 가입계약을 체결하였다(이하 '이 사건 가입계약'이라 한다).

다. 원고는 이 사건 가입계약 체결 직후인 2017. 7. 5. 서울 은평구 D, E호에 큰아버지 F의 세대원으로 전입한 다음 바로 세대주가 되었고, 2017. 7. 12. 서울 도봉구 G, H호에 세대주로 전입하였다가 2019. 7. 25. 서울 도봉구 G, I호에 사촌인 J의 세대원으로 전입하였다. 그 후 원고는 2020. 8. 4. 같은 주소지에서 세대주가 되었다.

라. 원고는 2020. 10. 29. 큰어머니 소유의 서울 은평구 K, L호에 큰아버지 F의 세대원으로 전입함으로써 다시 세대주 자격을 상실하였다가 2020. 11. 2. 같은 주소지에서 세대주가 되었다.

마. 고양시장은 2021. 9. 17. 피고의 주택건설사업계획을 승인한 후 2021. 11. 29. 원고를 비롯하여 세대주 자격 변동이 있어 조합원 결격자로 심사된 일부 조합원들을 제외하여 조합설립변경인가를 하였다. 피고가 건설하는 주택은 변론종결일 현재까지도 입주가 이루어지지 않았다.

원고의 주장

원고는 지방에서 근무해야 했던 사정, 평일에 세대주등록 신고를 하기 위해 대체근무자와 일정을 조율해야 했던 사정 등으로 고의성 없이 3~4일간 세대주 자격을 유지하지 못한 것이므로, 원고를 조합원 결격자로 판단한 것은 부당하다. 이에 원고는 피고를 상대로 조합원 지위 확인을 구한다.

법원판단

주택법 제11조 제7항, 주택법 시행령 제21조 제1항 제1호 가목에 의하면 지역주택조합의 조합원이 되기 위해서는 조합설립인가 신청일부터 해당 조합주택의 입주 가능일까지 세대원 전원이 주택을 소유하고 있지 아니한 세대의 세대주이거나 세대주를 포함한 세대원 중 1명에 한정하여 주거전용면적 85제곱미터 이하의 주택 1채를 소유한 세대의 세대주여야 한다.

이 사건 가입계약 역시 제9조 제1항에서 조합원으로 하여금 조합설립인가 신청일부터 입주일까지 주택법령에 따른 조합원의 자격을 갖추도록 하면서 제10조에서 조합원이 주택법령에 따른 자격을 상실한 경우 피고가 최고 없이 계약을 해지할 수 있고 이 경우 조합원 자격은 자동으로 상실되는 것으로 정하고 있다. 피고의 조합규약도 제12조 제3항에서 주택법 등에서 정하는 조합원 자격에 해당하지 않게 된 자의 조합원 자격은 자동으로 상실되는 것으로 정하고 있다. 위 각 규정에 의하면 조합원이 세대주자격을 상실하는 등으로 주택법령이 정하는 자격을 갖추지 못하게 된 경우 이 사건 가입계약과 조합규약에 따라 조합원 자격도 자동으로 상실된다. 앞서 인정한 바와 같이 원고는 이 사건 가입계약 체결 당시에는 주민등록상 세대주였던 것으로 보이나 그 후 다른 주소지로 전입신고를 함에 따라 세대주가 아니게 되었으므로, 원고는 지역주택조합인 피고의 조합원 자격을 상실하였다.

원고는 지방근무 등의 사유로 세대주 자격을 일시적으로 상실하였다는 취지로 주장한다. 주택법 시행령 제21조 제2항은 '주택조합의 조합원이 근무·질병치료·유학·결혼 등 부득이한 사유로 세대주 자격을 일시적으로 상실한 경우로서 시장·군수·구청장이 인정하는 경우에는 제1항에 따른 조합원 자격이 있는 것으로 본다.'라고 정하고 있고, 피고 조합규약 제8조 제1호 단서도 같은 내용으로 자격 상실에 대한 예외를 정하고 있다.

이 사건으로 돌아와 살피건대, 갑 제3호증의 기재에 의하면 원고가 2020. 8. 4.부터 2020. 11. 14.까지 군산에 있는 유한회사 M에 근로를 제공한 사실은 인정된다.

그러나 원고는 그 사이 2020. 10. 29. 본래 주소지와 같은 지역인 서울의 다른 주소지(친척의 거주지)에 세대원으로 전입신고를 하면서 세대주 자격을 상실한 것일 뿐, 지방근무 때문에 직장 소재지인 군산으로 이주하느라 세대주 자격을 상실하였다고 보이지는 않는다. 원고가 2020. 10. 29. 세대주 자격을 상실한 것에 위 각 규정이 정한 부득이한 사유가 있다고 볼 수 없다.

따라서 원고가 피고의 조합원 지위에 있음을 전제로 한 원고의 주장은 이유 없다.

[지역주택조합/ 조합원자격유지] 고령이고 노환이 있어 자녀의 집으로 일시 전입할 필요가 있는 경우는 주택법령상 조합원 자격 상실의 예외사유인 일시적인 세대주 자격 상실을 인정할 수 있고, 분양권에 당첨되었지만 분양계약을 체결하지 아니한 경우는 2주택자로 볼 수 없으므로 조합원 자격이 유지된다(부산지방법원 서부지원 2022가합102531, 2022가합102784 조합원지위확인·조합원지위확인의소).

판례 해설

대상판결은 세 명의 당사자가 공동으로 소송을 제기한 경우로, 세 명 모두 조합원 지위를 회복하였다.

대상판결은 원고 A와 원고 C의 경우는 고령 및 노환으로 인하여 일시적으로 자녀 세대에 전입하게 된 사실을 인정하고, 주택법령상 조합원 자격 상실의 예외사유인 일시적인 세대주 자격 상실을 인정하여 조합원 자격이 유지된다고 판시하였다. 또한 원고 B의 경우 분양권 당첨사실이 있지만 분양계약을 체결하지 않았고, 관할 행정청도 조합원 자격에 부합한다는 취지의 회신을 한 점등으로 2주택자에 해당하지 않아 조합원 자격을 상실하지 않았다고 판시하였다.

즉, 고령이나 노환 등으로 자녀의 보호가 필요하여 일시적으로 전입함으로서 세대주 자격을 일시적으로 상실하는 경우는 예외사유가 인정되어 조합원 자격이 유지되고, 분양권이 당첨되었어도 분양계약을 체결하지 않는 경우는 2주택자로 인정되지 않아 조합원자격이 상실되지 않음을 알아두어야 한다.

> 또한, 주택법상 자격과 관련된 근본적 취지는 투기 및 탈법을 방지하기 위함인바, 대상판결의 재판부는 이와 같은 점을 합리적으로 고려하였던 것으로 보인다.

원고들의 주장

1) 원고 A

주위적으로, 원고 A은 지역주택조합의 조합원이 세대주 자격을 유지하여야 한다는 사실을 모르고 고령으로 인한 노환으로 인해 원고 A의 자녀인 F의 요청으로 잠시 주소를 이전하여 3일간 세대주 자격을 상실한 것에 불과하다. 원고 A의 경우 부득이한 사유로 세대주 자격을 일시 상실한 경우에 해당하여 조합원 자격이 인정된다. 예비적으로, 피고는 사업부지의 80%를 소유하고 있다고 원고 A을 기망하였고, 원고 A은 위 기망행위가 아니었다면 피고에 가입하지 않았을 것이다. 또한 피고가 원고 A에게 교부한 안심보장확약서는 총회 결의가 없어 무효이고 이는 조합가입계약 체결에 있어 중요 부분에 관한 착오이다. 원고 A은 이 사건 소장 부본의 송달로써 기망 내지 착오에 기한 조합가입계약을 취소한다. 피고는 원고 A에게 분담금 등 140,000,000원 및 이에 대한 지연손해금을 지급하여야 한다.

2) 원고 B

주위적으로, 원고 B은 2016. 3. 10. 아파트 분양권에 당첨된 적은 있으나, 계약기간에 분양계약을 체결하지는 않았는데, 피고는 원고 B의 소명을 듣지 않고 2주택자라는 이유로 조합원 자격 상실 통보를 하였다. **원고 B은 주거전용면적 85㎡ 이하의 주택 1채만을 보유하고 있으므로 조합원의 자격이 인정**된다. 예비적으로, 피고는 사업부지의 80%를 소유하고 있다고 원고 B을 기망하였고, 원고 B은 위 기망행위가 아니었다면 피고에 가입하지 않았을 것이다. 또한 피고가 원고 B에게 교부한 안심보장확약서는 총회결의가 없어 무효이고 이는 조합가입계약 체결에 있어 중요 부분에 관한 착오이다. 원고 B은 이 사건 소장 부본의 송달로써 기망 내지 착오에 기한 조합가입계약을 취소한다. 피고는 원고 B에게 분담금 등 140,000,000원 및 이에 대한 지연손해금을 지급하여야 한다.

3) 원고 C

원고 C는 이 사건 토지 지상 주택에 약 40년간 거주하여 오던 중 위 토지를 피고에게 매도하고 신축 아파트가 준공되어 입주가 가능할 때까지 '김해시 L건물, M호'의 주거지를 월세로 마련하여 이사한 것이다. 원고 C는 78세의 노인으로 치매 치료를 받고 있는바, 원고 C의 아들인 N의 단순한 실수로 원고 C를 세대원으로 하여 전입신고를 하였던 것이다. 이후 지역주택조합의 조합원은 세대주 지위를 유지해야 한다는 이

야기를 듣고 52일 만에 세대주 지위를 회복하였다. 원고 C는 부득이한 사유로 세대주 자격을 일시 상실한 경우에 해당하여 조합원 자격이 인정된다.

법원판단

가. 원고 A의 경우

앞서 든 증거, 갑가 제23호증의 기재에 변론 전체의 취지를 더하여 인정되는 다음과 같은 사정, 즉 ① 원고 A은 O생으로 **세대주 지위 상실이 문제된 2019. 9.경에도 만 83세의 고령**이었던 점, ② **노환으로 인하여 자녀의 집으로 전입할 필요성이 있었다는 원고 A의 주장은 사회통념상 이를 납득할 수 있는 점**, ③ **원고 A이 세대주 자격을 상실한 기간은 3일에 불과하여 매우 짧은 점**, ④ 달리 원고 A에게 부동산 투기나 탈법의 목적이 있었음은 확인되지 않는 점 등을 종합하여 보면, 원고 A은 질병 치료 내지 그에 준하는 부득이한 사유로 세대주 자격을 일시적으로 상실한 경우에 해당한다고 봄이 타당하다.

나. 원고 B의 경우

앞서 든 증거, 갑가 제9, 10, 12호증, 을 제7호증의 각 기재에 변론 전체의 취지를 더하여 인정되는 다음과 같은 사정, 즉 ① 원고 B은 2016.

3. 10.경 아파트 분양권에 당첨된 적이 있으나 분양계약을 체결하지는 않았던 것으로 보이는 점, ② 관할 행정청에서도 원고 B이 제출한 서류를 검토한 결과 주거전용면적 85㎡ 이하의 주택 1채만을 소유한 것으로 확인되어 조합원 자격에 부합한다는 취지로 회신한 점(갑가 제12호증), ③ 피고는 수차례 원고 B에게 이에 관한 **소명자료를 요청하였음에도 원고 B이 이에 불응하였다고 주장하나(을 제7호증), 이러한 사정만으로 주택법 시행령 제21조 제1항의 조합원 자격을 부정하기는 어려운 점**, ④ 달리 원고 B에게 부동산 투기나 탈법의 목적이 있었음은 확인되지 않는 점 등을 종합하여 보면, 원고 B은 주택법 시행령 제21조 제1항에 따른 조합원 자격을 갖추었다고 봄이 타당하다.

다. 원고 C의 경우

앞서 든 증거, 갑나 제12, 14호증의 각 기재에 변론 전체의 취지를 더하여 인정되는 다음과 같은 사정, 즉 ① 원고 C는 거주하던 그 소유 주택 부지(이 사건 토지)를 피고에 매도하여 2019. 12. 9. 피고 앞으로 소유권이전등기가 마쳐졌고, **2020. 1. 4.경 김해시 소재 빌라에 관한 임대차계약을 체결하였는바, 신축 아파트에 입주할 때까지 다른 주거지를 구하여 이사할 필요성이 있다는 주장을 납득할 수 있는 점**, ② 원고 C는 P생으로 세대주 지위를 상실한 2020. 1.경 만 74세였고 건강상태도 좋지 않았던 것으로 보이는 점, ③ 원고 C가 세대주 지위를 상실한 기간은 약 52일로 비교적 장기간이라고는 보이지 않는 점, ④ 달리 원고 C에게 부동산 투기나 탈법의 목적이 있었음은 확인되지 않는 점 등을 종합하여 보면, 원고 C는 질병치료 내지 그에 준하는 부득이한 사유로 세대주 자격을 일시적으로 상실한 경우에 해당한다고 봄이 타당하다.

[지역주택조합/ 조합원 자격상실/ 일시적 2주택 소유] 일시적으로 2주택을 소유한 자가 합리적 이유가 있을 경우 조합원 상실이 되지 않는지 여부(부산지방법원 2022가합46813 조합원지위확인)

판례 해설

주택법 시행령, 피고 조합가입계약, 피고 규약에는 지역주택조합 조합원의 자격을 주택조합설립인가 신청일로부터 당해 조합주택의 입주가능일까지 주택을 소유하지 아니하거나 주거전용면적 85㎡ 이하의 주택 1채를 소유한 세대주인 자로 한정하고 있다. 이와 같이 정한 취지는 지역주택조합사업 인정 목적 자체가 무주택 소형주택 세대주의 주택마련을 통하여 주거 안정을 도모하기 위함이고, 이와 같은 점을 고려하면, 자격 상실 사유를 판단할 때 단순히 도식적으로 판단하기보다는 관련 법령의 취지를 충분히 고려하여야 할 것이다.

대상판결 역시 주택법과 동시행령의 취지를 고려하여 조합원의 자격을 그대로 유지한다고 판단한 것이다. 그와 같은 내용에 대해서 이래 대상판결의 구체적인 근거를 숙독하면 유익할 것이다.

사실관계

가. 피고는 부산 동래구 C 일원에서 공동주택을 신축·분양하는 사업을 추진하기 위하여 결성된 지역주택조합이고, 원고는 2015. 3. 14. 피고와 조합원가입계약을 체결하여 피고의 조합원이 된 사람이다.

나. 원고와 그 배우자 D(이하 '원고 부부'라 한다)은 2020. 4. 15. E에게 부산 기장군 F아파트 G호(이하 '이 사건 제1부동산'이라 한다. 전유부분 면적은 59.9970㎡이다)를 매매대금 1억 9,100만 원에 매도하면서 계약금 2,000만 원은 계약 당일, 잔금 1억 7,100만 원은 2020. 6. 5. 각 지급받기로 약정하였다.

다. 원고 부부는 2020. 4. 15. H로부터 부산 기장군 F아파트 I호(이하 '이 사건 제2 부동산'이라 한다. 전유부분 면적은 79.6089㎡이다)를 매매대금 2억 2,200만 원에 매수하면서 계약금 2,000만 원은 계약 당일에, 잔금 2억 200만 원은 2020. 5. 25.에 각 지급하기로 약정하였다.

라. 원고 부부는 2020. 5. 25. 이 사건 제2부동산에 대한 소유권이전등기를 마쳤고, 2020. 6. 8. E에게 이 사건 제1부동산에 대한 소유권이전등기를 마쳐주었다. 그 결과 원고 부부는 2020. 5. 25.부터 2020. 6. 8.까지 15일 동안 주거전용면적 85㎡ 이하의 주택 2채를 소유하게 되었다.

한편, 이 사건 제1부동산에 관하여 2013. 9. 4. 전입신고 후 거주하던 원고 부부는 2020. 6. 4. 이 사건 제2부동산에 관한 전입신고를 하였다.

마. 부산광역시 동래구청장은 2022. 10. 6. 피고에게 원고는 피고의 조합원 자격이 없다는 내용이 포함된 지역주택조합 변경인가(9차) 통지를 하였다.

원고의 주장

원고는 기존에 거주 중이던 주택에서 이사하는 과정에서 일시적으로 주택 2채를 소유하게 된 것일 뿐, 시세차익을 남기는 등의 목적으로 주택을 여러 채 보유한 것이 아니므로 주택법 시행령, 조합가입계약이나 피고 규약에서 정한 조합원 자격을 상실하였다고 볼 수 없다.

피고의 주장

원고는 주택 2채를 소유하여 조합원 자격을 상실하였고, 이는 조합원 자격의 당연상실 사유이므로, 원고는 피고의 조합원으로 볼 수 없다.

법원 판단

가. 주택법 시행령, 피고 조합가입계약, 피고 규약에는 지역주택조합 조합원의 자격을 주택조합설립인가 신청일로부터 당해 조합주택의 입

주가능일까지 주택을 소유하지 아니하거나 주거전용면적 85㎡ 이하의 주택 1채를 소유한 세대주인 자로 한정하고 있다.

물권변동에 관하여 형식주의를 취하고 있는 우리 법제의 태도에 비추어볼 때, 위와 같이 주택의 소유 여부를 기준으로 한 조합원 자격요건 구비 여부는 원칙적으로 등기사항증명서상 소유자 명의가 누구 앞으로 되어있는지가 일단 주요한 판단기준이 된다.

그러나 일정한 구분에 따른 지역에 거주하는 무주택 또는 소형주택 세대주의 주택마련을 통한 주거안정 등을 위해 마련되었다는(대법원 2020. 9. 7. 선고 2020다237100 판결 등 참조) 지역주택조합 제도의 목적 및 취지와 위 규정의 공법적 성격을 고려하여 보면, 앞서 본 판단기준뿐만 아니라 등기명의인이 등기를 보유하게 된 원인과 과정, 등기명의인에게 주택의 소유에 따른 실질적인 이익이 발생하였는지 여부, 지역주택조합 제도를 둔 주택법령의 입법목적을 잠탈할 우려가 있는지 여부 등 제반 사정을 종합적으로 고려하여 조합원의 자격을 판단하는 것이 타당하다.

나. 앞서 든 증거 및 변론 전체의 취지를 종합하여 인정할 수 있는 다음 사실 또는 사정을 위 법리에 비추어보면, 원고는 주택법 시행령, 피고 조합가입계약, 피고 규약에서 정한 지역주택조합 조합원의 자격을 그대로 유지하고 있다고 봄이 타당하고, 피고가 원고의 조합원으로서 지위를 다투고 있는 이상 그 확인을 구할 이익도 있다. 이와 다른 전제에 선

피고의 주장은 받아들이지 아니한다.

① 원고 부부가 2020. 5. 25.부터 2020. 6. 8.까지 이 사건 제1, 2부동산 모두에 관한 소유권자인 사실은 앞서 보았다. 그러나 원고 부부가 위 2채의 주택 소유자 명의를 보유하고 있었던 기간은 15일에 불과하여 그 기간이 길다고 할 수 없다.

② 원고가 이 사건 제1부동산을 매도하고, 이 사건 제2부동산을 취득하면서 통상적인 시가 상승분을 제외한 시세차익을 얻었다거나, 세제상의 혜택 등 원고가 이 사건 제1, 2부동산의 등기명의를 취득함으로써 다른 실질적인 이익을 얻었던 것으로 보이지 않는다.

③ 원고 부부는 2013. 8. 30. 이 사건 제1부동산에 관한 소유권이전등기를 마치고 2013. 9. 4. 전입신고한 후 2020. 6. 4. 이 사건 제2부동산에 관한 전입신고를 하기 전까지 이 사건 제1부동산에서 거주한 점에 비추어보아, 실거주를 목적으로 이 사건 제2부동산을 취득한 것으로 보인다.

④ 위와 같은 원고 부부의 2주택 등기명의 보유 기간, 원고 부부가 2주택 등기명의를 보유하게 된 경위, 등기명의를 보유함에 따른 원고 부부가 추가적으로 얻은 실질적인 이익이 존재하지 않는 점 등의 사정에 비추어보면 원고에게 계속적으로 이 사건 제1, 2부동산 모두를 소유하

고자 하는 의사가 있었던 것은 아니라고 여겨진다. 달리 원고에게 주택법령의 입법 취지를 잠탈할 의도도 엿보이지 않는다.

⑤ 원고는 피고의 조합원으로서 2015. 3.경부터 조합원 분담금, 업무대행비를 성실하게 납부하였고, 그동안 조합원으로서의 의무도 다하였던 것으로 보인다.

그렇다면 원고의 청구는 이유 있으므로 이를 인용하기로 하여, 주문과 같이 판결한다.

[지역주택조합/ 조합원 자격상실/ 일시적 2주택 소유자에 대한 판단] 기존 주택에 거주하던 중 이사하는 과정에서 일시적으로 2주택이 된 경우의 자격상실 여부(부산지방법원 2021가합45974 조합원지위확인)

판례 해설

대상판결은 주택법상 지역주택조합원의 자격요건을 판단하기 위한 전제로서 지역주택조합 제도의 인정 취지 등을 고려하여야 하는데, 사안에서 2주택의 기간이 불과 16일에 불과하고 그마저도 매매 기간 동안 다소의 등기 불일치로 2주택을 소유하게 된 것이라면 이는 주택법령의 입법취지를 잠탈할 의도라고 보기는 어렵기 때문에 조합원 자격이 상실된다고 보기 어렵다고 판시하였다.

원고의 주장

1) 주위적 청구

원고는 기존에 거주 중이던 주택에서 이사하는 과정에서 일시적으로 주택 2채를 소유하게 된 것일 뿐, 시세차익을 남기는 등의 목적으로 주택을 여러 채 보유한 것이 아니므로 주택법 시행령, 조합가입계약이나 피고 규약에서 정한 조합원 자격을 상실하였다고 볼 수 없다.

2) 예비적 청구

원고는 피고로부터 조합원에서 제명당한 사실을 알게 된 이후, 원고의 어머니 C으로 조합원 교체를 요청하였고 피고로부터 이를 약속받았다. 주택법령의 해석상 사업계획승인신청 이후에도 조합원 추가모집이 가능하다. 따라서 피고는 위 약정에 따라 원고 대신 C을 피고의 조합원으로 확인하고, 조합원 명부를 변경하는 내용의 조합설립변경인가신청을 할 의무가 있다.

피고의 주장

주위적 청구에 관하여, 원고는 주택 2채를 소유하여 조합원 자격을 상실하였고, 이는 조합원 자격의 당연상실 사유로써 별도의 통지 절차도 필요 없으므로, 원고는 피고의 조합원으로 볼 수 없다.

예비적 청구에 관하여, 원고는 C에게 조합가입계약이나 피고 규약에서 정한 절차에 따른 조합원 자격 양도를 한 사실이 없다. 조합원에 결원이 발생할 경우 피고는 재량으로 추가모집 여부를 결정할 수 있고 이는 의무 사항도 아니다. 따라서 어느 모로 보나 C을 피고의 조합원으로 볼 수 없다.

법원판단

가. 주택법 시행령, 피고 조합가입계약, 피고 규약에는 지역주택조합 조합원의 자격을 주택조합설립인가 신청일로부터 당해 조합주택의 입주가능일까지 주택을 소유하지 아니하거나 주거전용면적 85㎡ 이하의 주택 1채를 소유한 세대주인 자로 한정하고 있다.

물권변동에 관하여 형식주의를 취하고 있는 우리 법제의 태도에 비추어볼 때, 위와 같이 **주택의 소유여부를 기준으로 한 조합원 자격요건 구비여부는 원칙적으로 등기사항증명서상 소유자 명의가 누구 앞으로 되어있는지가 일단 주요한 판단기준이** 된다.

그러나 <u>일정한 구분에 따른 지역에 거주하는 무주택 또는 소형주택 세대주의 주택마련을 통한 주거안정 등을 위해 마련되었다는(대법원</u>

2020. 9. 7. 선고 2020다237100 판결 등 참조) 지역주택조합 제도의 목적 및 취지와 위 규정의 공법적 성격을 고려</u>하여 보면, 앞서 본 판단기준뿐만 아니라 등기명의인이 등기를 보유하게 된 원인과 과정, 등기명의인에게 주택의 소유에 따른 실질적인 이익이 발생하였는지 여부, 지역주택조합 제도를 둔 주택법령의 입법목적을 잠탈할 우려가 있는지 여부 등 제반사정을 종합적으로 고려하여 조합원의 자격을 판단하는 것이 타당하다.

나. 위 법리에 따라 살피건대, 갑 제3 내지 6호증, 제11 내지 13호증의 각 기재 및 변론 전체의 취지를 종합하여 인정할 수 있는 다음 사실 또는 사정에 비추어보면, 원고는 주택법 시행령, 피고 조합가입계약, 피고 규약에서 정한 지역주택조합 조합원의 자격을 그대로 유지하고 있다고 봄이 타당하고, 피고가 원고의 조합원으로서 지위를 다투고 있는 이상 그 확인을 구할 이익도 있다(주위적 청구를 인용하므로, 예비적 청구는 더 나아가 판단하지 아니한다). 따라서 원고의 주위적 청구는 이유 있다.

① 원고가 2020. 4. 29.부터 2020. 5. 14.까지 이 사건 제1부동산 및 이 사건 제2부동산 모두에 대한 소유권을 보유하고 있었던 사실은 앞서 보았다. 그러나 원고가 위 2채의 주택 소유자 명의를 보유하고 있었던 기간은 16일에 불과하여 그 기간이 길다고 할 수 없다.

② 이 사건 제1, 2부동산에 관하여 체결된 매매계약은 원고가 기존에 소유한 이 사건 제2부동산은 2020. 6. 10. H에게 소유권이전등기를

마쳐주고, 원고는 2020. 6. 17. 이 사건 제1부동산에 대한 소유권이전등기를 마치는 내용이다. 원고가 당초부터 의도한 물권변동은 일시적으로라도 2주택을 소유하지 않는 것으로 보인다.

③ 다만, 먼저 체결된 이 사건 제1부동산 매매계약의 이행 과정에서 매도인의 요청 등의 사유로 원고가 이 사건 제1, 2부동산 모두의 등기명의를 일시적으로나마 보유하게 된 것으로 보인다.

④ 원고가 이 사건 제1부동산을 매도하고, 이 사건 제2부동산을 취득하면서 통상적인 시가 상승분을 제외한 시세차익을 얻었다거나, 세제상의 혜택 등 원고가 이 사건 제1, 2부동산의 등기명의를 취득함으로써 다른 실질적인 이익을 얻었던 것으로 보이지 않는다.

⑤ 위와 같은 원고의 2주택 등기명의 보유기간, 원고가 당초부터 의도한 매매계약의 내용, 원고가 2주택 등기명의를 보유하게 된 경위, 등기명의를 보유함에 따른 원고의 이익의 부존재 등의 사정에 비추어보면 원고에게 계속적으로 이 사건 제1, 2부동산 모두를 소유하고자 하는 의사가 있었던 것은 아니라고 여겨진다. 달리 원고에게 주택법령의 입법취지를 잠탈할 의도도 엿보이지 않는다.

⑥ 원고는 피고의 조합원으로서 2017. 4.경부터 조합원 분담금, 업무대행비를 성실하게 납부하였고, 그동안 조합원으로서의 의무도 다하였던 것으로 보인다.

그렇다면 원고의 청구는 이유 있으므로 이를 인용하기로 하여, 주문과 같이 판결한다.

[지역주택조합/ 조합원 자격/ 일시적인 2주택 소유] 소유권 변동과정에서 부득이하게 발생한 일시적인 2주택 소유 사실만으로는 주택법령의 입법목적을 잠탈하는 것으로 볼 수 없으므로 조합원 자격이 유지된다(서울동부지방법원 2022가합106758 조합원지위확인의소등)

판례 해설

주택법상 조합원 자격의 요건을 무주택자이거나 85제곱미터 이하의 1주택을 소유한 자로 한정하고 있다. 그런데, 우리 법제는 소유권이 성립 여부에 대하여 등기부를 기준으로 하는 성립요건주의를 채택하고 있는바, 그렇다면 일시적으로 등기부상 2개의 등기부에 소유자로 기재되어 있는 경우에도 2개의 주택을 소유한 것으로 볼 수밖에 없다.

다만, 주택법상 조합원 자격의 판단은 지역주택조합 제도의 인정취지를 고려하여야 하는바, 이번 사안 역시 2주택의 소유가 일시적이었고 그 구체적인 상황이 소유권 변동과정에서 발생한 부득이한 상황이었으므로, 대상 판결은 이와 같은 일시적 2주택 소유 사실만으로 주택법령의 입법목적이 잠탈되는 것은 아니라고 하여 조합원이 지위를 유지시켜주었다.

사실관계

1) 원고는 1994. 10. 29. 서울 G아파트 H호(이하 '이 사건 제1주택'이라 한다)를 매수하고 1998. 6. 29. 이 사건 제1주택에 관하여 소유권이전등기를 마쳤다.

2) 원고는 2017. 7. 15. I로부터 의정부시 E아파트 F호(이하 '이 사건 제2주택'이라 한다)을 2억 5,200만 원에 매수하고 2017. 10. 27. 이 사건 제2주택에 관하여 소유권이전등기를 마쳤다.

3) 원고는 2017. 11. 30. J에게 이 사건 제1주택을 4억 6,800만 원에 매도하고 2018. 2. 6. 이 사건 제1주택에 관하여 J 앞으로 소유권이전등기를 마쳐주었다.

법원판단

주택법 시행령, 피고 조합가입계약, 피고 규약은 피고 조합원의 자격을 주택조합설립인가 신청일 1년 전의 날로부터 당해 조합주택의 입주가능일까지 주택을 소유하지 아니하거나 주거전용면적 85㎡ 이하의 주택 1채를 소유한 세대주인 자로 한정하고 있다. 한편 **물권변동에 관하여 형식주의를 취하고 있는 우리 법제의 태도에 비추어 볼 때, 위와 같이 주택의 소유 여부를 기준으로 한 조합원 자격요건 구비 여부는 원칙**

적으로 등기사항증명서상 소유자 명의가 누구 앞으로 되어있는지가 일단 주요한 판단기준이 된다.

그러나 지역주택조합 제도는 일정한 구분에 따른 지역에 거주하는 무주택 또는 소형주택 세대주의 주택마련을 통한 주거안정 등을 위한 제도인바(대법원 2020. 9. 7. 선고 2020다237100 판결 등 참조), 투기적 수단으로 악용 내지 남용될 우려나 실수요자에의 주택공급을 저해할 염려가 없어 지역주택조합 제도를 둔 주택법령의 입법목적을 잠탈할 우려 없는 경우까지 지역주택조합 조합원 자격을 제한하는 것은 당사자에게 지나치게 가혹할 수 있는 점 등을 감안하면, 주택 소유 요건과 관련하여서도 위와 같은 판단기준뿐만 아니라 등기명의인이 등기를 보유하게 된 원인과 과정, 등기명의인에게 주택의 소유에 따른 실질적인 이익이 발생하였는지 여부, 지역주택조합 제도를 둔 주택법령의 입법목적을 잠탈할 우려가 있는지 여부 등 여러 사정을 종합적으로 고려하여 지역주택조합 조합원의 자격을 판단하는 것이 타당하다.

위 법리를 토대로 앞서 든 증거 및 변론 전체의 취지에 의하여 인정되는 다음과 같은 사정들에 비추어 보면, 원고는 주택법 시행령, 피고 조합가입계약, 피고 규약에서 정한 지역주택조합 조합원의 자격을 유지하고 있다고 봄이 타당하고, 피고가 원고의 조합원 지위를 다투고 있는 이상 그 확인을 구할 이익도 있다.

1) 이 사건 제1주택의 주거전용면적은 84.90㎡이고, 이 사건 제2주택의 주거전용면적은 84.927㎡으로, 이 사건 제1, 2주택은 각각 지역주택조합의 조합원, 그 배우자 및 세대원이 소유하더라도 조합원 자격을 상실하지 않는 주거전용면적 85㎡ 이하인 소형주택에 해당한다.

2) 원고가 이 사건 제1, 2주택 모두에 대한 소유권을 보유하고 있었던 기간은 2017. 10. 27.부터 2018. 2. 6.까지로 그 기간이 그리 길다고 할 수 없다. 원고는 2018. 2. 6. J에게 이 사건 제1주택의 소유권을 이전하여 준 후 조합가입계약일인 2020. 10. 13.부터 현재까지 소형주택인 이 사건 제2주택만을 소유하고 있다.

3) 원고는 2015. 11. 11. K에게 이 사건 제1주택을 임대차기간 2016. 2. 25.부터 2018. 1. 9.까지로 정하여 임대하였던 상황이었는바, 이러한 임차인의 존재 등으로 인하여 이 사건 제1주택의 매도가 늦어지는 바람에 원고가 이 사건 제1, 2주택을 일시적으로 함께 소유하게 된 것으로 보일 뿐, 원고가 이 사건 제2주택을 취득하고 이 사건 제1주택을 매도하는 과정에서 통상적인 시가 상승분을 초과한 시세차익을 얻었다거나, 이 사건 제1, 2주택을 함께 소유함으로써 세제상 혜택 등 실질적인 이익을 얻었다는 등의 사정은 보이지 않는다.

4) 원고가 피고 조합원의 지위를 유지하면 무주택 또는 소형주택 세대주의 주택마련을 통한 주거안정을 위해 지역주택조합 제도를 둔 주택

법령의 입법취지를 잠탈할 우려가 있다고 볼 만한 사정 또한 발견하기 어렵다.

그렇다면 원고의 청구는 이유 있으므로 인용하기로 하여 주문과 같이 판결한다.

[지역주택조합/ 조합원 자격 상실/ 일시적인 세대주 자격 상실] 세대주 자격 요건이 단지 21일간 상실되었으나 이를 일시적 사유가 아니었다고 판단한 사례 (의정부지방법원 고양지원 2022가합70929 조합원지위확인소)

> **판례 해설**
>
> 주택법상 지역주택조합원 자격에 관한 요건에는 세대주 자격 유지 요건이 있다. 그러나 일부 조합원들은 이와 같은 세대주 자격 유지 요건을 잘 이해하지 못한 채, 단순 실수 등으로 세대원으로 등록하기도 한다. 주택법은 세대주 상실 사유가 투기 목적이 아니고, 일시적인 경우에는 유지 요건을 완화해주고 있다. 그러나, 최근 법원은 본 세대주 자격 유지 요건을 다소 엄격하게 해석하고 있는 상황이다.
>
> 대상판결에서도 당사자는 세대주 자격 상실 기간이 21일에 불과하고 근무조건 등으로 인한 부득이한 사유가 있다고 항변하였으나 원고 스스로 친척 거주지에 형식적으로 세대주 분리를 하고자 하였으나, 집주인의 반대로 세대주 분리를 하지 못하였다고 진술한 점, 특히 세대주 등록 탈퇴를 수시로 한 점에 비추어 일시적 사유를 인정하지 않았다.

원고의 주장

원고는 지방에서 근무하게 되어 평일에 세대주등록 신고를 하기 위해 대체근무자와 일정을 조율하는 21일간 고의성 없이 부득이한 사유로 세대주 자격을 유지하지 못한 것에 불과하므로, 원고를 조합원 결격자로 판단한 것은 부당하다. 이에 원고는 피고를 상대로 조합원 지위 확인을 구한다.

법원판단

주택법 제11조 제7항, 주택법 시행령 제21조 제1항 제1호 가목에 의하면 지역주택조합의 조합원이 되기 위해서는 조합설립인가 신청일부터 해당 조합주택의 입주 가능일까지 세대원 전원이 주택을 소유하고 있지 아니한 세대의 세대주이거나 세대주를 포함한 세대원 중 1명에 한정하여 주거전용면적 85제곱미터 이하의 주택 1채를 소유한 세대의 세대주여야 한다.

이 사건 가입계약 역시 제9조 제1항에서 조합원으로 하여금 조합설립인가 신청일부터 입주일까지 주택법령에 따른 조합원의 자격을 갖추도록 하면서 제10조에서 조합원이 주택법령에 따른 자격을 상실한 경우 피고가 최고 없이 계약을 해지할 수 있고이 경우 조합원 자격은 자동으로 상실되는 것으로 정하고 있다.

피고의 조합규약도 제12조 제3항에서 주택법 등에서 정하는 조합원 자격에 해당하지 않게 된 자의 조합원 자격은 자동으로 상실되는 것으로 정하고 있다. 위 각 규정에 의하면 조합원이 세대주 자격을 상실하는 등으로 주택법령이 정하는 자격을 갖추지 못하게 된 경우 이 사건 가입계약과 조합규약에 따라 조합원 자격도 자동으로 상실된다. 앞서 인정한 바와 같이 원고는 이 사건 가입계약 체결 당시에는 주민등록상 세대주였으나 다른 주소지로 전입신고를 함에 따라 세대주가 아니게 되었으므로, 원고는 지역주택조합인 피고의 조합원 자격을 상실하였다.

원고는 지방근무 등 부득이한 사유로 세대주 자격을 일시적으로 상실하였다고 주장한다. **주택법 시행령 제21조 제2항은 '주택조합의 조합원이 근무·질병치료·유학·결혼 등 부득이한 사유로 세대주 자격을 일시적으로 상실한 경우로서 시장·군수·구청장이 인정하는 경우에는 제1항에 따른 조합원 자격이 있는 것으로 본다.'라고 정하고 있고, 피고 조합규약 제8조 제1호 단서도 같은 내용으로 자격 상실에 대한 예외**를 정하고 있다.

갑 제2 내지 4호증의 각 기재에 의하면 원고가 2020. 10. 1.부터 2021. 7. 31.까지 M대학교 익산캠퍼스에서 연구참여를 하고, 2021. 8. 2.경부터 주식회사 N에 근로를 제공한 사실은 인정된다. 그러나 같은 증거에 변론 전체의 취지를 더하여 알 수 있는 사실,

즉 ① 원고는 2020. 11. 2. 본래 주소지(작은아버지 소유의 주거)와 같은 지역인 서울에 있는 다른 주소지(친척 거주지)에 세대원으로 전입신고를 하면서 세대주 자격을 상실한 것일 뿐, 지방에서의 연구참여나 근무 때문에 세대주 자격을 상실하였다고 보이지는 않는 점,

② 원고 스스로 친척 거주지에 형식적으로 세대주 분리를 하고자 하였으나, 집주인의 반대로 세대주 분리를 하지 못하였다고 진술한 점,

③ 2021. 5. 26.에도 어머니 소유의 주거에서 거주하다 서울의 다른 주소지에 세대원으로 전입신고를 하면서 세대주 자격을 상실한 형태가 **반복되었던 점**에 비추어 보면, 원고가 세대주 자격을 상실한 것에 위 각 규정이 정한 부득이한 사유가 있다고 볼 수 없다.

따라서 원고가 피고의 조합원 지위에 있음을 전제로 한 원고의 주장은 이유 없다.

[지역주택조합/ 조합원 자격/ 조합원 가입계약시 소제기 금지 조항] 지역주택조합 가입계약서에서 조합원 자격에 관한 소제기 금지 조항은 약관규제법상 부당하게 불리한 소제기 금지 조항으로 무효에 해당한다(의정부지방법원 남양주지원 2022가합50124 조합원지위확인)

판례 해설

지역주택조합의 조합원이 체결하는 가입계약서는 기본적으로 약관규제법의 적용을 받는 계약에 해당하고 특히 약관규제법 제14조에서는 고객에게 부당하게 불리한 소송 제기 금지 조항은 무효라고 규정하고 있다.

이 사안에서는 조합가입계약서에 조합원 자격 상실될 경우 조합원은 조합에 어떠한 민형사상의 이의를 제기할 수 없도록 규정하고 있었는바, 조합에서는 이를 이유로 부제소 합의를 주장하였으나 대상판결은 본 조항은 약관규제법 제14조에 반하여 무효라고 판단하였다.

그 외 본안에 대한 판단에서, 대상판결이 원고가 일시적으로 2주택을 소유한 합리적인 이유가 인정되어 조합원 자격이 유지된다고 판시한 점은 앞서 살펴본 판례들과 맥락을 같이하므로 아래 판결문을 참고하자.

사실관계

1) 원고의 배우자인 D는 2006. 5. 8. E으로부터 서울 광진구 F연립 G호(이하 '이 사건 제1주택'이라 한다)를 매수하고 2006. 6. 26. 이 사건 제1주택에 관하여 소유권이전등기를 마쳤다.

2) 원고와 D는 2021. 1. 30. H, I, J, K으로부터 서울 광진구 L, M, N에 있는 O건물 P호(이하 '이 사건 제2주택'이라 한다)를 매수하고 2021. 4.

14. 이 사건 제2주택 중 각 1/2 지분에 관하여 소유권이전등기를 마쳤다.

3) D는 2021. 2. 1. Q에게 이 사건 제1주택을 매도하고 2021. 5. 14. 이 사건 제1주택에 관하여 소유권이전등기를 마쳐주었다.

원고의 주장[본안-주위적청구]

<u>원고의 세대는 소유권이전등기의 선후 문제로 일시적으로 주택 2채를 소유하게 되었으나 조합가입계약일부터 현재까지 소형주택 1채만을 소유</u>하고 있으므로, 원고는 피고의 조합원 자격을 유지하고 있다.

피고의 주장[본안전항변]

원고는 피고와 조합가입계약을 체결하면서 부제소합의를 하였으므로, 이 사건 소는 부제소합의에 반하여 부적법하다.

법원판단

1. 본안전항변에 관한 판단

1) 조합가입계약서 등이 약관에 해당하는지 여부

약관의 규제에 관한 법률(이하 '약관규제법'이라 한다) 제2조 제1호에 따르면, '약관'이란 그 명칭이나 형태 또는 범위에 상관없이 계약의 한쪽 당사자가 여러 명의 상대방과 계약을 체결하기 위하여 일정한 형식에 의하여 미리 마련한 계약의 내용을 말한다.

앞서 인정한 사실과 을 제8, 9, 10호증의 각 기재 및 변론 전체의 취지에 의하여 인정되는 다음과 같은 사정들, 즉 ① **사업자인 피고가 원고를 비롯하여 다수의 조합가입을 원하는 자들과 조합가입계약을 체결하기 위해 미리 부동문자로 기재된 조합가입계약서, 무주택서약서, 계약상담내용확인서를 마련하여 이를 원고를 비롯한 조합원들에게 제시한 점**, ② 피고가 원고와 조합가입계약을 체결할 때 개별적으로 조합가입계약서, 무주택서약서, 계약상담내용확인서의 내용에 대하여 교섭하지 않았고, 원고는 인적사항, 날짜, 공급을 신청하는 주택의 면적과 타입 및 동·호수 부분만을 자필로 기재한 점 등을 종합하면, **조합가입계약서, 무주택서약서, 계약상담내용확인서는 약관규제법의 적용대상이 되는 약관에 해당한다고 봄이 타당하다.**

2) 부제소합의의 무효 여부

을 제8, 9, 10호증의 각 기재 및 변론 전체의 취지를 종합하면, 무주택서약서에 "(...) 조합원 자격상실 또는 주택공급의 취소 등의 조치 등에 일체의 민·형사상의 이의를 제기하지 아니할 것을 서약하며, (...)"라고 기재되어 있고, 원고가 조합계약 체결 당시 무주택서약서에 기명·

날인하여 피고에게 그 문서를 제출한 사실, 계약상담내용확인서의 계약 관련 주요 확인 사항 부분 제3항에 "계약 이후 과거 주택소유 및 당첨(조합가입) 사실에 대하여 소명하지 못하였을 경우 부적격 제명, 탈퇴에 본 가입 계약자는 이의를 제기하지 않겠음."이라고, 자격 변경 주요 확인 사항 부분에 "※ (...) 무주택서약서의 내용대로 가입 계약자가 현재 소유 사실, 과거 소유 사실, 과거 당첨(조합가입) 사실을 조합(추진위)나 업무대행사에 알리지 않았을 경우 조합(추진위)나 업무대행사는 조합원의 자격상실에 대해 전혀 책임이 없으며, 이로 인한 부적격 제명, 탈퇴에 본 가입계약자는 이의를 제기하지 않겠습니다."라고 각 기재되어 있고, 원고가 계약상담내용확인서에 서명·날인하여 피고에게 그 문서를 제출한 사실, **조합가입계약서 제11조 제2항은 "관계법령 및 조합규약에서 정하는 조합원 자격에 해당하지 않게 된 자의 조합원 자격은 자동 상실되고, 원고는 이에 대하여 피고에게 소제기를 포함한 어떠한 민·형사상의 이의를 제기할 수 없다."라고 규정**하고 있는 사실을 인정할 수 있다.

위 인정사실에 의하면, 원고와 피고 사이에 원고가 조합원 자격 상실과 관련한 소를 제기하지 않기로 하는 부제소합의(이하 '이 사건 부제소합의'라 한다)가 있었음이 인정된다.

그러나 **약관인 조합가입계약서, 무주택서약서, 계약상담내용확인서의 일부인 이 사건 부제소합의는 원고가 사유 여하를 불문하고 일체의**

이의를 제기하지 않는 내용으로 되어 있어 원고의 재판청구권을 지나치게 제한하고 있으므로, 약관규제법 제14조 제1호에 규정된 '소송 제기 등과 관련된 약관의 내용 중 고객에게 부당하게 불리한 소송 제기 금지 조항'에 해당하여 무효**라고 봄이 타당하다.

3) 피고의 본안전항변은 이유 없다.

2. 주위적 청구에 관한 판단

주택법 시행령, 피고 조합가입계약, 피고 규약은 지역주택조합 조합원의 자격을 주택조합설립인가 신청일로부터 당해 조합주택의 입주가능일까지 주택을 소유하지 아니하거나 주거전용면적 85㎡ 이하의 주택 1채를 소유한 세대주인 자로 한정하고 있다. 물권변동에 관하여 형식주의를 취하고 있는 우리 법제의 태도에 비추어볼 때, **위와 같이 주택의 소유 여부를 기준으로 한 조합원 자격요건 구비 여부는 원칙적으로 부동산등기사항증명서상 소유자 명의가 누구 앞으로 되어있는지가 주요한 판단기준이 된다. 그러나 일정한 구분에 따른 지역에 거주하는 무주택 또는 소형주택 세대주의 주택마련을 통한 주거안정 등을 위해 마련되었다**는(대법원 2020. 9. 7. 선고 2020다237100 판결 등 참조) 지역주택조합 제도의 목적 및 취지와 위 규정의 공법적 성격을 고려하여 보면, 앞서 본 판단기준뿐만 아니라 등기명의인이 등기를 보유하게 된 원인과 과정, 등기명의인에게 주택의 소유에 따른 실질적인 이익이 발생하였는지 여부, 지역주택조합 제도를 둔 주택법령의 입법목적을 잠탈할 우려가 있는지 여부 등 제반 사정을 종합적으로 고려하여 조합원의 자격을 판단하는 것이 타당하다.

위 법리를 토대로 앞서 든 증거들 및 변론 전체의 취지에 의하여 인정되는 다음과 같은 사정 등을 종합하면, 원고는 주택법 시행령, 피고 조합가입계약, 피고 규약에서 정한 지역주택조합 조합원의 자격을 유지하고 있다고 봄이 타당하고, 피고가 원고의 조합원 지위를 다투고 있는 이상 그 확인을 구할 이익도 있다(원고의 주위적 청구를 인용하므로, 예비적 청구에 관하여는 별도로 판단하지 아니한다).

1) 원고와 원고의 배우자인 D가 이 사건 제1, 2주택 모두에 대한 소유권을 보유하고 있었던 기간은 **2021. 4. 14.부터 2021. 5. 14.까지 31일에 불과**하므로, 그 기간이 길다고 할 수 없다.

2) 이 사건 제1주택의 주거전용면적은 59.15㎡이고, 이 사건 제2주택의 주거전용면적은 56.47㎡이다. 이 사건 제1, 2주택은 각각 지역주택조합의 조합원, **그 배우자 및 세대원이 소유하더라도 조합원 자격을 상실하지 않는 주거전용면적 85㎡ 이하인 소형주택에 해당**한다.

3) D가 원고의 조합가입계약 체결 전날 Q에게 이 사건 제1주택의 소유권을 이전하여 원고와 D는 원고의 조합가입계약일부터 **현재까지 소형주택인 이 사건 제2주택만**을 공유하고 있다.

4) **원고와 D가 이 사건 제2주택을 취득하고 이 사건 제1주택을 매도하는 과정에서 통상적인 시가 상승분을 초과한 시세차익을 얻었다거나, 이 사건 제1, 2주택을 함께 소유함으로써 세제상 혜택 등 실질적인 이익을 얻은 것으로 보이지 않는다.**

5) 달리 원고가 피고 조합원의 지위를 유지하면 무주택 또는 소형주택 세대주의 주택마련을 통한 주거안정을 위해 지역주택조합 제도를 둔 주택법령의 입법취지를 잠탈할 우려가 있다고 볼 만한 사정을 발견하기 어렵다.

3. 결론

원고의 주위적 청구는 이유 있으므로 이를 인용하기로 하여 주문과 같이 판결한다.

[지역주택조합/ 조합원 자격/ 분양권 공유] 세대주와 세대원이 하나의 분양권을 공동으로 소유한 경우 주택공급에 관한 규칙에 따르면 2주택 소유로 볼 수 없다 (부산지방법원 2023가합40690 조합원지위확인의소)

판례 해설

지역주택조합 조합원 자격 요건으로 무주택자이거나 주거전용면적 85㎡ 이하의 주택 1채를 소유한 세대주인 자일 것이 요구된다.

이 사안에서는 부부가 공동으로 분양권 1개를 소유하고 있었는바, 대상 판결은 분양권과 관련된 해석과 관련하여 주택공급에관한규칙 제53조 제5호에 따르면 주택공급신청자가 속한 세대의 세대주인 원고 및 세대원인 원고의 배우자로 구성된 세대가 제1분양권을 각 1/2지분비율로 공유하는 경우에는 세대가 소유한 분양권이 1세대에 그치므로, 위 규정에 따라 주택을 소유하지 아니한 것으로 보아야 한다고 판시하였고, 결국 주택법이 요구하는 자격요건을 준수한 것으로 보았다.

사실관계

가. 피고는 부산 연제구 C 일원에 공동주택 신축·분양 사업을 추진하기 위하여 결성된 지역주택조합이고, 원고는 2016. 11. 2. 피고와 조합가입계약을 체결하여 피고의 조합원이 된 사람이다.

나. 세대주인 원고와 세대원인 원고의 배우자(이하 통틀어 '원고 등'이라 한다)는 2016. 5. 25. 부산 연제구 D아파트, E호 분양권(이하 '제1분양권'이라 한다)을 각 1/2 지분비율로 취득하여 공유하고 있다가 2017. 12. 20. 매도하였다.

다. 세대원인 원고의 배우자는 2021. 9. 13. 아산시 F 아파트 분양권(이하 '제2 분양권'이라 한다)을 취득하였다.

라. 피고는 2017. 1. 25. 피고의 설립인가신청을 하였다.

마. 연제구청에서는 피고에 대한 조합변경인가 과정에서 조합원 자격의 확인 절차를 거쳐 원고가 주택법에 따른 조합원 자격 요건을 갖추지 않았다는 이유로 원고를 부적격 처리하였고, 이에 따라 피고는 2023. 1. 12. 원고에게 조합원 자격상실 통보를 하였다.

피고의 주장

피고는, 원고 등이 제1 분양권을 공유한 것은 2주택을 소유한 경우에 해당하고(이하 '제1 주장'이라 한다), 원고 등이 조합설립인가 신청일부터 해당 조합주택의 입주 가능일까지 기간 동안 제1 분양권과 제2분양권을 보유한 것 역시 2주택을 소유한 경우에 해당한다고 주장한다(이하 '제2 주장'이라 한다).

원고의 주장

원고는 제1 주장에 대하여 원고 등이 제1 분양권을 공유하였더라고 하더라도 이는 1 주택으로 보아야 하고, 제2 주장에 대하여 원고 등이 제1 분양권과 제2 분양권을 동시에 보유한 적이 없는 이상 2주택을 소유한 경우에 해당하지 않는다고 주장한다.

법원판단

가. 관련 법리

지역주택조합은 일정한 구분에 따른 지역에 거주하는 주민들이 주택을 마련하기 위하여 설립한 조합이다[주택법 제2조 제11호 (가)목]. 주택법 제11조 제1항, 제7항에 따르면 관할 시장·군수·구청장의 인가를 받아 설립하는 지역주택조합의 설립방법·설립절차, 지역주택조합 구성원의 자격기준 및 주택조합의 운영·관리 등에 필요한 사항은 대통령령으로 정하도록 되어 있다. 주택법 시행령 제21조 제1항 제1호 가.목에 따르면 **주택조합설립인가신청일부터 해당 조합주택의 입주가능일까지 주택을 소유하지 아니하거나 주거전용면적 85㎡ 이하의 주택 1채를 소유한 세대주인 자**(이하 '무주택 또는 소형주택 세대주'라 한다)일 것 등의 요건을 갖추어야 지역주택조합의 조합원이 될 수 있다.

나. 구체적인 판단

1) 제1 주장에 관하여 살펴본다. 지역주택조합의 조합원의 자격확인 등에 관한 규정인 주택법 시행규칙 제8조 제2항 제2호<각주1>에서 준용하는 주택공급에 관한 규칙 제53조 제5호<각주2>에서는 주택공급신청자가 속한 세대가 분양권 등을 1세대만 소유하고 있는 경우 주택을 소유하지 아니한 것으로 본다고 규정한다. 위 규정에 따르면 **주택공급**

신청자가 속한 세대의 세대주인 원고 및 세대원인 원고의 배우자로 구성된 세대가 제1 분양권을 각 1/2 지분비율로 공유하는 경우에는 세대가 소유한 분양권이 1세대에 그치므로, 위 규정에 따라 '주택을 소유하지 아니한 것'으로 보아야 한다. 따라서 원고 등이 제1 분양권을 부부 공동명의로 공유하더라도 소유한 분양권이 1세대를 초과하지 않는 이상 무주택 또는 소형주택 세대주라고 볼 수 있어 지역주택조합의 조합원 자격을 갖춘 것이 된다.

나아가 보건대, 갑 제10, 11호증의 각 기재와 이 법원의 국토교통부에 대한 사실조회결과 및 변론 전체의 취지에 의하여 인정할 수 있는 다음과 같은 사정들 즉,

① 원고의 '국민주택규모인 전용면적 85㎡ 이하의 주택을 부부 공동명의로 가지고 있는 경우 무주택 또는 소형주택 세대주로 볼 수 있는가'라는 취지의 질의에 대하여 국토교통부 주택정책과에서는 '부부가 공동명의로 주택을 소유하고 있는 경우에는 부부공동 명의의 주택을 1주택으로 보고 있다'는 취지로 답변한 점,

② 이 법원의 국토교통부에 대한 사실조회에 대하여 국토교통부는 '세대주와 그 세대원인 배우자가 1개의 주택에 대한 분양권을 1/2 지분씩 공유한 사실이 있는 경우, 지역주택조합의 조합원 자격 판정시 이를 1주택으로 볼 수 있다'는 취지의 회신을 한 점,

③ 주택법 시행령 제21조 제1항 제1호 가.목에서 무주택 또는 소형주택 세대주에 한정하여 지역주택조합의 조합원 자격이 있다고 규정한 것은 청약 등 일반적인 주택공급 절차를 거치지 않고 공급되는 조합주택이 투기에 악용되는 것을 방지하고 실수요자에게 공급되도록 하기 위함인데, 원고가 속한 세대가 제1 분양권만을 보유하는 경우 원고를 무주택 또는 소형주택 세대하고 있는 것으로 보되, 다음 각 호의 어느 하나에 해당하는 경우에는 주택을 소유하지 아니한 것으로 본다.

> 주택공급에 관한 규칙
> 제53조(주택소유 여부 판정기준) 주택소유 여부를 판단할 때 분양권등을 갖고 있거나 주택 또는 분양권등의 공유지분을 소유하고 있는 경우에는 주택을 소유하고 있는 것으로 보되, 다음 각 호의 어느 하나에 해당하는 경우에는 주택을 소유하지 아니한 것으로 본다.
>
> 5. 주택공급신청자가 속한 세대가 20제곱미터 이하의 주택 또는 분양권등을 1호 또는 1세대만 소유하고 있는 경우

결국 원고가 속한 세대가 투기 목적으로 2개 이상의 주택을 소유한 세대라고 볼 수 없는 이상 위 시행령 조항의 취지에 반한다고 보기는 어려운 점 등의 사정들을 종합하여 보더라도 원고는 무주택 또는 소형주택 세대주에 해당한다고 봄이 타당하다. 피고의 이 부분 주장은 이유 없다.

2) 제2 주장에 관하여 살펴본다. 원고 등이 제1 분양권을 전매한 이후에 제2 분양권을 취득함으로써 원고 등은 제1 분양권을 갖고 있지 않은 상태에서 단지 제2 분양권만 보유하게 되었다고 봄이 타당하다. 그러므로 원고 등은 제1 분양권과 제2 분양권을 동시에 소유한 적이 없고, 그 결과 원고는 무주택 또는 소형주택 세대주로서 조합원 자격을 유지하였다고 보아야 하므로, 피고의 이 부분 주장도 이유 없다.

따라서 원고는 주택법 시행령 등에서 정한 지역주택조합 조합원의 자격을 그대로 유지하고 있다고 봄이 타당하고, 피고가 원고의 조합원으로서 지위를 다투고 있는 이상 그 확인을 구할 이익도 있다.

그렇다면 원고의 청구는 이유 있으므로 이를 인용하기로 하여, 주문과 같이 판결한다.

[지역주택조합/ 조합원 자격/ 확인의 이익] 조합의 설립·변경인가권자가 관할관청이라고 하더라도 자격의 유무를 결정하는 최종 권한은 조합에 있으므로 조합을 상대로 한 조합원지위확인 소송은 확인의 이익이 존재한다(서울고등법원 2022나2044737 조합원지위확인)

> **판례 해설**
>
> 조합원의 자격 여부는 행정청에서 판단하고 이를 조합에 통보해 주는 형식을 취하고 있고, 더욱이 행정청의 판단을 조합으로서는 무시할 수 없기 때문에 행정청의 조합원 자격상실 통보로 조합원의 지위가 상실되었을 경

> 우, 행정청의 조합원 자격 상실통보를 다투는 경우가 종종 있다. 그러나 형식적이라고 하더라도 조합원 상실의 최종적 결정은 조합이 진행하므로 조합원 자격에 대한 분쟁은 행정소송이 아니라 민사소송으로 다투어야 한다.
>
> 대상판결에서도 이와 같은 법리를 설시한 뒤, 피고가 조합원 자격 판단에 관하여 조합은 사실상 결정 권한이 없다는 이유로 확인의 이익이 없다고 주장한 것에 대하여 최종 결정권자는 조합이기 때문에 확인의 이익이 존재한다고 판단하였다.

피고의 주장[본안전항변]

원고의 피고 조합원 자격을 판단할 권한이 피고 조합의 설립·변경 인가권자인 남양주시장에게 있는 이상, 원고가 피고를 상대로 민사소송으로 조합원자격의 확인을 구하는 것은 원고의 법률상 지위에 현존하는 불안·위험을 제거하는데 가장 유효·적절한 수단이라고 볼 수 없으므로, 이 사건 소는 확인의 이익이 없어 부적법하다.

법원판단[본안전항변]

① 지역주택조합은 일정한 지역에 거주하는 주민들이 주택을 마련하기 위하여 구성한 비법인사단의 성격을 가지는데(대법원 2000. 7. 7. 선고 2000다18271 판결 등 참조), **이러한 비법인사단 구성원의 자격은 관**

계 법령과 조합규약에 의하여 해당 구성원과 조합 사이에 결정될 문제이고, 주택법령에는 관할 행정청이 이를 결정할 수 있다고 볼 만한 위임규정이 존재하지 않는 점,

② 지역주택조합의 조합원들과 관할 행정청 사이에는 직접적인 법률관계가 없어 원고가 관할 행정청을 상대로 직접 조합원 자격의 확인을 구할 수는 없고, **원고와 관할 행정청 사이의 행정심판 내지 행정소송의 효력도 피고에게 직접 미치지 않는 점**,

③ 주택법 제11조 제1항, 제7항, 주택법 시행령 제21조 제3항의 위임을 받은 주택법 시행규칙 제8조 제3항에서 관할 행정청이 지역주택조합에 대하여 설립인가, 사업계획승인, 임시사용승인 등 처분을 할 때마다 미리 국토교통부장관에게 전산검색을 의뢰하여 조합원 자격에 해당하는지 여부를 확인하도록 정하고 있기는 하나, **이는 관할 행정청으로 하여금 기존 조합원들의 조합원 자격 유무와 관련한 사실관계를 사업진행의 일정 단계마다 확인하여 그 결과를 지역주택조합에게 통보하도록 함으로써 지역주택조합의 구성과 운영 등에 대한 감독권한을 원활히 행사하도록 함과 동시에 조합원 자격에 관한 분쟁과 혼란을 최소화하려는 취지에 불과한 것으로 보일 뿐, 관할 행정청에게 지역주택조합과 조합원 사이에 직접 개입하여 법령상 조합원 자격 유무를 결정하여 줄 권한까지 부여하는 취지라고는 보이지 않는 점**,

④ 원고와 피고 사이의 조합가입계약서(을 제10호증)에 '관할 행정청이 조합원 자격을 심사(판단)하고, 조합가입계약 체결 이후 조합원 자격심사(판단)시 부적격자로 최종 심사(판단)되는 경우 피고는 일체의 민, 형사상 책임을 지지 않는다(제10조 제3항)'는 취지의 규정이 있고, 원고가 조합가입 당시 작성한 무주택 서약서(을 제8호증)에 '원고가 관할 행정청의 전산검색 결과 세대주 본인, 배우자 및 각각의 세대원 중 1인이라도 주택법 등 관계 법령에 의한 주택을 소유(당첨도 포함)한 사실이 판명될 때에는 조합원 자격상실 등의 조치에 대하여 일체의 민, 형사상 이의를 제기하지 아니할 것을 서약한다'는 취지의 내용이 있으나, 위 ①, ②, ③과 같은 사정을 감안할 때 이는 관할 행정청이 사법상의 피고 조합원 자격까지 최종적으로 판단하고 원고가 이에 대하여 동의한다는 의미가 아니라, 피고가 관할 행정청의 주택법 제11조 제1항, 제7항, 주택법 시행령 제21조 제3항의 위임을 받은 주택법 시행규칙 제8조 제3항에 따른 조합원 자격 유무와 관련한 사실관계 통보에 따라 지역주택조합의 설립·변경의 인가와 관련된 업무를 처리하겠다는 의미에 불과한 것으로 보이는 점 등을 고려하면,

원고가 피고를 상대로 민사소송으로 조합원 자격의 확인을 구할 법률상의 이익이 있다고 보는 것이 타당하다. 따라서 피고의 위 본안전 항변은 이유 없다.

[지역주택조합/ 조합원 자격/ 세대주 자격 요건 일시 상실] 행정청이 인정하지 않는 경우라도, 법원에서 해당 조합원이 부득이한 사유로 인하여 세대주 자격을 일시적으로 상실하였다고 인정하는 경우라면, 해당 조합원은 주택법령상 예외사유가 인정되어 조합원 자격을 유지하게 된다(부산지방법원 2024가합41218 조합원지위확인의소)

판례 해설

세대주 자격 요건 상실로 인하여 조합원 자격이 상실된 자가 조합원 지위를 주장하면서 진행한 소송이다. 아래 판결문에서 사실관계를 보면 알 수 있듯이, 대상판결은 원고가 자녀 교육문제로 이주를 하였다는 점, 실제로 한달도 지나지 않아 세대주 자격을 회복했다는 점, 그 외 투기 목적 등이 보이지 않는다는 점을 이유로 부득이한 사유로 인한 일시 이탈이라고 판단하였다.

사실 법령 자체가 '부득이한 사유'라고 규정하고 있어 법원의 판단 재량이 상당히 광범위한 바, 이와 유사한 사례에서 다른 하급심법원에서는 인정되지 않은 점을 고려하면 법원 내부적으로 규격화하여 일반인들이 납득할 수 있는 기준이 정립되어야 할 것으로 보인다.

사실관계

가. 피고는 부산 동래구 C 일원에서 아파트를 신축, 공급하는 사업을 추진하기 위하여 주택법에 따라 설립된 지역주택조합이다.

나. 원고는 2021. 2. 26. 피고로부터 신축될 아파트 D호를 공급받는 내용의 B지역주택조합 E아파트 공급계약을 체결하였다(이하 '이 사건 계약'이라고 한다).

다. 이 사건 계약 제4조 제1항 제4호는 원고가 관련 법규 및 규약에 의거 주택조합원의 자격을 상실하였을 때 피고는 즉시 계약을 해지할 수 있고 원고의 조합원 자격이 자동으로 상실된다고 정하고 있고, 제5조 제1항은 조합원의 자격은 조합설립인가 신청일 기준으로 부산광역시, 울산광역시, 경상남도에서 6개월 이전부터 주민등록상 거주하고 있는 자로서 조합설립인가 신청일 기준 무주택 세대주에 한하고, 무주택 조건은 세대주를 포함한 세대원 전체가 입주시까지 무주택조건 또는 전용면적 85㎡ 이하 1채를 유지하여야 하며, 기타 관련법규에 위배되지 않아야 한다고 규정하고 있다.

라. 원고는 2021. 1. 12. 부산 남구 F건물, G호에 세대주로 전입하였다가, 2022. 1. 26. 부산 서구 H건물, I호에 세대주 J의 동거인으로 전입하였고, 이후 2022. 2. 23. 다시 부산 서구 K건물, L호에 세대주로 전입

하였다.

마. 피고는 2024. 2. 28.경 원고에게 문자메시지로 조합원 자격을 상실하였음을 통보하였다.

원고의 주장

원고가 2022. 1. 26.부터 2022. 2. 22.까지 세대주 지위를 유지하지 못한 것은 야구선수인 **원고의 자녀 M를 N중학교로 진학시켜 야구를 계속하도록 하기 위한 부득이한 조치**였는바, 이는 주택법 시행령 제21조 제2항의 부득이한 사유에 해당하는 것이므로, 원고는 여전히 피고의 조합원 지위에 있다. 피고가 원고의 조합원 지위를 부인하고 있으므로, 원고가 피고의 조합원임을 확인한다는 취지의 판결을 구한다.

법원판단

가. 관련 규정 및 법리

지역주택조합 제도는 일정한 구분에 따른 지역에 거주하는 무주택 또는 소형주택 세대주의 주택마련을 통한 주거안정 등을 위한 제도이다(대법원 2020. 9. 7. 선고 2020다237100 판결).

주택법 제11조 제7항, 주택법 시행령 제21조 제1항 제1호, 주택법 시행규칙 제8조, 구 주택공급에 관한 규칙(2023. 5. 10. 국토교통부령 제1211호로 개정되기 전의 것) 제53조 제2호 (나)목 및 피고 조합규약 제8조 제1항, 제4항에 따르면, 주택조합 설립인가신청일부터 해당 조합주택의 입주가능일까지 주택을 소유하지 아니하거나 주거전용면적 85m² 이하의 주택 1채를 소유한 세대주인 자일 것 등의 요건을 갖추어야 피고의 조합원이 될 수 있고, 주택법 시행령 제21조 제2항에 의하여 예외적으로 조합원이 근무·질병치료·유학·결혼 등 부득이한 사유로 인하여 세대주 자격을 일시적으로 상실한 경우로서 시장·군수·구청장이 인정하는 경우에는 조합원 자격이 있는 것으로 된다.

주택법 시행령 제21조 제2항에서 정한 '부득이한 사유로 인하여 세대주 자격을 일시적으로 상실한 경우'에 해당하는지 여부에 관한 종국적인 판단은 법원에서 이루어져야 한다. 따라서 **행정청이 이를 인정하지 않는 경우라도 법원에서 해당 조합원이 부득이한 사유로 인하여 세대주 자격을 일시적으로 상실하였다고 인정하는 경우라면, 해당 조합원은 위 조항에 따라 조합원 자격을 유지하게 된다**고 할 것이다.

위 조항에서 말하는 부득이한 사유의 존재나 일시적으로 상실한 경우에 해당하는지 여부를 판단함에 있어서는, **주택법 시행령이 지역주택조합의 조합원 자격요건으로 세대주 자격을 요구하는 취지, 세대주 자격을 계속 유지하게 할 현실적인 필요성의 정도, 조합설립인가 신청일부터 입주가능일까지 장기간 세대주 자격을 유지하는 데 따르는 제한이나 부담의 크기, 위 조항이 주택법 시행령에 신설되게 된 이유 등 제반 사정을 종합적으로 고려하여야 할 것이다.

나. 구체적 판단

갑3호증의 1, 2, 갑10호증, 갑12호증의 1~4의 각 기재 및 변론 전체의 취지에 의하면 원고는 홀로 아들을 양육하고 있는 사실, 원고의 아들이 2020년 및 2021년에는 부산 O초등학교에서 야구선수로 활동하였고 O초등학교를 졸업한 후 2022년부터 N중학교에서 야구선수로 활동하고 있는 사실, 원고의 아들이 2022. 1. N중학교 야구부 동계훈련에 참여하였던 사실이 각 인정된다.

위와 같은 사실에 더하여 앞서 든 증거들로 인정되는 다음과 같은 사정들, 즉 ① **주택법 시행령의 부득이한 사유 중 하나인 "유학"에 세대주 본인이 아닌 미성년인 세대원의 유학을 위한 경우는 포함되지 않는다고 제한하여 해석할 근거는 없는 점**, ② **원고는 혼자 아들을 키우고 있고, 아들이 초등학교 때부터 야구선수로 활동**하고 있었던 사실에 비추어 보면, 원고로서는 아들이 중학교에 진학한 후로도 야구선수를 할 수 있는 곳 중 하나인 N중학교를 신학할 수 있도록 할 필요성이 있었고 그 일환으로 N중학교로 배정받을 수 있는 J의 주소지에 전입할 필요성이 있었다는 원고의 주장은 사회통념상 이를 납득할 수 있는 점, ③ **원고는 J의 세대원(동거인)으로 전입신고를 마친 후 불과 한 달도 지나지 않아**

곧바로 세대주의 지위를 회복한 점, ④ 달리 원고에게 부동산 투기나 탈법의 목적이 있었음은 확인되지 않는 점 등에 비추어 보면, 어린 자녀의 양육을 위한 불가피한 사정까지 배제한 채 무조건적으로 독립된 세대주의 지위를 유지하도록 강요하는 것은 개인에게 상당한 부담으로 작용할 여지가 많은 반면, 이처럼 세대주 지위를 계속 유지하도록 강제하여야만 할 현실적인 필요성은 그다지 크지 않다고 보인다. 따라서 원고는 유학 내지 그에 준하는 부득이한 사유로 인하여 세대주자격을 일시적으로 상실한 경우에 해당한다고 봄이 타당하다.

그러므로 원고의 이 사건 청구는 이유 있어 이를 인용하기로 한다.

다. 분담금 반환 범위

[지역주택조합/ 조합가입계약 무효/ 분담금 반환] 조합가입계약이 무효로 되었을 경우 분담금 반환 범위(납입분담금 전부와 그에 따른 법정이자)(부산지방법원 동부지원 2023가단117247 부당이득금)

> **판례 해설**
>
> 조합원이 조합을 탈퇴하는 경우는, 조합가입계약 무효, 민법상 해제, 조합원 자격상실의 세 가지 유형이 있다. 대상판결은 이 사안은 위 세 가지 유형 중 하나인 조합계약이 무효로 되는 경우로서 가입계약 자체가 무효이기 때문에 결국 당사자는 지급한 분담금을 모두 회수할 수 있고 거기에 더하여 법정이자 상당액까지 청구할 수 있다고 판시하였다.

법원판단[이 사건 조합가입계약의 무효 및 납부금 반환의무]

1) 이 사건 환불약정의 유효 여부

가) 관련 법리

민법 제275조, 제276조 제1항은 총유물의 관리 및 처분에 관하여는 정관이나 규약에 정한 바가 있으면 그에 의하되 정관이나 규약에서 정한 바가 없으면 사원총회의 결의에 의하도록 규정하고 있으므로, 이러한 절차를 거치지 아니한 총유물의 관리·처분행위는 무효이다(대법원 2007. 4. 19. 선고 2004다60072, 60089 전원합의체 판결 등 참조).

나) 구체적 판단

주택조합 또는 주택조합을 설립하기 위하여 구성된 추진위원회가 그 업무를 수행하기 위하여는 조합원의 모집 및 위와 같이 모집한 조합원들의 분담금 납부가 필수적이고, 주택조합의 사업 추진은 조합원들이 납부한 분담금을 통하여 이루어지게 되므로, 조합원 분담금은 조합원들이 집합체로서 소유하는 총유물에 해당한다. 이 사건 환불약정은 일정한 경우 소합원이 납부한 금액을 전액 환불하여 주는 것을 그 내용으로 하는바, 이는 총유물인 조합원들이 납부한 부담금 자체의 감소를 발생시키는 행위에 해당한다. 따라서 이 사건 환불약정이 유효하려면 조합의 정관이나 규약에 그에 관하여 정한 바가 있거나 그렇지 않다면 총회결의가 있어야 한다. 그런데 이 사건 환불약정에 관하여 조합의 정관이나 규약에 특별히 정한 것이 없었고, 그에 관한 총회결의도 없었다는 점은 당사자 사이에 다툼이 없다. 결국 이 사건 환불약정은 무효라 할 것이다.

2) 이 사건 조합가입계약의 유효 여부

법률행위의 일부분이 무효인 때에는 그 전부를 무효로 한다. 그러나 그 무효부분이 없더라도 법률행위를 하였을 것이라고 인정될 때에는 나머지 부분은 무효가 되지 아니한다(민법 제137조).

이 사건 안심보장확약서의 교부 경위 등에 비추어 이 사건 환불약정은 이 사건 조합가입계약과 일체를 이루는 것으로 그 일부로 보는 것이 타당하다. 그런데 이 사건 환불약정이 무효임은 앞서 본 바와 같고, 이는 이 사건 조합가입계약 체결 시 중요한 고려 요소가 되었던 것으로 보이며(사업의 성공 여부가 불확실하고 추진과정의 변동성이 높은 지역주택조합 사업에서 분담금을 확정적으로 반환받을 수 있다는 것은 가입자로서 가장 중요하게 생각할만한 부분이다) 달리 원고가 전액 환불 내용이 기재된 이 사건 안심보장확약서를 교부받지 않았을 경우에도 이 사건 가입계약을 체결하였을 것이라고 인정할만한 근거가 없다. 따라서 이 사건 조합가입계약은 민법 제137조 본문에 따라 그 전부를 무효로 보아야 할 것이다.

3) 납부금의 반환의무

이 사건 조합가입계약이 무효이므로, 특별한 사정이 없는 한 피고는 원고에게 이 사건 가입계약에 따라 받은 돈을 부당이득으로 반환할 의무가 있다. 따라서 피고는 원고에게 80,003,410원 및 이에 대하여 원고가 구하는 바에 따라 피고에게 이 사건 소장 부본이 송달된 다음 날임이 기록상 명백한 2023. 7. 15.부터 이 판결 선고일인 2024. 4. 17.까지 민법이 정한 연 5%의, 그 다음날부터 다 갚는 날까지 소송촉진 등에 관한 특례법이 정한 연 12%의 각 비율로 계산한 돈을 지급할 의무가 있다.

[지역주택조합/ 분담금 반환/ 비용 공제] 조합원이 자격을 상실한 경우 조합원이 부담할 비용의 공제는 분담금을 환불하는 시점이 아니라 조합원 자격 상실 이전을 기준으로 하는 것이 원칙이다(대법원 2021다282046, 282053 판결 부당이득금 · 부당이득금반환등)

> **판례 해설**
>
> 대상판결은 조합원이 조합원의 자격을 유지하지 못하거나 조합에서 탈퇴 혹은 제명된 경우에는 조합원의 지위를 상실하므로, 조합원 지위 상실 이전에 비용 지출의 원인이 발생하였으나 그 후에 비용이 실제 지출된 경우와 같이 분담금 환급 대상자에게 비용을 부담시킬 만한 합리적 이유가 있는 등의 특별한 사정이 없는 한, 사업시행자인 조합은 조합원의 지위를 상실한 분담금 환급 대상자에게는 조합원 지위 상실 후의 비용을 추가로 부담시킬 수

없다고 판단하였다.

실제 원심과 같이 분담금 환불 시기를 기준으로 그 이전까지 발생한 금원 모두를 공제할 수 있다고 보면 조합이 임의적으로 분담금 환불시기를 결정하여 자신들이 공제하고자 하는 범위 전부를 공제함으로써 탈퇴하는 조합원에게 큰 불이익을 줄 수 있어 부당하다.

원심의 판단

원고들이 조합가입계약 체결 당시부터 조합원 자격이 없었다거나 납입금 환불 시점 이전에 조합원 지위를 상실하였다고 하더라도, 환불되는 납입금에서 공제되어야 할 토지 등 취득세 및 신탁등기(변경) 해지비용(이하 '취득세 등'이라고 한다)은 납입금 환불 시점을 기준으로 그때까지 발생한 취득세 등 전액이다.

대법원의 판단

가. 공제 대상 비용 중 위약금, 행정용역비, 중도금 대출이자, 연체료 부분

피고 조합이 원고들에게 환불할 조합원 분담금에서 위약금, 행정용역비, 중도금 대출이자, 연체료를 공제하여 산정한 원심의 판단에는 상고 이유 주장과 같이 공제 대상 비용의 범위에 대한 법리를 오해하여 판결에 영향을 미친 잘못이 없다.

나. 공제 대상 비용 중 토지 등 취득세 및 신탁등기(변경) 해지비용 부분

1) 원심은, 원고들이 조합가입계약 체결 당시부터 조합원 자격이 없었다거나 납입금 환불 시점 이전에 조합원 지위를 상실하였다고 하더라도, 환불되는 납입금에서 공제되어야 할 토지 등 취득세 및 신탁등기(변경) 해지비용(이하 '취득세 등'이라고 한다)은 납입금 환불 시점을 기준으로 그때까지 발생한 취득세 등 전액이라고 판단하였다.

2) 그러나 원심의 이러한 판단은 다음 이유에서 수긍하기 어렵다.

지역주택조합과 조합원 사이의 법률관계는 근거 법령이나 조합 규약의 규정, 조합총회의 결의 또는 조합과 조합원 사이의 약정에 따라 규율되므로, **조합원에게 조합의 비용 중 일정 부분을 부담하도록 하기 위하여는 그와 같은 취지를 조합 규약이나 조합총회의 결의, 조합과 조합원 사이의 약정 등으로 미리 정하여야 한다.** 조합원의 지위 상실로 인한 분담금 환급절차에서 조합의 비용 중 일정 부분을 공제하는 경우도 마찬가지이다.

다만 주택건설사업을 시행하는 지역주택조합의 조합원이 구 주택법

(2015. 7. 24. 법률 제13435호로 개정되기 전의 것) 제32조 제5항, 구 주택법 시행령(2016. 8. 11. 대통령령 제27444호로 전부 개정되기 전의 것) 제38조 제1항 제1호, 피고 조합 규약에서 정한 조합원의 자격을 유지하지 못하거나 조합에서 탈퇴 혹은 제명된 경우에는 조합원의 지위를 상실하므로, 조합원 지위 상실 이전에 비용 지출의 원인이 발생하였으나 그 후에 비용이 실제 지출된 경우와 같이 분담금 환급 대상자에게 비용을 부담시킬 만한 합리적 이유가 있는 등의 특별한 사정이 없는 한 **사업시행자인 조합은 조합원의 지위를 상실한 분담금 환급 대상자에게는 조합원 지위 상실 후의 비용을 추가로 부담시킬 수 없다.** 조합가입계약 체결 당시부터 조합원 자격이 없었던 분담금 환급 대상자의 경우 조합가입계약이 지역주택조합 설립인가 신청일 이전에 체결되었다면 조합 설립인가 신청일 이후부터, 지역주택조합 설립인가 신청일 이후에 체결되었다면 그 계약이 체결된 이후부터 마찬가지로 보아야 한다.

이 사건에서 분담금 환급 대상자들에게 그들이 조합원의 지위를 상실한 후에 피고가 지출한 취득세 등을 부담시킬 만한 특별한 사정을 찾기 어렵다.

3) 그런데도 원심은 그 판시와 같은 이유만으로 납입금 환불 시점을 기준으로 공제 대상 비용을 산정하였으니 이러한 원심의 판단에는 공제 대상 비용의 범위에 대한 법리를 오해하여 판결에 영향을 미친 잘못이 있다.

[지역주택조합/ 분담금 반환/ 비용 공제 기준 결정 시점] 조합원 지위 상실로 인한 비용 공제 역시 기존 조합 정관의 규정 또는 가입계약을 기준으로 결정되어야 하고 상실 이후 결의에 의하여 정하여진 기준을 적용하여서는 안된다(대법원 2024다254523 판결 분담금반환청구)

판례 해설

지역주택조합과 조합원 사이의 법률관계는 근거 법령이나 조합규약의 규정, 조합총회의 결의 또는 조합과 조합원 사이의 약정에 따라 규율되므로, 조합원에게 조합의 비용 중 일정 부분을 부담하도록 하기 위해서는 그와 같은 취지를 조합규약이나 조합총회의 결의, 조합과 조합원 사이의 약정 등으로 미리 정해야 한다. 특히 조합원의 지위 상실로 인한 분담금 환급절차에서 조합의 비용 중 일정 부분을 공제하는 경우 역시, 위 기본 법리를 고려하여 볼 때 기존 환급 범위와 관련된 정관의 규정 또는 가입계약을 기준으로 결정되어야 타당하다.

그럼에도 불구하고, 원심은 조합원 자격을 상실한 이후에 개정된 기준이 원고에게 적용된다고 판단하였는바 이에 대하여 대법원이 지적하여 파기환송 시켰던 것이다.

사실관계

가. 피고는 김해시 C 일대에서 아파트 사업을 추진하는 지역주택조합으로서 2016. 4. 12. 설립인가를 받았다.

나. 원고는 2015. 5. 12.경 피고와 조합가입계약(이하 '이 사건 가입계약'이라 한다)을 체결하고 그 무렵 계약금 36,040,000원, 행정용역비 14,300,000원(부가가치세 포함) 합계 50,340,000원을 피고에게 지급하였다.

다. 원고는 이 사건 가입계약 체결 당시 조합원 자격을 보유하고 있었으나 2016. 6. 23. 아파트 청약에 당첨되어 조합원 자격을 상실하였다.

라. 원고의 조합원 자격 상실 당시 피고 규약 제10조 제5항은 "관계법령 및 이 규약에서 정하는 조합원 자격에 해당하지 않게 된 자의 조합원 자격은 자동 상실된다."라고 정하는 한편, 같은 조 제7항에서 "탈퇴, 조합원 자격의 상실, 제명 등으로 조합원의 지위를 상실한 자에 대하여는 조합원이 납입한 제 납입금에서 소정의 공동부담금을 공제한 잔액을 환급청구일로부터 30일 이내에 지급하되, 총회의 의결로서 공제할 공동분담금 및 환급시기를 따로 정할 수 있다."라고 규정하고 있었다(이하 '이 사건 종전규정'이라 한다).

마. 그 후 2019. 6. 2. 피고 규약 제10조 제7항은 "탈퇴, 조합원 자격의 상실, 제명 등으로 조합원의 지위를 상실한 자에 대하여는 조합원이 납입한 제 납입금에서 공동분담금(계약금, 업무대행비, 분양수수료)을 공제한 전액을 사용검사시(준공시) 반환하도록 한다."라는 내용으로 개정되었다(이하 '이 사건 개정규정'이라 한다).

바. 피고는 2022. 3. 11. 임시총회를 개최하여, 조합원 납입금 반환대상자를 '사업참여자(약정서, 동·호수지정서, 상호협의서 작성)'와 '원천부적격자'로 하되 '부적격자 반환청구 등 소송 진행 중인 자(소송결과에 따라 지급유무 결정)', '부적격자 중 탈퇴자 및 제명자(중도부적격자)'는 제외하고, 반환의 방법과 시기 및 세부조건 협의·합의를 이사회에 위임한다는 내용의 결의(이하 '이 사건 총회결의'라 한다)를 하였다.

법원판단[비용 환급 범위와 관련된 주장]

가. 지역주택조합과 조합원 사이의 법률관계는 근거 법령이나 조합 규약의 규정, 조합총회의 결의 또는 조합과 조합원 사이의 약정에 따라 규율되므로, **조합원에게 조합의 비용 중 일정 부분을 부담하도록 하기 위해서는 그와 같은 취지를 조합 규약이나 조합총회의 결의, 조합과 조합원 사이의 약정 등으로 미리 정해야 한다. 조합원의 지위상실로 인한 분담금 환급절차에서 조합의 비용 중 일정 부분을 공제하는 경우도 마찬가지이다**[대법원 2022. 2. 11. 선고 2021다282046(본소), 2021다282053(반소) 판결 등 참조].

나. 앞서 본 사실관계를 위 법리에 비추어 살펴보면, 원고는 조합원 자격 상실사유가 발생한 즉시 조합원 지위를 상실함과 동시에 피고에 대하여 납입금 환급청구권을 취득하고, 그 환급의 범위 및 시기는 자격 상실 당시에 적용되던 피고의 규약인 이 사건 종전규정에 따라 결정된

다고 보아야 한다.

다. 그런데도 원심은 원고가 조합원 자격을 상실한 이후에 개정된 이 사건 개정규정이 원고에게 적용된다고 판단하고, 나아가 위 규정에서 환급시기로 정한 '사용검사시(준공시)'가 아직 도래하지 않았다는 이유로 원고의 이 부분 청구를 기각하였다. 이러한 원심의 판단에는 지역주택조합과 조합원 사이의 법률관계에 적용될 조합 규약에 관한 법리를 오해하여 판결에 영향을 미친 잘못이 있다. 이를 지적하는 원고의 이 부분 상고이유 주장은 이유 있다.

[지역주택조합/ 분담금 반환/ 분담금 반환 요청 방식] 분담금 반환 요청의 방식 관련 규정은 엄격한 기준에 의하여 해석되어야 하는바 단순히 추심금 청구를 하였다는 이유만으로 분담금 반환 신청이 되었다고 볼 수 없다(대법원 2023다224259 추심금)

판례 해설

우리 법제는 처분문서, 즉, 당사자 사이에 합의가 된 문서의 해석에 관하여는 객관적 의미가 명확하다면 그 문구대로 해석하여야 하지만, 문언의 객관적 의미의 해석에 있어서 당사자의 법률관계에 중대한 영향을 초래하게 되는 경우에는 그 문언의 내용을 엄격하게 해석하도록 하고 있다.

사안에서 이 사건 자금관리계약상, 환불 요청은 3영업일 내에 분담금 환불요청서를 서면으로 제출하는 방식에 의하도록 규정하고 있다.

대상판결은 환불 요청으로 인하여 채권채무 관계가 실질적으로 발생되기 때문에, 환불 요청 요건 및 방식의 해석은 엄격한 기준에 의하여 하여야 하고, 원심의 판단과 같이 단순히 추심금 청구를 제기하였다는 이유만으로 환불 요청이 되었다고 볼 수는 없다고 판시하였다.

원심의 판단

원심은 그 판시와 같은 이유로, 원고들이 조합가입계약을 해지하여 조합에서 탈퇴하였고 이에 따라 이 사건 추진위원회가 원고들에게 조합원 분담금을 반환할 의무를 부담하게 되었으므로, 피고는 이 사건 추진위원회의 환불요청에 따라 이 사건 추진위원회에게 원고들이 납부한 조합원 분담금 상당액을 지급할 의무가 있고, **이 사건 각 추심명령의 송달을 이 사건 추진위원회의 환불요청의 의사표시에 갈음하는 것으로 볼 수 있으므로**, 이 사건 계약에서 정한 환불의 절차적 요건도 충족되었다고 판단한 후, 업무대행용역비를 포함한 조합원 분담금의 반환을 일부 인정하였다.

대법원의 판단[피고에게 조합원 분담금 반환 의무가 없다는 취지의 주장]

1) 채권압류 및 추심명령에 기한 추심의 소에서 피압류채권의 존재는 채권자가 증명하여야 한다(대법원 2007. 1. 11. 선고 2005다47175 판결, 대법원 2015. 6. 11. 선고 2013다40476 판결 등 참조). 한편 계약

당사자 사이에 어떠한 계약내용을 처분문서인 서면으로 작성한 경우에 문언의 객관적인 의미가 명확하다면 특별한 사정이 없는 한 문언대로의 의사표시의 존재와 내용을 인정하여야 하고, **특히 문언의 객관적 의미와 달리 해석함으로써 당사자 사이의 법률관계에 중대한 영향을 초래하게 되는 경우에는 그 문언의 내용을 더욱 엄격하게 해석하여야 한다**(대법원 2008. 11. 13. 선고 2008다46531 판결, 대법원 2014. 11. 27. 선고 2012다21621 판결 등 참조).

2) 앞서 본 사실관계를 위 법리에 비추어 보면, **이 사건 자금관리계약에 따라 피고가 조합원 분담금을 반환할 경우 이 사건 추진위원회와 그 업무대행사가 자금 집행기일 3영업일 전까지 조합원 분담금 환불요청서를 피고에게 서면으로 제출하여야 함이 계약서 문언 자체로 명확**하고, 위와 같은 절차적 요건이 구비되었다고 볼 증명이 없는 이상, 피고로서는 이 사건 추진위원회의 분담금 등 반환 청구에 대하여 그 지급을 거절할 수 있어 위 추진위원회에 대한 금전지급의무를 부담한다고 볼 수 없다.

그럼에도 이와 달리 이 사건 추진위원회가 피고에게 청약금 등 반환을 구할 수 있는 채권이 있음을 전제로 원고들의 추심금 청구를 일부 인용한 원심판단에는 자금관리계약의 해석에 관한 법리를 오해하여 판결에 영향을 미친 잘못이 있다. 이를 지적하는 이 부분 상고이유 주장은 이유 있다.

[지역주택조합/ 분담금 반환/ 분담금 납부의무] 조합가입계약 당시 조합원 자격이 없는 자의 분담금 반환 범위 (대법원 2021다281999, 282008 조합원부담금청구 · 조합원지위부존재확인등)

판례 해설

대상판결은 가입계약 당시에 자격이 존재하지 않더라도 자격요건은 설립인가 신청일까지 갖추어야 하므로 그 시기까지의 발생한 분담금에 대해서는 납부할 의무가 있다고 판단한 것이다.

그 외 가입계약이 무효라고 한다면 그에 따른 부당이득반환청구가 가능하지 않는지 여부에 의문이 있으나, 대상판결은 일단 가입계약이 확정적으로 무효가 되는 시기, 즉, 조합설립인가 신청일을 기준으로 하되 반환 범위에 대해서는 원심에서 다시 판단하여야 한다고 판시하였다.

법원판단

1. 조합원 지위 부존재 확인을 구할 이익이 있다는 주장에 관하여

원심은, 피고(반소원고, 이하 '피고'라고만 한다)가 원고(반소피고, 이하 '원고'라고만 한다)의 조합원의 지위에 있지 아니하다는 점에 관하여 당사자 사이에 다툼이 없으므로 확인의 이익이 없어 부적법하다고 판단하였다.

관련 법리와 기록에 비추어 살펴보면, 위와 같은 원심 판단에 상고이유 주장과 같이 확인의 이익에 관한 법리를 오해하여 판결에 영향을 미친 잘못이 없다.

2. 피고가 조합원 지위를 갖추지 못하여 부담금 납부의무가 없다는 주장에 관하여

가. 원심판결 이유에 의하면 원심은, 피고가 2014년경 원고와 사이에 이 사건 조합가입계약을 체결하고 원고의 조합원이 된 사실, 이 사건 조합가입계약이나 원고의 조합 규약에는 피고가 이 사건 사업계획승인 시 조합원 총 부담금의 10%에 해당하는 이 사건 3차 부담금을 원고에게 납부하되, 그 기한을 준수하지 못하였을 경우 연 18%의 연체료를 추가 부담하는 것으로 규정하고 있는 사실, 원고는 2017. 4. 20. 이 사건 사업계획승인을 받은 사실을 인정하였다.

나. 원심은 위 사실관계를 토대로 **피고의 원고에 대한 이 사건 조합가입계약에 따른 3차 부담금 납부의무의 이행기가 이 사건 사업계획승인일인 2017. 4. 20. 도래하였으므로, 피고는 원고에게 위 3차 부담금 중 미지급한 9,159,400원 및 이에 대하여 그 이행기 다음날인 2017. 4. 21.부터 다 갚는 날까지 이 사건 조합가입계약에서 정한 약정 지연손해금률인 연 18%의 비율로 계산한 지연손해금을 지급할 의무가 있다고** 판단하였다.

다. 그러나 원심의 위와 같은 판단은 다음과 같은 이유에서 그대로 수긍하기 어렵다.

1) 이 사건 조합가입계약 체결 당시 시행되던 구 주택법(2015. 7. 24. 법률 제13435호로 일부 개정되기 전의 것, 이하 '구 주택법'이라고 한다) 제32조 제5항 및 동법 시행령(2014. 12. 23. 대통령령 제25880호로 일부 개정되기 전의 것) 제38조 제1항은 지역주택조합의 주택조합설립인가신청일부터 해당 조합주택의 입주가능일까지 세대원 전원이 주택을 소유하지 아니하거나 주거전용면적 $60m^2$ 이하의 주택 1채를 소유한 세대주인 자에 한하여 조합원이 될 수 있다고 규정하였고, 이 사건 조합가입계약과 원고의 조합 규약에 위와 같은 법령상 조합원 자격 요건을 그대로 반영하고 있다.

위와 같은 지역주택조합의 조합원 자격에 관한 구 주택법이나 그 시행령의 규정은 단순한 단속규정에 불과할 뿐 효력규정이라고 할 수 없어 당사자 사이에 이에 위반한 약정을 하였다고 하더라도 그 약정이 당연히 무효라고 할 수는 없다(대법원 1998. 7. 10. 선고 98다17954 판결, 대법원 2011. 12. 8. 선고 2011다5547 판결 참조). 다만, 당사자가 통정하여 위와 같은 단속규정을 위반하는 법률행위를 한 경우에 미로소 선량한 풍속 기타 사회질서에 위반한 사항을 내용으로 하는 법률행위에 해당하게 된다(대법원 1993. 7. 27. 선고 93다2926 판결, 대법원 2015. 9. 10. 선고 2012다44839 판결 참조).

이 사건에서 피고가 이 사건 조합가입계약을 체결할 당시 본인과 세대원인 배우자 명의로 각 1채씩 주택을 소유하고 있어 조합원 자격 요건을 충족하지 못하였지만, 추가로 원고와 피고가 통정하여 위와 같은 단속규정을 위반하여 이 사건 조합가입계약을 체결하였다는 사정에 관한 아무런 증거가 제출되지 아니하였다. 따라서 그와 같은 사정만으로는 피고가 원고와 사이에 체결한 이 사건 조합가입계약이 당연히 무효라고 볼 수는 없다.

2) 지역주택조합과 조합원 사이의 법률관계는 근거 법령이나 조합 규약의 규정, 조합총회의 결의 또는 조합과 조합원 사이의 약정에 따라 규율된다. 일반적으로 지역주택조합사업은 무주택자들이 주택 마련이라는 일정한 목적을 가지고 조합설립 준비단계에서부터 사업부지의 확보, 조합의 설립과 사업계획승인, 아파트 등 주택의 건축에 이르기까지 일련의 절차를 진행하여 시행되고, 조합원은 사업의 진행과정에서 그 진행단계에 따라 지속적으로 발생하는 사업비에 충당할 부담금을 납부할 의무를 진다.

이 사건에서 근거 법령에 따라 마련된 원고의 조합 규약이나 이 사건 조합가입계약에는 조합원의 의무로서 부담금 및 기타 비용에 관한 납부의무를 정하고, 조합원 지위를 상실한 경우 납부한 부담금에 대하여 별도의 환불 범위, 방법 및 시기 등을 정하고 있다. 이러한 지역주택조합사업과 조합가입계약의 성질, 조합 규약이나 조합가입계약의 내용, 당사자들의 의사, 조합원 부담금 납부의 성질, 형태와 방법 등을 고려하여 보면, **조합원이 그 지위를 상실하면 그 효력은 장래에 향해서만 미친다**고 보아야 한다.

따라서 조합가입계약 체결 당시에는 조합원 자격 요건을 충족하였으나 주택조합설립인가신청일 이후 조합원의 지위를 상실한 자는 그 지위를 상실한 이후부터는 그 후 이행기가 도래하는 부담금을 납부할 의무를 면하지만, 그 전에 발생하여 이행기가 도래한 부담금은 이를 납부할 의무가 있다.

나아가 **이 사건 조합가입계약의 내용, 당사자들의 지위, 부담금 납부 의무의 내용이나 성질에 비추어 보면, 조합가입계약을 체결하였으나 그 당시는 물론 주택조합설립인가신청일까지도 조합원 자격 요건을 충족하지 못한 자에 대하여도 마찬가지로 볼 수 있으므로 그와 같은 자는 주택조합설립인가신청일 이후 이행기가 도래하는 부담금을 납부할 의무를 면하지만, 그 전에 발생하여 이행기가 도래한 부담금은 이를 납부할 의무가 있다.**

3) 피고는 이 사건 조합가입계약 체결 당시는 물론 주택조합설립인가신청일까지도 조합원 자격 요건을 충족하지 못하여 원고의 조합원 자격을 취득하지 못하였으므로, 주택조합설립인가신청일인 2015. 2. 14. 이후로서 2017. 4. 20.에야 이행기가 도래하는 3차 부담금에 대하여는 원

고가 피고에게 그 지급을 구할 수는 없다.

라. 그런데도 원심은 그 판시와 같은 이유만을 들어 피고에게 이 사건 조합가입계약에 따른 3차 부담금 및 이에 대한 지연손해금의 지급을 명하였으니, 이러한 원심의판단에는 지역주택조합의 규약 및 이 사건 조합가입계약상 부담금 납부의무에 관한 법리를 오해하여 판결에 영향을 미친 잘못이 있다.

3. 피고는 조합원 자격이 없으므로 기납부한 부담금을 부당이득으로서 반환하여야 한다는 주장에 관하여

원심은, 원고와 피고 사이에 체결한 이 사건 조합가입계약이 무효가 아니라는 이유를 들어 피고의 기납부 부담금 반환청구를 배척하였다.

그러나 이 사건 조합가입계약이 유효라고 하더라도 피고가 원고의 조합원 자격을 취득하지 못하는 것으로 확정된 이상 원심으로서는 원고의 조합규약과 이 사건 조합가입계약에 마련된 부담금 환급절차를 통하여 피고가 원고로부터 반환받을 수 있는 부담금이 있는지 여부를 심리·판단하였어야 한다(특히 공제 약정의 해석이나 그 법적 성질, 지연손해금의 기산일과 지연손해금률 등에 관하여 좀 더 심리해 볼 필요가 있다).

그럼에도 원심은 그 판시와 같은 이유만으로 피고의 청구를 배척하였으니 이러한 원심의 판단에는 필요한 심리를 다하지 아니한 채 지역주택조합의 규약 및 이 사건 조합가입계약상 부담금 환급에 관한 법리를 오해하여 판결에 영향을 미친 잘못이 있다.

[지역주택조합/ 조합원 자격과 가입계약의 유효성/ 분담금 반환 의무] 설립인가 시점까지 가입계약은 일단 유효하며 당사자들은 그에 따른 의무를 부담하여야 한다.(대법원 2023다209403 부당이득금)

> **판례 해설**
>
> 이전 살펴본 대상판결[대법원 2022. 7. 14 선고 2021다281999, 282008 판결]에 의하면, 조합원 자격에 관한 규정은 강행규정이 아니고 이와 같은 이유로 조합원 자격이 없는 자가 가입계약을 체결하였다고 하더라도 당연무효는 아니며, 이와 같은 자격요건은 설립인가 시점까지 갖추면 충분한바, 결국 설립인가 시점까지 가입계약은 일단 유효하며 당사자들은 그에 따른 의무를 부담하여야 한다.
>
> 대상판결은 이와 같은 법리에 기초하여 **이 사건에서 조합가입계약이 무효임을 전제로 기지급한 분담금에 대하여 부당이득반환청구를 인정한 원심을 지적하면서 결국 부당이득의 문제보다는 오히려 위 대법원 2021다281999, 282008 판결의 법리에 따라, 설립인가 시점까지 발생한 분담금에 대하여는 납부할 의무가 있다고 판단한 것이다.**

원심의 판단

원고가 이 사건 가입계약 체결 당시 조합원 자격 요건을 갖추지 못하였다는 사정만으로 이 사건 가입계약이 당연 무효가 되는 것은 아니지만, 피고의 지역주택조합설립인가 신청일까지도 조합원 자격 요건을 갖추지 못하여 조합원 지위를 취득하지 못한 이상 원고의 분담금 납부의무는 소멸한다. 피고가 지역주택조합설립인가 신청일 후에 원고로부터 납부받은 분담금은 법률상 원인 없는 부당이득에 해당하므로 이를 원고에게 반환하여야 한다.

대법원의 판단

1차 계약금 30,000,000원 상당의 부당이득반환청구 부분에 대한 상고이유에 관한 판단

1) 원심의 판단은 다음과 같은 이유에서 그대로 받아들이기 어렵다.

가) 지역주택조합의 조합원 자격에 관한 주택법령의 규정은 효력규정이라고 할 수 없어 당사자 사이에 이를 위반한 약정을 하였다고 하더라도 그 약정이 당연히 무효라고 할 수는 없다(대법원 1998. 7. 10. 선고 98다17954 판결, 대법원 2011. 12. 8. 선고 2011다5547 판결 등 참조). 조합원 자격 요건을 갖추지 못한 채 조합가입계약을 체결하고서 주택조

합설립인가 신청일까지도 조합원 자격 요건을 충족하지 못하였다고 하더라도 특별한 사정이 없는 한 조합가입계약이 무효가 되는 것은 아니다.

또한 조합가입계약을 체결하였으나 그 당시는 물론 주택조합설립인가 신청일까지도 조합원 자격 요건을 충족하지 못하여 조합원 지위를 취득하지 못한 경우 그 효력은 장래에 향해서만 미치므로, 그와 같은 사람은 주택조합설립인가 신청일 이후 이행기가 도래하는 분담금을 납부할 의무를 면하지만, 그 전에 발생하여 이행기가 도래한 분담금은 이를 납부할 의무가 있다(대법원 2022. 7. 14. 선고 2021다281999, 282008 판결 등 참조).

나) 원심판결의 이유를 이러한 법리에 비추어 살펴본다. 원고가 피고의 조합설립인가 신청일 후에 납부한 분담금 중 1차 계약금은 피고의 조합설립인가 신청일 전에 이행기가 도래한 분담금에 해당한다. 원고가 이 사건 가입계약 체결 시는 물론 피고의 조합설립인가 신청일까지도 조합원 자격 요건을 충족하지 못하여 조합원 지위를 취득하지 못하였다고 하더라도 그 효력은 장래에 향해서만 미치므로, 피고의 조합설립인가 신청일 전에 이행기가 도래한 분담금인 1차 계약금에 대해서는 피고의 조합설립인가 신정일 후에도 여전히 원고의 납부의무기 존재한다. 따라서 원고가 이러한 납부의무를 이행한 것을 두고 법률상 원인 없는 부당이득으로서 반환의 대상이 된다고 볼 수는 없다.

2) 그런데도 원심은 판시와 같은 이유로 피고의 조합설립인가 신청일에 그때까지 이행기가 도래하였는지 여부와 관계없이 원고의 이 사건 가입계약에 따른 일체의 분담금납부의무가 소급적으로 소멸함을 전제로 피고의 원고에 대한 부당이득반환의무를 인정하였다. 이러한 원심판단에는 부당이득반환의무의 성립 여부 등에 관한 법리를 오해하여 판결에 영향을 미친 잘못이 있다.

[지역주택조합/ 조합원 자격과 가입계약의 유효성/ 분담금 반환 의무] 조합 가입계약 체결 당시 이미 자격요건이 결여되어 있었다면, 추후 분담금 납부 의무는 당연히 존재하지 않고, 이에 더하여 가입계약 당시에도 자격요건이 결여되었기 때문에 기지급한 계약금 역시 부당이득으로 반환받을 수 있다(인천지방법원 2022가단265146 부당이득금).

판례 해설

대상판결은 대법원 2023다209403 부당이득금 판결이 나오기 전의 판결로서, 대부분의 판결은 이 사건과 같은 법리에 근거하여 판단한 것으로 보인다.

그러나 대상판결에서 언급한 바와 같이 조합원 자격에 관한 주택법의 규정은 단속규정이라는 점, 당사자는 조합설립인가 신청 시까지 조합원 자격을 구비하면 충분하다는 점, 그 이전까지는 조합가입계약이 사실상 유효상태라는 점을 인정할 수 있다.

> 그리하여 대법원 2023다209403 부당이득금 판결은 계약금에 대한 부당이득 반환이 인정되지 않음은 물론이고, 오히려 그 이전 발생한 분담금까지 납부할 의무가 있다는 점을 판시하여 위와 같은 판결들의 파기를 명하였던 것이다.

사실관계

가. 피고는 2017. 8. 31. 지역주택조합 설립인가를 받았다.

나. 원고는 2019. 3. 5. 피고와 사이에 인천 중구 C 일원에서 건립될 공동주택 59m² A타입을 총 분담금 1억 8,210만 원에 분양받는 내용의 B 지역주택조합 조합원 가입계약(이하 '이 사건 조합가입계약'이라 한다)을 체결하였다.

다. 이 사건 조합가입계약에 의하면, 총 분담금 1억 8,210만 원 중에서 총 계약금 3,642만 원의 이행기는 2019. 3. 5.부터 2019. 6. 3.이다(1차 계약금 1,000만 원의 이행기는 2019. 3. 5.이고, 2차 계약금 1,321만 원의 이행기는 2019. 4. 4.이며, 3차 계약금 1,321만 원의 이행기는 2019. 6. 3.이다).

원고는 2019. 3. 2.부터 2019. 6. 3.까지 피고에게 총 계약금 3,642만 원을 납부하였다(2019. 3. 2. 1차 계약금 중 일부인 50만 원을 납부하였고, 2019. 3. 5. 나머지 1차 계약금 950만 원을 납부하였으며, 2019. 3. 11. 2차 계약금 1,321만 원을 납부하였고, 2019. 6. 3. 3차 계약금 1,321만 원을 납부하였다, 이하 위 각 금원을 통틀어 '이 사건 3,642만 원'이라 한다).

라. 피고는 2022. 5. 9. 주택건설사업계획 승인을 받았다.

마. 한편 원고의 남편인 D은 1995년부터 현재까지 주거전용면적 $85m^2$를 초과하는 주택을 소유해왔다. 따라서 원고는 이 사건 조합가입계약을 체결할 당시부터 피고의 조합원이 될 수 있는 법적 자격이 없었다.

법원판단

조합가입계약 체결 당시에는 조합원 자격 요건을 충족하였으나 주택조합설립인가신청일 이후 조합원의 지위를 상실한 자는 그 지위를 상실한 이후부터는 그 후 이행기가 도래하는 부담금을 납부할 의무를 면한다. 나아가 조합가입계약을 체결하였으나 그 당시는 물론 주택조합설립인가신청일까지도 조합원 자격 요건을 충족하지 못한 자에 대하여도 마찬가지로 볼 수 있으므로 그와 같은 자는 주택조합설립인가신청일 이후 이행기가 도래하는 부담금을 납부할 의무를 면한다(대법원 2022. 7. 14. 선고 2021다281999, 282008 판결 참조).

살피건대, **이 사건 조합가입계약에 의하면, 총 계약금 3,642만 원의 이행기는 2019. 3. 5.부터 2019. 6. 3.로서, 이 사건 조합가입계약 체결일 이후**이다. 그런데 원고는 이 사건 조합가입계약을 체결할 당시부터 피고의 조합원이 될 수 있는 법적 자격이 없었으므로, 원고가 이 사건 조합가입계약을 체결하자마자 원고가 피고에게 총 계약금 3,642만 원을 납부할 의무는 면해졌다. 그런데도 원고는 피고에게 이 사건 3,642만 원을 납부하였는바, 이는 부당이득으로 평가된다. 따라서 피고는 원고에게 이 사건 3,642만 원 및 이에 대하여 이 사건 소장이 피고에게 송달된 다음날인 2022. 9. 24.부터 피고가 이행의무의 존부나 범위에 관하여 다툼이 상당한 이 판결 선고일인 2023. 6. 28.까지는 민법이 정한 연 5%, 그 다음날부터 다 갚는 날까지는 소송촉진 등에 관한 특례법이 정한 연 12%의 각 비율로 계산한 지연손해금을 지급할 의무가 있다(지역주택조합이 조합원의 자격 요건을 충족하지 못한 자에 대하여 기납부받은 분담금을 전액 반환해야 하는지에 관하여 하급심 판례가 엇갈린 경우가 있었던 점에 비추어 보면, 원고가 제출한 증거들만으로는, 피고가 그 받은 이익에 이자를 붙여 반환해야 하는 악의의 수익자라고 인정하기 부족하다. 또한, 피고가 이 사건 소송에서 이행의무의 존부나 범위에 관하여 다퉜던 것이 상당하지 않았다고 평가하기도 어렵다. 따라서 위 인정범위를 넘는 원고의 이자 내지 지연손해금 청구는 이유 없어 기각된다).

[지역주택조합/ 분담금 반환/ 추진위원회] 지역주택조합 창립 총회 및 인가받기 전 추진위원회가 작성한 확약서상의 의무는 조합이 설립된 이후에도 그대로 승계된다(부산지방법원 2018나58752 조합원분담금등반환청구의소)

> **판례 해설**
>
> 추진위원회는 조합의 설립 이전의 단계이고, 추진위원회에서 진행한 대부분의 사업 내용은 특별한 사정이 없으면 조합 설립 후에 조합에 인계·인수된다(대법원 99다4504 판결).
>
> 이 사건에서 조합 설립 전 추진위원회에서는 지역주택조합 조합원들을 모집하기 위하여 안심보장 확약서라는 확약서를 작성하여 주었고, 거기에는 조합설립인가의 기한 및 건설사 선정에 있어서 자격 기준을 제시하면서 이와 같은 내용의 사업이 이행되지 않으면 분담금 및 행정용역비 전액을 반환하기로 약정하였다.
>
> 대상판결에서 조합은 추진위원회가 작성한 확약서에 대하여 책임을 부담한다고 판시하면서 확약서 내용에 따라 기한까지 조합이 설립되지 않았기 때문에 분담금 및 용역비까지 전부 반환을 인정하였고, 항소심 역시 조합원이 승소하였다.

법원판단

가. 청구원인에 관한 판단

1) 민법상의 조합과 법인격은 없으나 사단성이 인정되는 비법인사단을 구별함에 있어서는 일반적으로 그 단체성의 강약을 기준으로 판단하여야 하는바, 조합은 2인 이상이 상호간에 금전 기타 재산 또는 노무

를 출자하여 공동사업을 경영할 것을 약정하는 계약관계에 의하여 성립하므로 어느 정도 단체성에서 오는 제약을 받게 되는 것이지만 구성원의 개인성이 강하게 드러나는 인적 결합체인 데 비하여, 비법인사단은 구성원의 개인성과는 별개로 권리·의무의 주체가 될 수 있는 독자적 존재로서의 단체적 조직을 가지는 특성이 있는데, 어떠한 단체가 고유의 목적을 가지고 사단적 성격을 가지는 규약을 만들어 이에 근거하여 의사결정기관 및 집행기관인 대표자를 두는 등의 조직을 갖추고 있고, 기관의 의결이나 업무집행방법이 다수결의 원칙에 의하여 행하여지며, **구성원의 가입, 탈퇴 등으로 인한 변경에 관계없이 단체 그 자체가 존속되고, 그 조직에 의하여 대표의 방법, 총회나 이사회 등의 운영, 자본의 구성, 재산의 관리 기타 단체로서의 주요사항이 확정되어 있는 경우에는 비법인사단으로서의 실체를 가진다고 할 것**이다(대법원 1999. 4. 23. 선고 99다4504 판결 등 참조).

2) 위 법리에 비추어 이 사건에 관하여 보건대, 위 인정사실에 갑 제5 내지 7호증(가지번호 있는 것은 가지번호 포함, 이하 같다), 을 제2호증의 각 기재 및 변론 전체의 취지를 종합하여 인정되는 아래의 사실 및 사정을 더하여 보면, **원고가 조합원 가입계약을 체결하고 이 사건 확약을 할 당시 종전 추진위원회는 이미 규약과 집행기관 등을 갖춘 비법인사단으로서 실체를 갖추고 피고와 동일한 실체를 갖게 되었다고 할 것이며, 설령 피고가 2016. 12. 28.자 창립총회에 의하여 비로소 설립되었고 이로써 종전 추진위원회가 소멸하였다고 하더라도, 피고는 위 창**

립총회에서 'B지역주택조합규약(이하 '이 사건 규약'이라 한다)'이라는 명칭의 규약을 추인함과 아울러 종전 추진 위원회가 진행한 이 사건 사업에 관한 업무 일체를 추인하여 이 사건 확약에 따른 권리·의무도 승계하였다고 봄이 상당하다. 따라서 특별한 사정이 없는 한 피고는 위 확약에 따라 원고에게 조합원분담금 3,300만 원을 반환할 의무가 있다.

나. 피고의 주장에 관한 판단

피고는, **이 사건 확약이 조합원 총회의 결의 없이 체결된 것으로서 무효**라고 주장하므로 이에 관하여 본다.

비법인사단으로서의 법적 성격을 가지고 피고와 같은 지역주택조합에 있어 조합원들이 납부하는 조합원 분담금은 조합재산으로서 조합원들이 총유에 속하게 되고, 총유물인 조합원 분담금의 처분은 조합규약 또는 조합원 총회의 결의에 의하는 것이므로 (민법 제275조, 제276조), 이에 의하지 아니한 조합원 분담금의 관리 및 처분행위는 원칙적으로 무효라고 할 것이고, 또 앞서 든 증거에 의하면, 이 사건 규약 제23조 제1항 제3호 및 제7호는 '예산으로 정한 사항 외의 조합원에게 부담이 될 계약, 사업비의 조합원별 분담 내역'에 관하여는 조합원 총회의 의결을 거쳐 결정하도록 규정하고 있는 사실이 인정되나, 다른 한편 **피고가 이 사건 창립총회에서 이 사건 규약 및 이 사건 사업추진과 관련하여 종전 추진위원회에 의하여 진행된 업무 일체를 추진한 업무는 위 규약에 의**

하여 집행된 것으로 본다고 규정하고 있는 사실 또한 앞서 본 바와 같은바, 위 인정사실에 의하면, 피고는 이 사건 창립총회의 결의로써 종전 추진위원회에 의하여 체결된 이 사건 확약도 추인하였다고 할 것이므로, 피고는 위 주장은 이유 없다.

[지역주택조합/ 조합장/ 반환합의/ 무효] 조합장이 개인적으로 탈퇴 조합원들에 대한 반환 합의를 하더라도 이로 인하여 추진위원회 또는 조합에 그 효력을 미칠 수 없고 결국 조합 총회의 의결을 통해서만 가능하다(서울고등법원 2018나2058555 계약금반환)

> **판례 해설**
>
> 지역주택조합뿐만 아니라 일반 재개발·재건축 조합이라도 조합 자체는 비법인 사단에 해당하고, 대표인 조합장은 개인에 불과하므로 조합장 개인이 했던 약속에 대해서 조합은 그 책임을 부담하지 않는다. 물론 민법상 표현대리의 문제가 발생할 수도 있으나, 이는 어디까지나 무권대리를 전제로 하는 것이고 조합장이 "조합"의 이름으로 외부적 의사표시를 하지 않은 이상 표현대리 성립 여부도 문제도 되지 않는다.
>
> 탈퇴 조합원들에 대한 납입금 반환의 문제는 총유물 자체의 처분행위에 해당하고, 이는 대법원 2004나45349 판결에 따라 무조건 조합원 총회결의가 필요한 사항이다. 물론 조합정관에 탈퇴 조합원 납입금의 반환 절차가 구체적으로 규정되어 있고 그 요건을 충족하면 가능할 여지가 있지만, 그렇지 않은 경우에는 탈퇴 조합원의 납입금 반환은 무조건 총회결의를 거쳐서

결의된 내용에 따라 반환하게 된다.

이 사건에서는 조합장이 확인서까지 작성하며 반환한다고 약정하였으나, 이와 같은 확약에 대하여 법원은 조합에 영향을 미치지 못하고 결국 총회 결의를 거치지 않았으므로 납입금 반환 청구권은 인정될 수 없다고 판단한 것이다.

법원판단[이 사건 반환합의가 총회의 결의를 거치지 않아 무효인지 여부]

(가) 민법상의 비법인사단의 경우, 총유물의 관리 및 처분에 관하여는 정관이나 규약에 정한 바가 있으면 이에 따라야 하고, 그에 관한 정관이나 규약이 없으면 사원 총회의 결의에 의하여야 하므로, 정관이나 규약에 정함이 없는 이상, 사원 총회의 결의를 거치지 않은 총유물의 관리 및 처분행위는 무효라고 할 것이고, 여기서 총유물의 관리 및 처분행위라 함은 비록 단순한 채무부담행위는 포함하지 아니하나, 총유물 그 자체에 관한 법률적·사실적 처분행위와 이용·개량행위는 모두 포함한다고 할 것이다(대법원 2006. 1. 27. 선고 2004다45349 판결 등 참조).

(나) 그런데, 이 사건 추진위원회가 군산시 Y 소재 지상에 지역주택조합아파트를 신축하는 이 사건 사업의 추진이라는 공동의 목적을 가지고 설립된 민법상 비법인사단에 해당함은 앞서 본 바와 같고, 민법상 비법인사단인 이 사건 추진위원회가 이 사건 사업의 추진을 위해 조합원

으로부터 수령하여 보유하고 있는 조합원 부담금은 조합재산으로서 총유물이라고 할 것인데(이 사건 반환합의가 단순한 채무부담행위에 불과하다는 원고들의 주장은 받아들이지 아니한다), 이 사건 추진위원회의 조합규약에 총유물의 관리 및 처분에 관하여 별도로 정한 바가 없으므로, **이 사건 반환합의에서와 같이 위 조합원 부담금을 탈퇴 조합원들에게 반환하기 위하여는 민법 제276조 제1항에 의하여 위 추진위원회의 총회결의가 필요한데도 그러한 총회결의의 존재를 인정할 아무런 증거가 없으므로, 이 사건 반환합의는 무효**라 할 것이다.

(다) 이에 대하여 원고들은, 이 사건 추진위원회의 조합규약이라고 할 수 있는 조합원 가입계약서가 추진위원회 위원장에게 관련 업무를 포괄적으로 위임하고 있으므로 Z가 이 사건 추진위원회 위원장으로서 한 이 사건 반환합의는 유효하다는 취지로 주장하나, 조합원 가입계약서를 이 사건 추진위원회의 정관이나 규약으로 보기는 어려울 뿐만 아니라, 갑 제1호증의 기재에 의하면 이 사건 조합원 가입계약서 제4조가 이 사건 사업과 관련한 권한을 이 사건 추진위원회에 포괄적으로 위임하고 있을 뿐 그 위원장 개인에게 어떠한 권한을 위임하고 있지 않은 사실이 인정되므로, 원고들의 위 주장은 받아들이기 어렵다.

II. 조합 총회 관련 분쟁사례

[지역주택조합/조합장 해임/ 조합장 자격상실] 지역주택조합 조합장이 주택법에 규정된 조합장의 자격상실 조항에 해당되는 사실이 발생했다면 그 즉시 자격을 상실하고 더이상 업무를 수행할 수 없다(울산지방법원 2018가합27115 조합장지위부존재확인)

> **판례 해설**
>
> 조합장의 자격에 관하여 주택법에서 일정부분 제한을 두고 있고 더 나아가 자격상실 사유까지 열거하고 있다. 이는 **조합 대표자의 지위가 조합 및 조합원의 이익을 위해서 직무집행을 할 것을 요구하기 때문이며, 조합원들에게 손해가 발생할 것을 미연에 방지**하게 하기 위함이다.
>
> 주택법에서는 조합장에 대하여 업무 대행사의 임직원이 될 수 없다고 규정하고 있으며, 이를 어긴 경우에는 결격 또는 자격상실 사유로 규정하고 있는바, 이 사건에서는 임원 중 일부가 업무대행사의 대표까지 맡고 있었던 점이 확인되었고, 결국 자격상실 사유에 해당하여 조합장의 지위 역시 당연히 상실한다고 판단하였다.

원고의 주장

1) 피고조합의 조합장 Y가 소외 조합의 업무대행사의 대표이사로, 소외 조합의 조합장 AB이 피고조합의 업무대행사의 대표이사로 각 재직하는 방법으로, Y와 AB는 서로의 조합의 업무대행사 대표를 맡고 있다. 더구나 **위 두 회사는 본점 소재지가 같고, 임원에 동일인이 있는 등 사실상 같은 회사로 볼 여지가 크다.**

이는 피고조합의 조합장 Y가 주택법과 피고조합 정관상 대표자 결격사유 규정을 잠탈하기 위해 서로의 업무대행사 대표이사가 된 것인바, Y는 피고조합 대표자로서의 자격이 없다.

2) 위 Y는 피고조합 대표자로서의 직무를 유기하여 피고조합의 청산업무를 지연시키고 있으므로 대표자로서 자격이 없다.

3) 위 Y가 대표자로 선출된 것은 창립총회의 결의에 따른 것인데, 창립총회 당시 서면결의서는 총회소집공고나 통지가 있기도 전에 조합원들로부터 제출받은 것으로서 효력이 없고, 서면결의서를 제외하면 창립총회 당시 조합원 과반이 출석조차 이루어지지 않았으므로, Y를 대표자로 선임한 창립총회 결의는 하자가 중대하여 무효이다.

피고의 주장

조합 명의 부동산 담보대출 상환 문제를 해결하기 위해 해산 절차가 지연된 것이지 Y가 조합장으로서의 업무를 해태한 것은 아니고, Y의 조합장 자격을 박탈할 경우 조합의 잔여재산 매각 등 절차에 장애가 초래되므로 조합의 이익에 반한다.

법원판단

▪ 주택법
제 13조(조합임원의 결격사유)
① 다음 각 호의 어느 하나에 해당하는 사람은 조합의 임원이 될 수 없다.
 7. 해당 주택조합의 공동사업주체인 등록사업자 또는 업무대행사의 임직원
② 제 1항 각 호의 사유가 발생하면 해당 임원은 당연히 퇴직한다.

▪ 피고조합 규약
제 18조(임원의 결격사유 및 자격상실 등)
 1. 다음 각 호의 자는 조합의 임원 및 대의원에 선임될 수 없다.
 5) 본 주택조합의 시공사 또는 업무대행사의 임직원

가. 주택법 및 피고조합 규약상 조합장 결격사유는 아래와 같다.

나. 주택조합의 업무대행사 임직원이 조합의 임원이 될 수 없도록 정한 주택법상 위 규정의 취지와 이와 같은 내용의 규정을 둔 피고조합 규

약의 취지는, **조합원의 이익을 대표하여야 할 조합임원과 조합의 거래 상대방이자 업무를 대행할 지위에 있는 업무대행사 사이에 유착을 금지하고, 조합임원이 개인 또는 업무대행사의 이익을 위한 직무집행을 함으로써 조합원들에게 손해가 발생하는 것을 미연에 방지하기 위한 것**이다.

다. 이 사건으로 돌아와 보건대, Y가 피고조합의 조합장과 AC의 대표이사를, AB가 소외 조합의 조합장과 AA의 대표이사를 맡고 있고, AA는 피고조합의, AC는 소외 조합의 각 업무대행사인 사실은 앞서 본 바와 같고, 앞서 든 증거에 의하면 ① 추진위원 중 AF(개명 전 AG)는 AA의 사내이사이면서 AC의 사내이사였다가 2018. 3. 31. 퇴임한 사실이 각 인정되는바, 이러한 사실만으로는 AA와 AC이 동일한 회사라고 단정하기 어려우나, 위 각 사실에 비추어 보면 주택조합 대표자인 Y와 AB가 서로 교차하여 업무대행사의 대표이사를 맡음으로써 '업무대행사의 임직원은 주택조합의 임원이 될 수 없다'는 주택법 규정, 피고조합 규약을 잠탈한 것이라고 봄이 타당하고, 그러한 Y가 피고조합의 조합장을 맡는 이상 조합임원이 개인 또는 업무대행사의 이익을 위한 직무집행을 할 위험, 이로 인해 조합원들에게 손해가 발생할 위험이 존재한다.

라. 그렇다면 원고들의 나머지 주장에 더 나아가 살필 필요 없이, **피고조합의 조합장 Y는 주택법 제13조 제1항 제7호, 피고조합 규약 제18조 제1항 제5호의 임원결격사유를 가지고 있으므로**, 피고조합의 조합

장 지위를 당연 상실한다고 볼 것이다.

[지역주택조합/ 직무집행정지가처분/ 가처분의 상대방] 직무집행정지가처분은 개인을 대상으로 하여야 하며, 법인을 대상으로 한 직무집행정지가처분은 당사자 적격이 없어 각하 대상이다(서울중앙지방법원 2022카합21313 조합장직무집행정지가처분).

판례 해설

통상적으로 직무집행정지가처분은 해당 직무를 수행하고 있는 자 또는 해당 직무를 수행할 위험이 있는 개인에 대해서 청구하게 되고, 총회 효력정지가처분은 조합이라는 단체를 상대로 가처분을 신청하게 된다.

대상판결에서는 개인에 대해서 신청해야 할 직무집행정지가처분에 법인을 포함시켰는바 이에 대해서 유효적절한 방법이 아니어서 당사자 적격이 없다고 판단하여 채권자의 이 사건 신청 부분은 각하결정을 내렸다.

법원판단[직무정지가처분 사건에서 상대방으로 조합을 지정할 수 있는지 여부]

임시의 지위를 정하기 위한 가처분은 그 주장 자체에 의하여 채권자와 저촉되는 지위에 있는 자를 채무자로 하여야 하므로, 단체의 임원 등의 선임결의의 하자를 이유로 한 **직무집행정지 가처분신청의 채무자**

는 임원 등 개인이고 단체는 당사자적격을 갖지 못한다(대법원 1997. 7. 25. 선고 96다15916 판결 등 참조).

채권자는 채무자 B을 채무자 조합의 조합장으로 선출한 총회결의가 위법하게 이루어졌음을 전제로 단체인 채무자 조합을 상대로 위와 같이 선출된 채무자 B의 조합장으로서의 직무집행정지를 구하고 있다. 이러한 경우 선출된 임원이 채권자 주장의 법률상 지위와 저촉되는 지위에 있으므로 선출된 임원을 상대로 그 직무집행정지 가처분을 구하여야 하고, **단체인 채무자 조합을 상대로 그 임원의 직무집행정지를 구하는 것은 가처분의 목적을 달성하기 위한 유효·적절한 방법이 되지 못한다.** 뿐만 아니라 **단체를 상대로 한 대표자의 직무집행정지 가처분을 발령할 경우 단체가 취하여야 할 적절한 조치가 무엇인지 불분명하여 임원 지위를 둘러싼 혼란이 가중될 우려가 있고, 직무집행이 정지된 임원이 직무수행을 계속하더라도 가처분의 효력을 강제할 수단도 적절하지 않다.**

따라서 이 사건 신청 중 채무자 조합에 대한 부분은 부적법하다.

[지역주택조합/ 조합장 해임/서면결외서 사진 문자 팩스 방식] 사진, 문자 팩스로 서면결의서를 제출하였다면 이는 우편에 의한 투표방식으로 볼 수 없고 명시적 정관규정이 없는 이상 무효에 해당한다(서울중앙지방법원 2022카합21313 조합장직무집행정지가처분)

판례 해설

총회를 위한 서면결의서(위임장이 아닌)를 문자 전송이나, 사진, 팩스로 받았을 경우 적법 여부가 문제 될 수 있다. 그러나 서면결의서는 밀봉된 상태에서 징구되어야 하는데, 이러한 방식으로 받는 것 자체가 징구 당시부터 서면결의서를 개봉상태로 놓는다는 것이다.

대상판결은 도시정비법상 조합장 선거에 공직선거법과 같은 엄격한 비밀투표의 원칙이 그대로 적용되기 어려운 면이 있지만, 비밀투표 방식을 통해 보장하려는 공정하고 자유로운 선거의 가치가 현저히 훼손될 정도에 이르렀다면, 선거 결과에 영향을 미친 것이라고 판단하여 이러한 방식으로 전송받은 모든 서면결의서를 무효로 판단하였던 것이다.

사실관계

가. 채무자 C아파트주택재건축정비사업조합(이하 '채무자 조합'이라 한다)은 서울 서초구 D 일원을 사업구역으로 하는 주택재건축정비사업을 시행하기 위하여 설립된 주택재건축정비사업조합이고, 채무자 B은 채무자 조합의 조합장이며, 채권자는 채무자 조합의 조합원이다.

나. 채무자 조합은 2022. 2. 28. 조합장 선출의 건 등을 안건으로 한 정기총회(이하 '이 사건 총회'라고 한다)를 2022. 3. 16. 개최한다는 내용의 소집공고를 하였고, 위 조합장 선거(이하 '이 사건 선거'라고 한다)에는 E, 채무자 B, F이 각 입후보하였다.

다. 이에 앞서 채무자 조합의 선거관리위원회는 2022. 2. 17. 이 사건 선거에 관한 투표방법으로 사전투표, 전자투표는 실시하지 않고, 우편에 의한 투표만 실시하되, 우편투표의 회송 방법은 직접제출, 우편발송, 팩스전송, 전자메일송부, 문자 사진 전송의 방법으로 한다는 점과, 후보자 및 선거운동원은 2022. 3. 1. 10시부터 같은 달 15일 22시까지 문자메시지를 포함한 선거운동이 가능하다는 점 등을 결의하였다.

라. 채무자 조합의 선거관리위원회는 2022. 2. 28.경 채무자 조합의 조합원 총수에 맞춘 2,560장의 투표용지를 인쇄한 후 선거관리위원회와 서초구청 주거개선과장의 도장을 각 날인하여 조합원들에게 이를 배부하였는데, 위 투표용지 하단에는 "2022년 3월 15일(화) 18시까지 조합 선거관리위원회로 제출[직접제출 및 우편발송, 팩스(전화번호 1 생략), 문자 사진전송(전화번호 2 생략) 등]하여 주시기 바랍니다."라고 기재되어 있다.

마. 이 사건 총회 당일인 2022. 3. 16. 오전경 F은 채무자 조합의 조합원들에게 "저는 지금 조합장 후보를 사퇴합니다. ... 본인표와 기호2번 B 후보의 표가 분산되어 비대위 출신이 조합장이 될 수도 있다고 우려하는 조합원들이 많았습니다. ... 제가 사퇴하여 조합장만큼은 반드시 기호2번 B 후보가 당선되어야 한다는 판단에 따라 후보직을 사퇴합니다. 기호3번 F 후보에게 기표하여 서면결의서를 제출하신 조합원들은 오늘 총회장에 꼭 참석하여 입장시 접수요원에게 서면결의서 철회의사를 밝

히시고, 현장 투표용지를 받아 총회장에서 기호2번 B 후보를 찍어주시길 간곡히 부탁드립니다."는 내용의 문자메시지를 수차례 발송하고, 조합장 후보에서 사퇴하였다.

바. 당초 이 사건 총회에 서면결의서를 제출한 조합원은 1,922명이었으나 이 사건 총회 현장에서 그중 198명이 서면결의서 제출을 철회한 뒤 직접 투표를 하였다. 그 결과 전체 조합원 2,560명 중 1,984명이 참석하여, E 후보 754표, B 후보 854표, 무효·기권 380표로, 채무자 B을 조합장으로, E를 부조합장으로 각 선임하는 결의(이하 '이 사건 결의'라고 한다)를 하였다.

법원판단

위 소명사실에다가 기록 및 심문 전체의 취지에 의하여 알 수 있는 아래와 같은 사정을 종합하면, 채무자 B을 채무자 조합의 조합장으로 선출한 이 사건 결의는 비밀투표의 원칙, 투표의 방식 및 선거운동기간에 관한 선거관리규정 등을 위반한 선거 절차상 중대한 하자가 있고, 이로 인하여 투표의 자유와 공정을 현저히 침해하고 선출결의의 결과에 영향을 미쳐 무효라고 봄이 상당하므로, 주문 제2항 기재 가처분을 명할 피보전권리가 소명된다. 나아가 이 사건 신청에 이르게 된 경위 및 이후의 경과, 채무자 B의 태도 등 기록에 나타난 제반 사정에 비추어 보면, 그 보전의 필요성도 소명된다.

1) 조합장을 선출하는 과정에서 조합원의 자유로운 의사표현이 가능하기 위해서는 투표를 할 때 비밀이 보장되어야 한다. 이는 채무자 조합 선거관리규정에서 비밀투표의 원칙을 규정하고 있는 이유이기도 하다(비밀투표의 원칙은 공정하고 자유로운 선거를 위하여 필요한 원칙이므로 서면투표에 그 원칙이 전면적으로 배제될 합리적 이유가 없는 점, 선거관리규정 제34조 제4항이 조합 임원 등 선출을 위한 의결정족수를 규정하고 있는 점에 비추어, 같은 조 제1항에서 규정하는 비밀투표 원칙이 현장투표에만 적용된다고 보기는 어렵다).

비밀투표가 지켜지지 않는다면 다른 사람의 눈이 두려워 자신의 의사를 거짓으로 표출함으로써 왜곡된 의사가 선거에 반영될 수 있다. 또 조합원 신원의 비밀이 보장되지 않으면 조합원에 대한 회유, 외압이 발생할 수 있고, 그러한 조합원이 서면결의를 철회하여 선거 결과에 영향을 미칠 가능성을 배제할 수 없다.

따라서 **도시정비법상 조합장 선거에 공직선거법과 같은 엄격한 비밀투표의 원칙이 그대로 적용되기 어려운 면이 있음을 고려하더라도, 비밀투표에 의해서 보장하려는 공정하고 자유로운 선거의 가치가 현저히 훼손될 정도에 이르렀다면, 선거 결과에 영향을 미쳤다고 보아야** 한다.

2) 문자메시지 전송방식의 투표는, 조합원들이 배부 받은 투표용지에 기표하여 그 원본을 다시 제출하는 것이 아니라 이를 촬영한 사진 내지 사본을 전자적 방식으로 제출하는 것이다. 이는 투표 방식 그 자체로 볼

것이지 채무자 선거관리위원회가 따로 정할 수 있는 우편 투표용지 회송 방법에 불과하다고 할 수 없어 이를 선거관리규정 제45조가 정하는 우편에 의한 투표라고 보기는 어렵고, 정관이나 선거관리규정에 근거가 없는 투표방식이라고 봄이 타당하다(이는 팩스 전송방식도 마찬가지이다).

3) 이 사건 총회에 참석한 조합원 1,984명 중 1,790명은 서면결의서의 제출로 투표권을 행사하였고 그중 상당수는 문자메시지 전송방식으로 서면결의서를 제출하였다. 채무자 조합의 선거관리위원회는 위 문자메시지를 수신할 때마다 이를 종이로 인쇄한 뒤 우편으로 송부된 다른 투표용지 등과 함께 보관하였는데, 그 과정에서 선거관리위원은 기표내용을 사전에 집계할 수 있었던 것으로 보이므로, 이는 선거관리규정 제34조 제1항이 정한 비밀투표원칙에 반한다.

이에 대하여 채무자 B은 우편으로 회송되는 우편투표용지 또한 우편봉투 개봉 후 우편투표 용지를 소봉투에 밀봉하여 보관하고, 그 과정에서 선거관리위원이 기표내용을 인지할 수 있음은 마찬가지이므로, 문자메시지 출력 및 밀봉 과정에서 선거관리위원이 기표내용을 인지할 수 있었다는 사정만으로 비밀투표원칙에 위반된다고 볼 수 없다고 주장한다.

그러나 선거관리규정 제45조 제5항에 의하여 준용되는 제44조는 개표가 개시된 이후에야 투표함을 개봉한다고 규정하고 있을 뿐, 우편투표 결과를 선거일 이전에 집계할 수 있다고 규정하지는 않는다. 또 채무자 B이 자인하는 바와 같이 채무자 조합의 선거관리위원회가 우편으로 회송되는 우편투표용지를 사전에 개봉한 뒤 보관한 것이라면, 위와 같은 선거관리방식 역시 선거관리규정 제34조 제1항의 비밀투표원칙에 반하는 **위법한** 것이므로, 채무자 B의 위 주장은 받아들일 수 없다.

4) 만일 총회 개최자 측이 총회 개최 전에 제출된 서면결의서의 내용을 사전에 집계할 수 있고 그 결과가 자신들에게 불리할 것으로 판단될 경우, 총회 개최자 측으로서는 총회의 개최를 연기하는 등 그 결과를 자신들에게 유리한 방향으로 만들기 위해 인위적으로 개입할 가능성이 생긴다.

그런데 이 사건의 경우에도 실제로 총회 직전에 F이 조합장 후보에서 돌연 사퇴하는 사건이 발생하였는바, 채무자 조합이 기존 집행부를 지지하는 조합원과 이에 반대하여 소위 비대위를 지지하는 조합원이 서로 팽팽히 대립하고 있는 점, 투표 결과 채무자 B이 비교적 근소한 차이로 조합장에 당선된 점 등에 비추어, 이는 기존 조합장으로서 사전에 제출된 서면결의서의 기표결과를 미리 파악하고 있던 채무자 B이 F과의 의사연락 하에 선거에 개입한 것이 아닌가 하는 심각한 의심이 든다.

5) F이 이 사선 총회 낭일 선체 조합원들을 상대로 F에게 기표하여 제출한 서면결의서를 철회하고 총회 현장에서 채무자 B에게 투표해 달라는 문자메시지를 발송한 것은 선거관리규정 제28조 제6항에 위반되는 불법선거운동에 해당한다.

6) 도시정비법 제45조 제6항 및 제9항은 조합에 대하여 서면의결권 행사자에 대한 본인확인의무를 부여하면서 그 구체적 방법 등에 관하여는 정관에서 정하도록 규정하고 있는데, 채무자 조합의 정관에는 서면의결권 행사자의 본인확인방법에 관하여 구체적 규정을 두고 있지 아니하다.

이와 관련하여 채무자 B은, 채무자 조합이 서면결의서(투표용지)에 지장을 날인하게 하거나 신분증을 첨부하게 하는 방법으로 본인확인절차를 충분히 이행하였다고 주장한다.

그러나 위 본인확인절차 중 무인 내지 지장을 날인하게 하는 방식은 그 자체로 본인확인이 가능하다고 볼 수 없고 진위 여부 확인을 위한 추가적인 절차가 필요한데, 위 도시정비법 조항의 입법취지가 단체법적 법률관계의 객관성, 명확성, 안정성을 위하여 불필요한 법적 분쟁을 방지하기 위한 것이라는 점을 고려할 때, 정관에 이를 허용하는 명시적인 근거가 없는 현 단계에서 이로써 채무자 조합이 본인확인의무를 준수하였다고 볼 수 있을지 의문이 있다.

[지역주택조합/ 추진위원 해임 방법/ 가처분의 상대방 등] 총회개최가처분의 상대방은 원칙적으로 단체 자체이고 개인이 아니며, 규정상 긴급한 경우의 소집통지 기간에 대한 규정이 있을 때에 반드시 소집통지 기간을 준수해야 하는 것은 아니다(서울남부지방법원 2023카합20080 총회개최금지가처분).

판례 해설

1. 당사자 적격 부분과 관련하여

대상판결은 총회개최금지가처분의 상대방에 대해서 단체 전체의 의사결정을 위한 총회개최의 금지를 구하는 것이므로 그 의사결정의 당사자인 단체 자체를 상대로 해야 할 뿐 개인에 대해서는 청구할 수 없다고 판단하였는바 원칙적으로 총회개최금지가처분의 상대방이 단체 자체는 맞지만, 예외적으로 소수조합원 발의에 의한 해임총회의 경우 발의자대표 개인에게 진행권한이 있을 뿐, 바로 조합의 행위로 의제되는 것은 아니어서 이 경우에는 총회개최금지 가처분의 상대방이 개인이 된다는 점(인천지방법원 2010카합739 총회개최금지가처분)에서 다소 납득하기 어렵다고 할 것이다.

2. 소집통지 시기에 관하여

통상적으로 주택법이나 정관에서는 소집공고와 소집통지는 1주일 전에 하도록 규정하고 있고, 사안에서 상대방은 이를 준수하지 않았으나, 대상판결은 이 사건 운영규정에는 긴급을 요하는 경우에 개최 1주일 전 통지할 필요가 없다고 규정되어 있고, 추진위원들은 적법한 의결을 통하여 진행한 점을 고려하여 소집통지에 하자가 없다고 판단하였다. 그러나 소집통지는 조합원에게 알 권리를 부여하는 아주 중요한 절차인데 단순히 규정만으로 사안과 같이 소집통지 절차를 거의 생략하다시피한 점은 다소 납득하기 어렵다.

3. 소명기회 미부여에 관하여

기존 하급심 판결에서도 충분히 설시된 바, 조합장과 조합원의 관계는 민법상 위임관계(민법 제680조 내지 제692조)이기 때문에 구체적인 해임사유 존부 및 소명기회 부여 여부를 떠나 의결정족수만 충족하면 이미 신뢰관계가 파탄된 경우로 보고 해임의 적법성을 인정하고 있다. 다만 대상판결에서는 소명기회를 줘야 한다는 점에 관하여 아무런 규정이 없다고 하여 배

> 척하였는바 오히려 기존 법리 그대로 설시하였으면 더 깔끔하지 않았을까 생각된다.

채권자 주장

이 사건 창립총회는 다음과 같이 중대한 하자가 존재하므로 개최되어서는 아니 된다.

가. 절차적 하자

1) 소집권한 없는 자에 의한 소집

이 사건 조합규약에 의하면, 창립총회의 경우에는 채무자 추진위원회의 위원장 또는 그 직무를 대행하는 자가 소집할 수 있도록 규정하고 있는데, 채무자 C이 채무자 추진위원회의 위원장이 아니라는 점은 명백하고, 이 사건 해임 결의 등 또한 이미 사임서 등을 제출하여 더 이상 감사가 아니었던 채무자 C이 그 소집절차를 준수하지 아니한 채 추진위원회 회의를 소집한 후 결의대상이 될 수 없는 추진위원장의 해임안을 결의한 것일 뿐만 아니라, 직무대행자가 될 수 없는 감사 본인을 직무대행자로 선임하였던 것이어서 효력이 없으므로, 채무자 C을 채무자 추진위원회의 직무대행자라고 볼 수도 없으며, 채무자 C은 채권자가 2023. 2.

19. 적법하게 소집한 임시총회에서 해임되기도 하였으므로, 이 사건 창립총회는 소집권한 없는 자에 의하여 소집된 것이어서 위법하다.

2) 소집절차 위반

이 사건 조합규약에 의하면, 총회를 소집하는 경우 미리 이사회의 의결을 거쳐야 하고, 총회 개최 14일 전까지 회의목적 등을 공고하여야 하며, 조합원들에게 총회 개최 10일 전까지 총회의 소집을 통지하여야 하는데, 채무자 C은 이러한 소집절차를 위반한 채 이 사건 창립총회를 소집하였는바, 이 사건 창립총회는 소집절차를 위반하여 위법하다.

나. 실체적 하자

이 사건 창립총회의 안건 중 추진위원 임원 해임의 건(제5호) 및 홍보관 계약 연장의 건(제7호)은 그 사유 또는 필요성이 인정되지 아니하고, 주택법상 지역주택조합설립인가를 받기 위해서는 해당 주택건설대지 중 80% 이상을 충족하는 사용권원 및 15% 이상을 충족하는 소유권을 확보하여야 하는데, 현재 채무자 추진위원회는 해당 주택건설대지 중 약 10%를 충족하는 사용권원 밖에 확보하지 못하여서 추후 다시 창립총회를 개최하여야 하는 상황이므로, 이 사건 창립총회는 조합원들의 이해에 반하여 개최되어서는 아니 된다.

법원판단

1. 채무자 C에 대한 신청의 적법 여부에 관한 판단(총회개최금지가처분의 개인에 대한 청구의 적법여부)

임시의 지위를 정하기 위한 가처분은 그 가처분의 성질상 그 주장 자체에 의하여 다툼이 있는 권리관계에 관한 정당한 이익이 있는 자가 그 가처분의 신청을 할 수 있고, 그 경우 그 주장 자체에 의하여 신청인과 저촉되는 지위에 있는 자를 피신청인으로 하여야 하는바(대법원 1997. 7. 25. 선고 96다15916 판결 등 참조), **단체의 의사결정을 위한 총회의 개최 금지를 구하는 가처분은 그 의사결정을 하는 당사자인 단체 그 자체를 상대로 신청하여야 하고, 단체 구성원 개인에 대하여 한 신청은 그것이 인용되더라도 그 효력이 단체에 미치지 아니하므로 단체의 구성원 개인에게는 당사자적격을 인정할 수 없다.** 따라서 채권자의 이 사건 신청 중 채무자 추진위원회가 아닌 단체의 구성원인 채무자 C에 대하여 총회개최금지를 구하는 부분은 당사자적격이 없는 자에 대한 신청으로서 부적법하다.

2. 채무자 추진위원회에 대한 신청에 관한 판단

총회에 임박하여 결의의 금지 또는 개최 자체의 금지를 구하는 가처분의 경우, 하자 있는 총회결의에 대하여 그 효력이 없음을 주장하는 당사자는 본안소송에 의하여 그 결의의 효력을 다투는 것이 가능함은 물론 총회결의의 효력정지 등 가처분에 의한 사후적인 권리구제방법이 마련되어 있는 반면, 가처분으로 그 총회의 개최 자체를 금지당하는 상대방은 사실상 그 가처분결정에 대하여 불복할 수 있는 기회 자체를 잃을 수 있으므로, 총회개최금지 가처분을 발령하기 위해서는 그 총회의 개최가 위법함이 명백하고, 그로 인하여 또 다른 법률적 분쟁이 초래될 염려가 있는 등 그 피보전권리 및 보전의 필요성에 대한 고도의 소명이 필요하다.

가. 절차적 하자 여부에 관한 판단

1) 소집권자 위반 여부

이 사건 조합규약 부칙 제1조에는 '이 규약은 총회의 결의로 효력을 발생한다'고정하여져 있으나, 창립총회는 지역주택조합 설립 이전 단계에서 개최되는 것이므로, 위 부칙 제1조에도 불구하고 이 사건 조합규약 중 창립총회에 관한 조항은 이 사건 창립총회를 개최함에 있어서도 적용된다고 봄이 상당한바, 채무자 추진위원회의 창립총회를 소집할 권한은 채무자 추진위원회의 위원장 내지 그 직무대행자에게 있다(이 사건 조합규약 제22조 제2항).

따라서 채무자 C이 채무자 추진위원회의 직무대행자로서 이 사건 창립총회를 소집할 권한이 있는지 여부에 관하여 살피건대, 앞서 살펴본 소명사실과 기록 및 심문 전체의 취지를 종합하여 인정할 수 있는 다음과 같은 사실 내지 사정들을 종합하면, 채권자가 제출한 자료들만으로는 채무자 C이 이 사건 창립총회를 소집할 권한이 없음이 명백하다는 점을 소명하기에 부족하고, 달리 이를 소명할 자료가 없으므로, 채권자의 이 부분 주장은 받아들이지 아니한다.

① 이 사건 운영규정 제13조 제1항, 제2항에 의하면, 추진위원 과반수가 소집을 요청할 경우 감사가 추진위원회 회의를 소집할 수 있고, 긴급을 요하는 경우에는 개최 1주일 전에 소집통지를 할 필요도 없다는 취지로 정하여져 있는바, 채무자 추진위원회의 감사였던 채무자 C은 추진위원 4인 전원의 동의 내지 적어도 과반수의 동의를 얻어 2022. 12. 22. 17:00경 긴급 추진위원회 회의를 소집한 후 추진위원 3인이 출석한 가운데 만장일치로 이 사건 해임결의 등을 하였던 것으로 보이는바, 위와 같이 2022. 12. 22. 소집된 추진위원회 회의와 관련하여 소집 주체와 소집 절차를 위반한 절차상 하자가 있다고 보기 어렵다.

② 이 사건 해임결의 등이 위와 같이 긴급하게 이루어짐으로써 채권자는 소명기회를 부여받지 못하였던 것으로 보이나, 이 사건 운영규정에는 추진위원에 대한 해임 의결이나 직무정지의결시 그 대상자에게 소명기회를 부여하여야 한다는 등의 절차규정이 마련되어 있지 않으므로, 이 사건 해임결의 등 당시 채권자에게 소명기회가 부여되지 않았다 하더라도 그 절차에 명백한 하자가 있다고 보기 어렵다.

③ 채권자는, 이 사건 운영규정상 추진위원장의 해임절차가 규정되어 있지 아니하므로, 이 사건 조합규약 제20조의 규정을 적용 내지 유추적용하여 조합원의 총회를 거쳐야만 추진위원장을 해임할 수 있다는 취지로 주장하나, 이 사건 조합규약 부칙 제1조에는 '조합규약은 총회의 결의로 효력을 발생한다'고 정하여져 있으므로, 앞서 본 바와 같이 창립총회와 관련된 조항의 경우처럼 불가피한 경우가 아닌 한 이 사건 조합규약 제20조가 추진위원장의 해임절차에 적용 내지 유추적용 된다고 단정하기 어려운 점, 채권자와 채무자 C 또한 (가칭)B지역주택조합 가입신청자의 총회가 아닌 채무자 추진위원회의 결의를 통하여 선임되었던 것으로 보이는 점, 이 사건 운영규정 제14조에는 '추진위원회는 이 운영규정에서 따로 정하는 사항과 추진위원회 운영을 위하여 필요한 사항을 의결한다'고 정하여져 있고, 이 사건 운영규정 제11조에는 추진위원의 해임에 관하여도 규정하고 있는 점 등에 비추어 보면, 채무자 추진위원회의 추진위원장 또한 추진위원회의 결의를 통하여 해임할 수 있다고 봄이 타당하므로, 채권자의 위 주장은 이유 없다.

④ 채권자는, 채무자 C이 2022. 2. 18. 및 2022. 5. 7. (가칭)B지역주택조합 가입신청계약을 해지하였을 뿐만 아니라 2022. 12. 5. 감사직을 사임하였으므로, 추진위원장의 직무대행자가 될 수 없다거나 설령 채무자 C이 감사의 지위에 있었다고 하더라도 이 사건 조합규약 제20조 제4항 단서에 따르면 조합장이 해임된 때 감사가 임원의 직무를 수행할 자를 임시로 선임할 수 있다고 정하여져 있으므로, 감사는 본인을 제외한

나머지 임원 중에서만 추진위원장의 직무대행자를 선임할 수 있을 뿐이라는 취지로 주장하나,

㉠ 채무자 C은 2022. 2. 18. 채무자 추진위원회에 (가칭)B지역주택조합 가입신청계약 해지요청을 하였던 것으로는 보이나 환불금을 지급받지 못하자 2022. 5. 7. 다시 채무자 추진위원회로부터 65,000,000원을 반환받는 것을 조건으로 지역주택조합 가입신청자로서의 권리를 포기하겠다는 의사를 표시하였던 것으로 보이는데, 채무자 C이 채무자 추진위원회로부터 65,000,000원을 반환받지 못하였음은 당사자 사이에 다툼이 없는 점,

㉡ 채무자 C의 명의로 작성된 사임서(소갑 제4호증)가 존재하는 것으로 보이나, 채무자 C은 그 진정성립을 부인하고 있고, 위 사임서에는 채무자 C의 신분증 등도 첨부되어 있지 아니하며, 채무자 C이 그 진정성립을 인정하고 있는 다른 문서들(소갑 제6, 11호증)상 채무자 C의 서명과 위 사임서상의 서명은 육안으로도 확연히 구분되고, N이 작성한 사실확인서(소갑 제18호증)의 기재만으로는 위 사임서의 진정성립을 인정하기 어렵고, 달리 이를 인정할 자료가 없는 점,

㉢ 앞서 본 바와 같이 창립총회와 관련된 조항의 경우처럼 불가피한 경우가 아닌 한 이 사건 조합규약 제20조 제4항 단서가 추진위원장의 직무대행자를 선임함에 있어 적용 된다거나 유추적용 된다고 단정하기

어려운 점 등에 비추어 보면, 채권자의 위 주장은 이유 없다.

⑤ 채권자는, 채무자 C이 2023. 2. 19.자 총회에서 해임되었다는 취지로도 주장하나, 앞서 본 바와 같이 이 사건 해임결의 등을 무효라고 단정할 수 없는 이상 채권자에 의하여 소집된 위 총회에서 이루어진 결의의 효력 또한 유효하다고 단정할 수 없으므로, 채권자의 위 주장도 이유 없다.

2) 소집 절차 위반 여부

사단법인이나 비법인사단의 총회 개최에 일정의 유예기간을 두고 소집통지를 하도록 규정한 취지는 그 구성원의 토의권과 결의권의 행사를 보장하기 위한 것이므로, 회원에 대한 소집통지 지연 일수가 적고 회원들이 사전에 회의의 목적사항을 알고 있는 등의 사정이 있었다면 회원의 토의권 및 결의권의 적정한 행사는 방해되지 아니한 것이므로 이러한 경우에는 그 총회결의는 유효하다고 보아야 한다(대법원 1995. 11. 7. 선고 94다24794 판결 참조).

위와 같은 법리에 비추어 이 사건에 관하여 보건대, 채권자가 2022. 12. 12. 채무자 추진위원회의 회의를 소집하여 추진위원 전원과 채무자 C이 참석한 가운데 조합설립인가를 위한 창립총회를 개최하기로 하는 안건을 가결하였음은 앞서 본 바와 같아 채무자 추진위원회의 창립총회가 조만간 개최될 것이 예정되어 있었던 것으로 보이므로, 채무자 C이 이 사건 창립총회를 소집함에 있어 이 사건 조합규약 제22조 제6항이 정하고 있는 '이사회의 의결' 요건을 명백하게 위반하였다고 단정하기 어렵고, 채무자 C이 총회 개최 14일 전까지 회의목적 등을 공고하여야 하며, (가칭)B지역주택조합 가입신청자들에게 총회 개최 10일 전까지 총회의 소집을 통지하여야 한다는 취지로 정하여져 있는 이 사건 조합규약 제22조 제7항을 엄격하게 준수하지 못하였다고 하더라도 그러한 사정만으로는 이 사건 창립총회의 소집 절차에 하자가 있다고 보기는 어려우며, 설령 하자가 있다고 보더라도 그 하자가 중대하여 이 사건 창립총회가 허용되어서는 안 될 정도에 이르렀다고 보기는 더욱 어렵다. 따라서 채권자의 이 부분 주장은 받아들이지 아니한다.

나. 실체적 하자 여부에 관한 판단

채권자가 주장하는 사정들 및 제출된 소명자료들만으로는 이 사건 창립총회에 실체적 하자가 있다고 소명하기에는 부족하고, 달리 이를 소명할 자료가 없으며, 설령 하자가 있다고 보더라도 그 하자가 중대하여 이 사건 창립총회가 허용되어서는 안 될 정도에 이르렀다고 보기는 어렵다. 따라서 채권자의 이 부분 주장도 받아들이지 아니한다.

다. 소결론

채권자의 채무자 추진위원회에 대한 신청은 그 피보전권리 및 보전의 필요성이 충분히 소명되었다고 보기 어렵다.

[지역주택조합/ 해임총회/ 해임규정의 원용] 지역주택조합에서는 도시정비법의 조합장 해임규정을 원용할 수 없다(인천지방법원 부천지원 2024카합10273 직무집행정지가처분)

> **판례 해설**
>
> 대상판결은 지역주택조합은 도시정비법의 적용을 받지 않기 때문에, 조합장 변경에 있어서 가중요건을 규정하고 있더라도 이를 무효라고 볼 수 없고, 결국 이와 같은 가중요건을 충족하지 못한 조합장 해임총회 의결을 무효라고 판단하였다.
>
> 생각건대, 재건축·재개발 조합과 지역주택조합은 사업의 방식 등에 있어서 다를 뿐, 근본적으로 조합장과 조합원 간의 관계가 위임관계인 점은 동일하다. 단지 도시정비법에서는 이러한 위임관계의 성질을 고려하여 조합임원 해임에 관한 특별규정을 둔 것이고, 주택법은 관련 부분에 대한 입법 미비에 불과할 뿐이므로 이러한 점을 고려한다면 조합원 3분의 2 이상 출석과 출석 조합원 3분의 2 이상의 동의를 요구하는 조합규약이 과연 타당한지 지극히 의문이다.

채권자 주장

채권자들은, **이 사건 규약변경결의에 따라 이 사건 조합규약 제24조 제2항의 정족수 요건이 완화되었고, 이 사건 임시총회에서 위 변경규약에 따른 의결정족수를 충족하여 채무자에 대한 해임결의가 있었으므로 채무자는 이 사건 임시총회에서 적법하게 해임**되었고, 설령 이 사건 조합규약에 의하더라도 제24조 제1항이 적용되어 적법하게 해임결의 되었으며, 채무자는 주택법 위반으로 고발되어 조합장 자격을 정지하여야 함에도 계속하여 조합장이라고 주장하며 이 사건 조합업무를 수행하려 하고 있으므로 신청취지와 같은 가처분을 구한다.

법원판단

가. 관련법리

재건축정비사업조합의 정관 변경은 최고의사결정기관인 총회의 결의에서 결정된 후 감독청의 인가를 받아야 하는데(도시 및 주거환경정비법 제40조 제3항), **여기서 정관의 내용 형성은 기본행위인 총회결의에서 이루어지고, 감독청의 인가는 기본행위인 총회결의의 효력을 완성시키는 보충행위일 뿐**이다.

<u>따라서 '조합임원의 권리·의무', '임원의 업무의 분담 및 대행' 등 조합</u>

정관으로 규정해야 할 사항에 관한 재건축정비사업조합 총회 결의가 정관 변경의 요건을 완전히 갖추지 못했다면 형식적으로 정관이 변경된 것은 아니지만, 총회결의로서 유효하게 성립하여 정관 변경을 위한 실질적인 의결정족수를 갖추고 있다면 적어도 조합 내부적으로 업무집행기관을 구속하는 규범으로서의 효력은 가진다고 보아야 한다(대법원 2018. 3. 13. 선고 2016두35281 판결 등 참조).

또한 주택건설촉진법 제44조 제1항의 규정에 의하면, 주택조합을 구성하여 그 구성원의 주택을 건설하고자 할 때 관할 시장 등의 인가를 받아야 하고, 인가받은 내용을 변경하거나 주택조합을 해산하고자 할 때에도 마찬가지로 인가를 받아야 한다. 여기서 **관할 시장 등의 인가행위는 그 대상이 되는 기본행위를 보충하여 법률상 효력을 완성시키는 보충행위로서, 이러한 인가의 유무에 따라 기본행위의 효력이 문제되는 것은 주택건설촉진법과 관련한 공법상의 관계에서이지 주택조합과 조합원 또는 조합원들 사이의 내부적인 사법관계에까지 영향을 미치는 것은 아니다**(대법원 2010. 1. 28. 선고 2008다90347 판결).

나. 판단

1) 채무자에 대한 해임결의에 관한 판단

이 사건 규약변경결의가 있었던 사실은 앞서 본 바와 같고, 앞서 본 법리에 의하면 김포시장의 인가를 받지 아니하였다 하더라도, 이 사건 조합의 내부적인 사법관계에서 효력이 없다고 볼 수는 없다.

그런데, 채권자들의 주장과 같이 이 사건 규약변경결의에 따라 이 사건 조합의 규약 제24조 제2항의 정족수 요건이 완화되었는지에 관하여 살피건대, 기록 및 심문 전체의 취지에 의하여 인정되는 다음의 사정, **즉 위 결의가 이루어진 배경은 주택법 시행령 제20조 제4항에 따른 것으로, 기존에는 재적조합원 2/3 이상의 출석과 출석 조합원 2/3 이상의 찬성으로 의결하였는데, 주택법시행령 제20조 제4항에 따라 총회의 의결을 하는 경우 100분의 10 이상 출석, 창립총회 또는 국토교통부령으로 정하는 사항을 의결하는 경우 100분의 20 이상 출석 하는 것으로 변경한다**는 것으로, 별지 2와 같은 제안사유에는 주택법시행령과 같은 내용으로 '직접 출석' 요건을 추가하겠다는 내용만 기재되어 있을 뿐 명시적인 새로운 정관이 기재되어 있지 아니한 점, 제출된 자료만으로는 이 사건 규약변경결의가 채권자들의 주장과 같이 기존 의사정족수 및 의결정족수를 완화한다는 내용의 결의라고 선뜻 단정할 수 없는 점, 이 사건 규약변경결의가 감독청의 인가를 받지 못한 점 등을 종합하여 보면, 현재까지 제출된 자료만으로는 채권자들의 주장과 같이 이 사건 조합규약 제24조 제2항의 정족수 요건이 완화되었다고 보기 어렵다.

따라서 이 사건 임시총회에는 이 사건 변경규약이 아닌 이 사건 조합규약이 적용되어야 하며, 채무자에 대한 해임결의가 이 사건 조합규약

제24조 제2항의 정족수에 미달함은 계산상 명백하므로, 채무자에 대한 해임결의는 중대한 절차상 하자가 있어 무효이다.

이에 대하여 채권자들은 이 사건 조합규약이 적용되더라도 조합장의 해임은 제24조 제2항의 '조합장 변경 등 중대한 사항'이 아니라 '조합임원의 선임 및 해임'에 해당하므로 제24조 제1항이 적용되어야 한다고 주장하거나, 정관에서 가중요건을 규정하더라도 도시정비법 제23조 제4항에 위배되어 적용될 수 없으므로 제24조 제1항을 적용하여야 한다고 주장하나, 이 사건 조합규약은 조합임원 중 조합장에 대한 사항을 제24조 제2항에 별도로 규정한 것으로 보이며, 이 사건 조합은 주택법에 의하여 설립된 지역주택조합이므로 이와 다른 전제에 선 채권자들의 주장은 받아들이지 아니한다.

2) 그 외 직무정지 사유 주장에 관한 판단

채권자들은 채무자가 이 사건 조합의 재산을 횡령하고, 업무상 배임 행위를 하고 있으며, 주택법 위반을 하여 2024. 11. 29.경 구약식 처분을 받았으므로 조합장 직무를 정지하여야 한다고 주장하나, 채무자는 2024. 10. 10. 경기김포경찰서부터 업무상 횡령, 업무상 배임, 주택법위반, 사문서 위조 및 동행사로 고소된 부분에 관하여 혐의 없음의 불송치 처분을 받은 것으로 보이며, 채권자들이 제출한 자료들만으로는 이 사건 조합의 이사회 결의에 앞서 채무자의 직무를 정지하여야 할 필요성이 있다고 단정하기 어렵다. 따라서 이 부분 채권자들의 주장도 받아들이지 아니한다.

3) 보전의 필요성에 관한 판단

채권자들이 제출한 자료들만으로는 채무자가 이 사건 조합의 조합장 지위를 유지함으로 인하여 채권자들 또는 이 사건 조합에 회복하기 어려운 손해가 발생하리라는 사정에 관하여 고도의 소명이 있다고 보기 어려우므로 이 사건 신청은 보전의 필요성에 대한 소명 또한 부족하다.

4) 결국 이 사건 신청은 피보전권리 및 보전의 필요성이 충분히 소명되었다고 보기 어렵다.

[지역주택조합/ 해임총회] 해임청구권은 법령의 규정이 있어야만 비로소 청구할 수 있고 그렇지 않을 경우 해임의 요구는 총회에서 해임의결을 해야만 가능하다(광주지방법원 2021카합166 조합장직무집행정지및직무대행자선임가처분)

판례 해설

조합의 임원이 조합업무에 관하여 위법행위 및 정관 위배행위 등을 하였다는 이유로 그 해임을 청구하는 소송은 형성의 소에 해당하므로 명문의 규정이 있는 경우에 한하여 허용된다.

그러므로 단순히 해임의 가능성이 있는 것으로는 해임청구를 할 수 없고, 결국 당사자는 해임총회 의결을 거쳐야만 비로소 해임을 요구할 수 있다.

다만, 조합임원의 자격 요건을 법에서 요구하고 있고 그 자격요건을 결여할 경우 예외적으로 직무정지가처분을 신청할 수 있을 뿐이다.

대상판결은 이와 같은 법리를 구체적으로 설시하면서, 왜 해임총회 의결을 거쳐야만 비로소 해임을 요구할 수 있는지 구체적인 근거를 제시하며 매우 상세하게 설명한 사안으로 형성의 소 등에 대하여 이해하는데 도움이 되는 판결이다.

법원판단

가. 관련 법리

일반적으로 임시의 지위를 정하기 위한 가처분은 다툼 있는 권리관계에 관하여 본안소송에서 확정될 때까지 사이에 생길 수 있는 현저한 손해를 피하거나 급박한 위험을 막기 위하여, 또는 그 밖의 필요한 이유가 있는 때에 한하여 허용되는 응급적·잠정적 처분이고, 나아가 그러한 가처분으로 본안판결에 기한 강제집행에 의하여 이행된 것과 같이 종국적인 만족을 가져오는 것으로 그 결과가 중대하므로, 피보전권리 및 보전의 필요성에 대한 고도의 소명이 요구된다.

<u>법률관계의 변경·형성을 목적으로 하는 형성의 소는 법률에 명문의 규정이 있는 경우에 한하여 제기할 수 있다. 단체의 대표자 등에 대하여 그 해임을 청구하는 소는 형성의 소에 해당하고, 이를 허용하는 법적 근거가 없는 경우 대표자 등에 대하여 직무집행정지와 직무대행자선임을 구하는 가처분 신청은 가처분에 의하여 보전될 권리관계가 존재한다고 볼 수 없어 허용되지 않는다</u>(대법원 1997. 10. 27.자 97마2269 결정, 대법원 2001. 1. 16. 선고 2000다45020 판결 등 참조).

나. 구체적 판단

1) 위 법리에 비추어 살피건대, **조합의 임원이 조합업무에 관하여 위법행위 및 정관 위배행위 등을 하였다는 이유로 그 해임을 청구하는 소송은 형성의 소에 해당하므로 명문의 규정이 있는 경우에 한하여 허용**된다. 그런데 이 사건 조합의 설립 근거인 주택법이나 민법 등에는 대표자의 해임에 관한 규정이 존재하지 않는바, 조합원인 채권자에게는 조합장인 채무자에 대한 해임을 청구할 법률상 근거가 없으므로 채권자들이 주장하는 사유의 존재 여부와 상관없이 해임청구권을 피보전권리로 하여 채무자에 대한 직무집행정지가처분을 신청하는 것은 허용되지 않는다. 그리고 채권자의 직무집행정지가처분 신청을 받아들이지 아니하는 이상 채무자의 직무집행을 전제로 한 직무대행자 선임 신청 부분은 더 나아가 살펴볼 필요 없이 받아들이지 않는다.

2) 이에 대하여 채권자는 채무자에게 제1 내지 4 주장과 같은 해임사유가 있고, 장래의 해임의결권에 기한 조합장 직무집행정지가처분의 경우 조합장이 중대한 법률 또는 정관 위반을 하여 조합장으로 하여금 계속해서 직무를 수행하게 할 경우 조합에 현저한 손해를 끼칠 개연성이 있고, 상당수의 조합원들이 조합장의 해임을 원하고 있어 조합장에 대한 해임의결이 가능한 것으로 보이며, 그럼에도 불구하고 조합장의 해임을 위한 절차의 진행이 원만하게 진행되지 아니하거나 그러할 가능성이 있다면, 조합장에 대한 해임의결 전이라도 위와 같은 급박한 사태를 해결하기 위한 잠정적인 조치로서 조합장에 대한 직무집행의 정지 및 직무대행자 선임이 가능하다고 주장한다. 그러나 이러한 채권자의 주장은 아래와 같은 이유에서 받아들이기 어렵다.

가) <u>해임의결권은 단체의 조직 내에서 조직 자체의 의사결정으로 임원을 해임하는 것을 말하는 것으로 그 해임 여부는 단체의 의사결정에 따르는 것이며 법원은 해임결의의 효력 유무만 판단</u>할 수 있고, <u>민사 구제방법으로서의 가처분은 본안소송을 전제로 장래의 집행을 보전하거나 현재의 급박한 손해·위험을 피하기 위한 것이므로 현실적인 구제의 필요성이 있다고 하더라도 본안소송이 전제되지 아니하는 가처분을 임의로 허용할 수는 없다고 할 것이다. 따라서 이 사건과 같이 해임의결이 이루어지지 아니한 상태에서 장래의 해임의결권을 보전하기 위하여 직무집행정지를 구하는 것은 특별한 경우가 아닌 한 인정될 수 없다.</u>

나) 채권자는 주택법 제12조 제3항에 따라 조합원 명부를 확보한 뒤 이 사건 조합 규약 제24조에 따라 채무자의 해임을 위한 임시총회의 소집을 요구하여 그 임시총회에서 채무자의 해임을 결의하는 등의 방법으로 채무자의 직무집행을 배제할 수 있고, 달리 채무자가 임시총회 소집을 거부하였다고 볼 만한 사정은 엿보이지 않는다.

다) 채권자는 서울고등법원 판결(2020라20953호)을 들면서, 채무자는 주택법 제13조 제1항 제7호 및 이 사건 조합 규약 제19조 제1항 제7호를 실질적으로 위반하였으므로 조합장으로서 자격이 없다고 주장한다. 기록에 의하면, 주택법 제13조 제1항 7호 및 이 사건 조합 규약 제19조 제7호는 '해당 주택조합의 공동사업주체인 등록사업자 또는 업무대행사의 임직원은 주택조합의 발기인 또는 임원이 될 수 없고, 주택조합의 임원이 이에 해당하는 경우 그는 당연히 퇴직한다'고 규정하고 있고 채권자가 이 사건 업무대행사의 대표인 G의 고모부인 사실은 앞서 본 바와 같다. 여기에 기록 및 심문 전체의 취지에 의하여 소명되는 다음의 사정,

즉 ① 이 사건 업무대행계약에는 오피스텔에 관한 업무대행수수료를 지급하기로 하는 내용이 없음에도 채무자는 2021. 5. 18. I에 오피스텔에 관한 업무대행비 명목으로 13억 2,000만 원의 인출을 요청하여 동액 상당이 이 사건 업무대행사에 지급된 것으로 보이는 점, 이 사건 업무대행사가 오피스텔에 관한 분양업무를 대행하였다고 볼 만한 자료

가 없는 점, 채무자는 비상대책위원회에서 이에 관하여 문제를 제기하자 2021. 11. 1. 총회를 개최하여 사업계획승인 사업비 변경의 건(제1호 안건)을 상정하고 그에 관한 결의를 득하였는데, 채무자의 주장에 따르면 위 결의는 오피스텔에 관한 업무대행수수료를 포함하여 업무대행수수료를 총 65억 원으로 상향하기로 하는 결의라는 것이나 위 총회는 전자투표 방식으로 진행되었고, 총회 안내서에는 오피스텔에 관한 업무대행수수료를 조합원이 부담키로 한다는 내용이 적시되어 있지 않고 달리 조합원들이 관련 내용을 충분히 인지한 상태에서 결의를 한 것이라고 볼 만한 자료가 없는 점,

② 이 사건 조합이 분양을 위한 모델하우스를 건축하기 위하여 2018. 7. 25. 임차한 광주 서구 J 소재 토지 및 그 후 신축된 지상 모델하우스를 2019. 2. 26.경부터 이 사건 업무대행사가 다른 사업에 이용하고 있고, 이 사건 조합은 2021년경 주식회사 K과 사이에 이 사건 사업의 모델하우스로 사용할 건물(광주 서구 L 소재)을 임대차기간 2020. 11. 6.부터 2021. 7. 5.까지, 임대료4억 원(선납)으로 정하여 임차하는 내용의 임대차계약을 별도로 체결한 점 등에 비추어 보면 채무자가 이 사건 조합의 임원으로 재직하면서 조카가 대표이사로 있는 이 사건 업무대행사에 금전적인 혜택을 준 것으로 보인다.

그러나 기록 및 앞서 본 주택법 및 이 사건 조합 규약의 내용에 따르면, 채무자가 이 사건 업무대행사의 임직원이 아님은 문언상 명백하고,

위와 같은 사정들만으로는 이 사건 업무대행사의 대표인 G이 위 주택법과 규약의 취지를 잠탈하여 자신과 동일시되는 특수관계인인 채무자를 조합장으로 선출되도록 하여 이 사건 사업을 실질적으로 시행하고 있다고 단정하기 어려운바, 현재까지 제출된 자료만으로는 이 사건 조합 총회에서 채무자를 조합장으로 선출한 결의가 무효라거나 채무자에게 당연 퇴직 사유가 있다고 볼 수 없다.

라) 그 밖에 채권자의 주장 및 제출된 자료만으로는 2021. 11. 1.자 총회의 전자투표가 주택법 시행령 제20조 제5항에 해당하지 아니하여 법적 근거가 없는 것이라거나 위 총회에 조합원 본인인증 절차상 하자가 있다는 점을 소명할 자료가 없다.

[지역주택조합/ 해임총회/ 기소가능성과 직무집행정지] 수사가 진행되어 기소가 예상된다는 이유만으로 조합장의 직무를 정지할 수 없고 조합규약에 부합하는 명확한 사유가 발생하여야 한다(인천지방법원 부천지원 2023카합10094 조합장직무집행정지가처분)

> **판례 해설**
>
> 대상판결은 조합규약에 기소된 이후 확정시까지 그 직무를 정지한다고 규정되어 있을 뿐이라면 기소가 충분히 예상된다는 이유만으로 직무정지를 구할 수 없다고 판시하였다.

채권자 주장

이 사건 조합 규약 제18조 제2항에 따라 직무와 관련한 형사사건으로 기소될 경우 확정판결이 있을 때까지 이사회 의결에 따라 직무수행자격을 정지시킬 수 있고, 그 사건으로 금고 이상의 형의 선고를 받은 임원은 그 날부터 자격을 상실하는데, 채무자는 주택법 제12조 제3항 위반 혐의로 수사기관에 고발되어 수사가 계속 중이어서 곧 형사처벌이 예상되므로, 조합원인 채권자들로서는 위 규약에 의한 자격정지 혹은 자격상실 사유 발생에 따른 채무자의 조합장직무집행정지를 구할 피보전권리가 있고, 계속하여 채무자가 조합원의 열람·등사 요청을 거부하고 있어 보전의 필요성도 있으므로 신청취지와 같은 가처분을 구한다.

법원판단[조합장의 자격정지 및 자격상실에 대한 조합원의 권리 주장에 관한 판단]

기록에 의하면, 이 사건 조합 규약 제18조 제2항은 '임원으로 선임된 자가 그 직무와 관련한 형사사건으로 기소될 경우 확정판결이 있을 때까지 이사회 의결에 따라 직무수행자격을 정지시킬 수 있으며, 그 사건으로 금고 이상의 형의 선고를 받은 임원은 그날부터 자격을 상실한다.'고 규정하고 있다. 그런데 채무자기 주택법위반으로 고발되었으나 아직 기소되지는 않은 사실은 앞서 본 바와 같다. 따라서 이 부분 피보전권리에 대한 소명이 부족하다.

[지역주택조합/ 총회결의 효력정지가처분/ 당사자 적격] 임원 선임 또는 해임을 위한 총회의 효력 정지를 구하는 가처분의 상대방(광주지방법원 2021가합61401 총회결의무효확인청구의소)

> **판례 해설**
>
> 지역주택조합 추진위원회의 임원선임결의는 추진위원회의 의사결정으로서 그로 인한 법률관계의 주체는 추진위원회이므로 추진위원회를 상대로 하여 임원선임결의의 존부나 효력 유무의 확인판결을 받아야만 그 결의로 인한 원고의 권리 또는 법률상 지위에 대한 위험이나 불안을 유효적절하게 제거할 수 있게 되는 것이다.
>
> 따라서 결의의 효력을 다툼에 있어서 그 권한을 가진 추진위원회가 아닌 아무런 권한을 가지지 않은 개인을 상대로 효력을 유무를 다투는 것은 확인의 이익이 없어 부적법할 수 밖에 없다.

법원판단

1) 이 사건 소 중 원고의 피고 B, C, D, E, F, G(이하 이 항에서 '피고 B 등'이라 한다)에 대한 부분

지역주택조합 추진위원회의 임원선임결의는 추진위원회의 의사결정으로서 그로 인한 법률관계의 주체는 추진위원회이므로 추진위원회를 상대로 하여 임원선임결의의 존부나 효력 유무의 확인판결을 받음으

써만 그 결의로 인한 원고의 권리 또는 법률상 지위에 대한 위험이나 불안을 유효적절하게 제거할 수 있는 것이고, 추진위원회가 아닌 임원 개인을 상대로 한 확인판결은 추진위원회에 그 효력이 미치지 아니하여 즉시확정의 이익이 없으므로 그러한 확인판결을 구하는 소송은 부적법하다. 이와 같은 법리는 추진위원회를 상대로 임원선임결의의 존부나 효력 유무의 확인판결을 구하면서 아울러 임원 개인을 피고로 하여 임원 지위의 부존재 확인판결 등을 구하는 경우에도 동일하게 적용된다(대법원 2010. 10. 28. 선고 2010다30676, 30683 판결 취지 참조).

살피건대, 원고는 피고 B 등을 피고로 하여 이 사건 결의의 무효확인 내지 취소를 구함과 동시에 아울러 이 사건 결의에 의하여 선임된 위 피고들의 임원 지위의 부존재확인을 구하고 있는바, 위 법리에 비추어 보면 위 피고들을 상대로 한 이 사건 결의의 무효확인청구(주위적 청구 부분) 및 취소청구(예비적 청구 부분)는 즉시확정의 이익이 없고, 또한 이 사건 결의의 효력에 따라 위 피고들이 임원 지위에 있는지 여부가 결정되므로 원고로서는 피고 추진위를 상대로 하여 이 사건 결의의 무효확인을 구하는 것 외에 별도로 피고 B 등을 피고로 하여 그 임원들의 지위의 존부에 관한 확인을 구할 이익도 없다.

따라서 이 사건 소 중 원고의 피고 B 등에 대한 부분에 대한 주위적, 예비적 청구 부분은 모두 확인의 이익이 없어 부적법하다.

[지역주택조합/ 소수조합원의 소집권한/ 소집요구/ 법원 허가 결정] 지역주택조합에서 소수조합원이 소집권한을 갖기 위해서는 안건을 특정하여 소집동의를 받고 조합장에게 소집요구를 먼저 하여야 한다(부산지방법원 2017비합200007 임시총회소집허가)

> **판례 해설**
>
> 주택법의 적용을 받는 지역주택조합은 도시정비법에서의 재건축·재개발조합과 다르게 조합임원 해임과 관련된 특별규정이 없기 때문에 소수사원의 소집에 관한 민법 등의 일반 법리에 따라 진행될 수 밖에 없고, 결국 조합원 5분의 1 이상이 소집요구를 하고 조합장이 소집거부를 한 후, 법원 허가 절차를 통하여만 비로소 총회 소집을 할 수 있다.
>
> 대상판결은 사실 소수조합원의 이익에 부합하여 결정을 내어주려고 한 상황이 보인다. 그러나 해당 조합의 조합원들은 안건도 구체적으로 특정되어있지 않은 상태에서 소집요구를 하였는바, 지역주택조합의 경우 가급적이면 소집동의서 징구 및 조합장에 대한 소집요구를 할 때 안건을 명확히 하여야 하고 이러한 절차를 모두 거쳤음에도 불구하고 조합장이 정관에서 요구하는 기간 내에 소집을 하지 않은 경우에 법원허가 신청 절차에 들어가야 한다.

신청인의 주장

신청인이 정관 제22조 제4항에 따라 D에게 임시총회의 소집을 요구하였음에도 D는 현재까지 임시총회를 소집하지 않고 있다. 따라서 정관

제22조 제5항에 따라 이 사건 신청취지와 같은 임시총회 소집허가를 구한다.

법원판단

살피건대, 앞서 인정한 사실과 심문 전체의 취지를 종합하여 인정할 수 있는 다음과 같은 사정들에 비추어 보면, 이 사건 임시총회 소집허가를 위한 요건이 갖추어졌다고 봄이 상당하다.

가. 정관 제22조 제4항 제2호는 감사 전원이 "안건을 명시하여" (조합장에게) 서면에 의한 임시총회의 소집요구를 한 때 임시총회를 개최할 수 있도록 정하고 있다.

나. 신청인이 2017. 6. 19. D에게 발송한 임시총회 소집 요청서에는 이 사건 신청취지에서 구하는 "조합장 해임"에 관한 안건이 명시되어 있지는 않고, 다만 **"회계감사 보고와 그에 따른 관련 책임자 책임소재 파악"을 안건**으로 명시하고 있다.

다. 그러나 한편, <u>D가 신청인에게 임시총회 소집요청서 상의 안건을 구체적으로 명시해 달라는 통지를 하자, 신청인은 D에게 임시총회를 소집하기 위한 이사회에서의 안건을 조합장의 해임건으로 한다고 서면으로 통지하였고, 사건본인은 이사회를 소집하여 "조합장 해임"을 안건으</u>

로 임시총회를 개최하기로 의결하였으며, 여기에는 조합장인 D도 참석하여 그 내용을 알고 있었다.

라. 이러한 사정에다가 정관 제22조 제6항이 감사의 신청에 따른 임시총회를 개최하는 경우 총회의 목적·안건·일시·장소 등에 관하여 미리 이사회의 의결을 거쳐야 한다고 정하는 것은 임시총회 소집이 감사의 자의에 의해 빈번히 개최되는 것을 방지함과 아울러 조합장에게 임시총회의 목적, 안건 등에 대해 명확히 알리는 데 그 취지가 있다는 점을 고려하면, 비록 임시총회 소집요청서를 발송할 당시에는 안건이 구체적으로 기재되어 있지 않았더라도, 그로부터 얼마 후 이사회를 개최하여 임시총회의 일시, 안건 등에 대해 결의하고, 조합장도 이러한 사실을 알고 있었다면, 그때부터 정관이 정한 임시총회 소집요청에 관한 요건을 갖추었다고 봄이 상당하다.

마. 사건본인은 D가 신청인으로부터 임시총회 소집요청을 받고 장소를 예약하는 등 총회소집 요구에 응하였다는 취지로 주장한다. 그러나 감사의 임시총회 소집요구가 있을 경우 조합장은 7일 이내에 임시총회 소집요구에 응해야 하는데(정관 제22조 제5항), D가 강당 사용허가신청서를 작성한 것은 이사회 결의가 있는 날로부터 7일이 경과한 시점이자 이 사건 가처분 신청서가 접수된 후인 2017. 7. 20.이고, 그 밖에 D가 정관이 정한 기간 내에 임시총회 소집요구에 응하였음을 인정할 자료가 없다. 따라서 사건본인의 주장은 이유 없다.

[지역주택조합/ 임원전원해임 안건의 적법여부] 임원 개개인이 아니라 전원에 대한 해임안건 상정이 적법한지 여부(인천지방법원 2019가합56479 임시총회결의무효)

> **판례해설**
>
> 도시정비법상 이사 전원에 대한 해임을 진행할 경우 각각의 안건을 구별해서 상정해야 한다(서울서부지방법원 2009카합1020 총회개최금지가처분신청). 그 이유는 조합원이 전원에 대한 해임에 찬성 또는 반대할 수도 있지만, 특정 임원만에 대한 해임 또는 반대의 의사표시를 하기 원하는 경우 그 선택권이 박탈될 수 있기 때문이다.
>
> 지역주택조합사건 역시 조합원과 조합임원과의 관계이기 때문에 적용법률이 다르다고 하더라도 기본적으로 해당 법리가 그대로 원용되어야 하지만, 대상판결은 이와 달리 판단하였다. 즉 조합임원 전원에 대하여 안건을 구분하지 않다고 하더라도 부적법하다고 보지 않았던 것이다.
>
> 그러나 조합원 개개인마다 그 의사가 분명히 다를 수 있는바 조합원들의 의사를 애초부터 박탈하는 것으로 이는 부적법한 판결로 보인다.

법원판단[의결안건의 위법 여부]

살피건대, 갑 제3호증, 을 제6, 8호증의 각 기재에 의하면, **이 사건 임시총회에서 2호 안건을 상정함에 있어 대상 임원 전원의 해임에 대하여**

일괄로만 찬성과 반대를 투표할 수 있도록 되어있는 사실을 인정할 수 있다. 그러나 앞서 든 증거들에 변론 전체의 취지를 더하여 인정되는 다음과 같은 사정들, 즉 ① 피고와 같은 비법인사단의 경우 원칙적으로 정관과 법령에 위배되지 않는 한 결의의 자유가 인정되는데, 이 사건 규약 내지 법령에서 임원의 일괄해임 안건 상정을 금지하고 있다고 볼 만한 자료는 없는 점, ② 이 사건 규약에 임원의 해임사유가 법정되어 있지는 않은 것으로 보이는 점, ③ 피고는 이 사건 임시총회에 조합장 I과 나머지 임원들의 해임을 안건으로 상정하면서, 결격사유·자격상실사유가 있는 I에 대한 해임의 건과 나머지 임원에 대한 해임의 건을 구분하여 상정하였던 점(I을 제외한 나머지 임원들에 대한 해임의 제안사유는 모두 동일하다), ④ 이 사건 규약에 의하면, 총회의 안건은 원칙적으로 사전 통지된 안건만 의결할 수 있으나 예외적으로 총회 당일에도 일정한 요건과 절차를 거쳐 안건을 추가할 수 있는 점(제24조 제8항), ⑤ 위 안건은 결과적으로 출석 조합원 중 95% 이상의 찬성으로 의결되었던 점 등을 종합하면, 임원들 전부에 대하여 일괄로만 해임을 찬성 또는 반대하는지 투표하도록 하였다는 사정만으로는, 조합원들의 의결권과 투표의 권리가 현저히 침해되었다거나, 그로 인하여 결의결과에 영향을 미치는 등으로 해임 대상 임원들의 지위를 중대하게 침해하였다고 보기는 어렵다 하겠다. 원고들의 이 부분 주장 역시 받아들일 수 없다.

[지역주택조합/ 서면결의서/직접 출석] 주택법 시행령 제20조 제4항 단서에서 조합원의 직접 출석하여야 한다는 의미는 총회 직접 출석하여 의결권을 행

사한 경우 외에 서면결의서로 출석한 경우까지 포함한다고 해석할 수 있다(부산고등법원 (창원) 2019나12124 조합총회결의무효확인)

> **판례 해설**
>
> 주택법 시행령 제20조 제4항 단서의 해석과 관련된 판결이다. 본 조항은 "창립총회 및 국토교통부령으로 정하는 사항을 의결하는 총회의 경우 조합원의 100분의 20 이상이 직접 출석하여야 한다"고 규정되어 있는바 여기에서 원고 및 원심은 직접 출석의 의미를 현장 출석으로 보았다.
>
> 이에 대상판결은 직접 출석이라고 하더라도 총회에 직접 출석하여 의결권을 행사한 경우뿐만 아니라 **서면결의서를 제출하고 총회에 참석한 경우도 포함된다**고 해석함이 상당하다고 판시하였다.
>
> 그러나 지역주택조합 역시 도정법상의 조합과 유사한바 조합임원 해임총회를 제외한 일반총회에서 일정수의 직접 출석을 요구하는 도정법상 조합 법리를 고려한다면 상급심에서 대상판결의 결과가 달라질 수 있을 것이 예상된다.

원고의 주장

주택법 제11조 제7항, 주택법 시행령 제20조 제1항 제1호 가목 3), 제2항 제9호, 제3항, 제4항, 구 주택법 시행규칙(2019. 5. 31. 국토교통부령 제652호로 일부 개정되기 전의 것, 이하 '구 주택법 시행규칙'이라 한다)

제7조 제5항에 의하면, 조합규약의 변경 등 구 주택법 시행규칙 제7조 제5항 각 호에 해당하는 사안은 조합원 100분의 20 이상이 직접 출석하여 의결을 하여야 함에도, 이 사건 임시총회 결의 중 별지1 기재 제2 내지 7호 안건은 위 직접 출석의 요건을 갖추지 못하는바, 위 결의는 위 관련 법령에 반하여 효력이 없다(이하 '원고의 제1주장'이라 한다).

법원판단(원고의 제1주장에 관한 판단)

주택법 시행령 제20조 제4항 단서는 '**창립총회 및 국토교통부령으로 정하는 사항을 의결하는 총회의 경우 조합원의 100분의 20 이상이 직접 출석하여야 한다**'고 규정하고 있는데 위 조항은 '출석'의 요건만을 규정할 뿐 '결의'의 요건을 규정하고 있지 않으므로, 위 '**직접 출석**'에는 총회에 출석하여 의결권을 행사한 경우 뿐만 아니라, 서면결의서를 제출하고 총회에 참석한 경우도 포함된다고 해석함이 타당하다.

이 사건에서 을 제1, 2호증의 각 기재 및 변론 전체의 취지에 의하면, 이 사건 임시 총회 당시 전체 조합원 450명 중 116명(서면결의서 제출 후 참석한 55명 포함)이 직접 출석함으로써 조합원의 약 25.7%가 이 사건 임시총회에 참석한 사실이 인정되므로, 이 사건 임시총회 의결은 주택법 시행령 제20조 제4항 및 구 주택법 시행규칙 제7조 제5항에 정한 조합원 직접 출석요건을 충족하였다. 따라서 원고의 위 주장은 이유 없다.)

[지역주택조합/해임총회/위임장 미제출] 위임장이 미제출되었거나 위임자체를 하지 않았다면 해당 서면결의서 등은 무효에 해당하고 결국 출석인원수에 산입되어서는 안된다(창원지방법원 통영지원 2016가합11130 조합장해임및선임결의무효확인)

> **판례 해설**
>
> 조합 임원 해임총회에 대한 절차를 자문할 때 반드시 서면결의서나 위임장을 최소한 의결정족수보다 5~10% 더 받도록 자문하고 있다. 이는 소송 중에 의외의 상황이 발생하여 일부 서면결의서나 위임장이 무효로 되는 경우가 종종 있기 때문이다.
>
> 사안에서도 의결정족수를 충족하기 위해서는 과반인 89인 출석이 인정되어야 했고, 출석인원은 그에 근접하는 정도인 90명 출석이 인징되었다. 그런데 문제는 대리인에 의한 의결권 행사에 대하여 일부 위임장이 제출되지 않았거나, 위임을 한 적이 없다고 판단되었고 결국 해당 인원수가 제외됨으로써 해임의결이 무효로 된 것이다.

원고의 주장

이 사건 임시총회 결의는 피고 조합의 조합 규약에서 성한 의사정족수를 충족하지 못하였고, 원고를 피고 조합의 조합장에서 해임할 만한 특별한 사유가 없으며, 피고조합은 원고에게 이 사건 임시총회에서 항변할 기회를 주지 않았고, 원고에게 해임사실을 통보하지도 않았다. 따라서 이 사건 임시총회 결의는 피고 조합의 조합 규약을 위반한 중대하고 명백한 하자가 있으므로 무효이다.

피고의 주장

이 사건 임시총회는 정족수를 충족하였으며, 원고를 해임할 정당한 사유가 있었고, 원고에게 해임통지를 하는 등 모든 적법절차를 준수하였으므로 유효한 결의라고 할 것이다.

법원판단

가. 피고 조합의 조합원수가 176명인 사실, 피고 조합의 총회에서 조합임원을 선임하거나 해임하기 위해 필요한 의사정족수는 재적조합원 과반수 출석인 사실, 총회에서 서면이나 대리인을 통한 의결권 행사도 가능한 사실은 앞서 본 바와 같다.

따라서 <u>이 사건 임시총회에서 의사정족수를 충족하려면 재적조합원 176명의 과반수인 조합원 89명 이상이 출석하여야 한다(을 제1호증의 기재에 의하면 178명이 조합원명단에 기재되어 있는바, 이 사건 임시총회 결의 당시 피고 조합의 조합원 수를 178명으로 본다면, 의사정족수는 조합원 90명 이상이 출석해야 충족</u>된다).

나. 을 제1, 2, 3호증의 각 기재, 증인 F의 증언에 변론 전체의 취지를

종합하면, 이 사건 임시총회참석자명단에 90명이 출석하여 직접 또는 대리인을 통해 서명을 한 것으로 기재되어 있는 사실, 위 90명 중 50명이 위임장을 제출하여 대리인을 통해 의결권을 행사한 사실, 위 90명 중 89명이 현 조합장 및 현 운영위원의 해임에 찬성한 사실이 인정된다.

그러나 을 제1, 2호증 및 갑 제6호증의 각 기재에 변론 전체의 취지를 종합하면, 피고 조합의 조합원 중 102동 201호 G은 대리인 H을 통해 의결권을 행사한 것으로 되어 있으나 그 위임장이 제출되지 아니한 사실, 101동 802호의 I, 103동 103호의 J는 각 대리인 K, 대리인 L를 통해 의결권을 행사하고, 각 그 위임장이 제출되어 있기는 하지만, 위 I, J는 이 사건 임시총회에서의 의결권 행사를 위임하지 아니한 사실이 인정되므로, 피고 조합원 중 적어도 G, I, J의 각 이 사건 임시총회 출석 및 그 의결권 행사는 무효라고 할 것이다.

다. 따라서 위와 같이 무효인 3명을 제외하면 이 사건 임시총회 결의에 출석한 조합원은 많아도 87명에 불과하여 피고 조합이 2016. 6. 30.자 조합원총회에서 원고를 조합장직에서 해임하고 C을 조합장으로 선임한 결의는 의사정족수를 충족하지 못하였으므로, 원고가 주장하는 나머지 사유에 관하여 나아가 살펴볼 필요 없이 무효라고 할 것이다.

[지역주택조합/ 조합 임원 해임/ 법원 허가 신청을 위한 소집요구 형식] 조합원들이 안건을 명시하여 임시총회의 소집을 구한다는 명확한 의사를 표현한 서

면이 법원에 제출되어야 법원이 총회의 소집허가를 할 수 있다(의정부지방법원 2020비합112 임시총회소집허가)

> **판례 해설**
>
> 지역주택조합에서는 도시정비법과 같은 조합 임원 해임과 관련된 특별 규정이 없기 때문에 일반 법리에 따라 소수조합원이 소집동의를 받아 소집요구를 하고 조합장이 거부하였을 경우 법원허가 신청을 하여야 한다.
>
> 대상판결은 이와 같은 법리에 관하여 엄격하게 해석하여야 한다고 판단하고 있으나, 사안 자체가 소집요구가 아니라 단순히 "비상대책위원회 참석" 위한 동의서를 받았을 뿐 명시적으로 발의서를 받은 것은 아니므로 대상판결은 신청인들이 적법한 소집요구 절차를 진행하지 않은 채 법원 허가 신청을 하였다는 이유로 소집 허가 신청을 기각하였던 것이다.

사실관계

가. 사건본인은 포천시 B 일원에 주택조합 아파트를 건축할 목적으로 설립된 지역주택조합으로 조합원의 총 수가 478명이다.

나. 사건본인의 규약 제22조 제4항 제2호, 제5항에 의하면, 재적 조합원 1/2 이상으로부터 안건을 명시하여 서면에 의한 임시총회의 소집 요구가 있을 경우 조합장은 필요성 유무에 불구하고 1개월 이내에 임시

총회를 개최하여야 하고, 조합장이 7일 이내에 총회소집요구에 응하지 않을 경우에는 총회소집을 요구한 조합원은 법원의 총회소집허가를 얻어 총회를 소집할 수 있도록 규정하고 있다.

다. 사건본인의 조합원 중 243명(사건본인의 조합원 전체인원의 1/2은 239명이다)은 사건본인의 조합장 C 및 감사 D의 업무를 정지하고, 조합장 재선출을 요청하며 새로운 조합장이 선출될때까지 조합업무를 비상대책위원회에서 선출된 사람에게 위임한다는 내용이 기재된 비상대책위원회에 참가신청서를 작성하여 비상대책위원회장을 맡고 있는 조합원 E에게 교부하였다.

위 조합원 중 F는 2020. 5. 6. 위와 같은 내용의 비상대책위원회 참가신청서를 작성하였다가 다시 2020. 6. 15. 종전 참가신청서에 기재된 '조합장 재선출을 요청합니다'와 달리 'C 조합장, D 감사의 해임 및 조합장, 감사의 재선출을 요청합니다'라고 기재된 비상대책위원회 참가신청서를 작성하였고, 조합원 중 G도 2020. 6. 15. 'C 조합장, D 감사의 해임 및 감사의 재선출을 요청합니다'라고 기재되어 있는 비상대책위원회의 참가신청서를 작성하여 비상대책위원회에 교부하였다.

라. 위 각 조합원들로부터 임시총회소집 요구에 관한 의사표시 등의 권한을 위임받은 비상대책위원회장 E이 2020. 6. 5. '조합장, 감사의 해임 및 재선출의 건'을 회의목적으로 하는 임시총회소집요구서를 사건본

인 조합장에게 보내었고, 그 무렵 위 임시총회소집요구서가 사건본인 조합장 C에게 도달하였다.

마. 위 임시총회소집요구서가 사건본인 조합장 C에게 도달한 후 조합장 C은 7일 이내에 총회소집요구에 응하지 않았고, 1개월 이내에 임시총회를 개최하지도 않았다.

바. 한편, 위 임시총회소집요구서에 기재된 안건인 '조합장, 감사의 해임 및 재선출의 건'과 같은 내용이라고 볼 수 있는 'C 조합장, D 감사의 해임 및 감사의 재선출을 요청합니다'라고 기재된 비상대책위원회 참가신청서를 작성한 조합원은 67명이다.

법원판단

가. 조합의 임시총회소집허가와 관련한 규정은 조합원들의 의사를 단체법적으로 결정하는 총회의 효력과 관계가 있는 절차적 규정이므로 문언에 따라 엄격하게 해석할 필요가 있다.

나. 사건본인의 규약 제22조 제4항 제2호, 제5항에 의하면, 재적 조합원 1/2 이상으로부터 안건을 명시하여 서면에 의한 임시총회의 소집요구가 있을 경우 조합장은 필요성 유무에 불구하고 1개월 이내에 임시총회를 개최하여야 하고, 조합장이 7일 이내에 총회소집요구에 응하지 않을

경우에는 총회소집을 요구한 조합원은 법원의 총회소집허가를 얻어 총회를 소집할 수 있도록 규정하고 있음은 앞서 본 바와 같고, **이 규정을 엄격하게 해석할 경우 조합원들이 스스로의 판단에 따라 안건을 명시하여 임시총회의 소집을 구한다는 명확한 의사를 표현한 서면이 법원에 제출되어야 법원으로서는 총회의 소집허가를 할 수 있다고 볼 것**이다.

다. 이 사건에서 신청인들은 비상대책위원회에게 비상대책위원회 참가신청서를 작성하였을 뿐이고 위 참가신청서를 안건을 명확히 하여 임시총회소집요구를 법원에 한다는 의사를 표명한 서면으로 보기는 어렵다.

또한 신청인들이 이 사건 임시총회소집요구를 하면서 제출한 안건은 '조합장 및 감사의 해임 및 재선출의 건'이고, 이 사건 임시총회소집요구서에 첨부한 조합원들 작성의 각 비상대책위원회 참가신청서에서는 '조합장 재선출'이라고만 되어 있을 뿐이어서 비상대책위원회 참가신청서를 작성한 조합원들이 조합장을 재선출하는데 동의한다고 볼 수는 있으나 나아가 이를 위하여 조합장 해임 및 재선출을 위하여 임시총회소집요구를 하고 법원에 임시총회소집허가를 받으려는 의사까지 포함되어 있다고 보기 어렵다.

그렇다면, 이 사건 임시총회소집허가 신청은 사건본인의 규약 제22조 제4, 5항의 요건인 재적 조합원 1/2 이상으로부터 안건을 명시하여 임시총회소집요구를 하였다고 볼 수 없으므로 이 사건 임시총회소집허가 신청은 이유 없다.(조합장의 해임 및 재선출 부분에 대해서는 조합원들의 동의가 있다고 볼 여지는 있으나 이 역시 신청인 제출의 비상대책위원회 참가신청서는 안건을 명시하여 임시총회소집을 구하는 서면이라고 볼 수 없으므로 새로이 조합원들로부터 임시총회의 안건으로 조합장 해임 및 재선출을 명시하여 소집요구서를 징구하지 않는 이상 이 부분 임시총회소집허가 신청도 이유 없다)

[지역주택조합/ 총회 소집/ 소집권한의 위임] 총회 소집 권한에 대한 위임은 그 효력을 인정할 수 없다 (서울남부지방법원 2024카합20071 임시총회소집금지가처분신청)

판례 해설

조합장 또는 추진위원장이 가지고 있는 총회 소집 권한은 특정인에게 위임할 수 없다. 따라서 조합장 등이 자신의 소집 권한을 조합원 중 일부에게 위임하였다고 하더라도 그 위임은 무효이고, 결국 그에 따라 진행된 총회는 소집 권한 없는 자에 의하여 개최된 총회로서 무효라고 볼 것이다.

채권자의 주장

1) 이 사건 임시총회는 **채무자의 대표자가 아닌 K이 소집한 것으로 임원회의 의결을 거치지 않았고 그 소집 통지가 서면에 의하여 이루어**

지지도 않았으므로, 중대한 절차적 하자가 있어 무효이다.

2) 이 사건 임시총회는 채무자가 채권자들 측의 소외 임시총회 소집 허가 신청을 방해할 목적에서 소집·개최한 것으로 보이므로, 소수사원의 임시총회 소집청구권을 부당하게 침해하는 것이기도 하다.

채무자의 주장

1) 주택법령에서는 지역주택조합의 설립을 위한 추진위원회와 관련하여 '발기인'에 관한 규정을 두고 있을 뿐이므로, 채무자의 대표자는 발기인 중 1인이 맡으면 될 뿐이고 그 선임에 있어 반드시 총회의 결의를 거쳐야 한다고 볼 수 없다.

2) 채무자의 조합규약은 '조합장'의 선출에 관하여 정하고 있을 뿐 '추진위원장'의 선출에 관하여는 아무런 정함이 없고, 새롭게 발기인이 된 K은 2024. 1. 15. 기존의 추진위원장인 J의 사임에 따라 새롭게 추진위원장이 되었다.

3) 한편 주택법 제14조의2 제2항은 발기인은 조합원 모집 신고가 수리된 날로부터 2년이 되는 날까지 주택조합 설립인가를 받지 못하는 경우 주택조합 가입 신청자 전원으로 구성하는 총회의 의결을 거쳐 주택조합 사업의 종결 여부를 결정하도록 하여야 한다고 정하고 있다.

4) K은 채무자의 추진위원장이자 발기인으로서 주택조합 사업의 종결 여부 등을 결정하기 위하여 이 사건 임시총회를 소집한 것이므로, 이 사건 임시총회가 소집권한 없는 자에 의하여 소집된 것이라고 볼 수 없다.

법원판단

가. 이 사건 기록 및 심문 전체의 취지에 의하여 인정할 수 있는 아래와 같은 사정에 비추어 볼 때, 이 사건 임시총회는 소집권한 없는 자에 의하여 소집된 것으로 그 총회의 결의가 무효라고 할 정도의 중대한 하자가 있음이 명백하다.

① 채무자의 조합규약 작성 당시 채무자의 명칭이 (가칭)G지역주택'조합'이었다는 점 등을 고려할 때, 조합규약에서 말하는 '조합장'은 채무자가 조합원 모집 신고 당시 첨부한 발기인 명단에 '추진위원장'이라고 기재한 J임이 분명하다. 채무자의 조합규약 제7조는 총회의 소집권한이 조합장에게만 전속되도록 정하고 있는 점 등을 고려할 때, **J가 2023. 12. 17. K에게 "총회에 관한 일체의 권한을 위임한다"라는 내용의 위임장을 작성해주었다고 하여 K에게 총회의 소집권한이 있다고 볼 수는 없다.**

② 채무자의 조합규약 제9조 제1항은 조합장의 선출을 총회의 결의사항으로 정하고 있다. J가 사임하였다고 하더라도, K이 채무자의 추진

위원장(조합장)이 되기 위해서는 총회의 결의가 있어야 하는데, 그와 같은 총회의 결의가 이루어지지 않았다는 점에 관하여는 당사자 사이에 다툼이 없다.

③ 채무자가 K을 '추진위원장'으로 기재한 발기인 명단을 첨부하여 관할관청에 조합원 모집 변경 신고를 한 것으로 보이기는 하나, 그와 같은 신고가 수리되었다고 볼 만한 아무런 사정이 없다. 주택법 제14조의2 제2항이 조합규약에도 불구하고 조합장이 아닌 자에게 총회의 소집 권한을 부여하는 내용의 규정이라고 보이지도 않는다.

나. 나아가 채무자 내부의 분쟁 경위에 비추어 볼 때 이 사건 임시총회에서 별지 목록 기재 안건에 대하여 결의가 이루어질 경우 상당한 혼란이 야기될 것으로 보이고, 특히 채무자의 해산결의가 이루어진다면 소외 임시총회 소집허가 신청이 사실상 무력화되는 등 채권자들로서는 금전배상만으로는 회복되기 어려운 불이익을 받을 우려가 있으므로, 채권자들의 신청은 그 보전의 필요성도 소명된다.

다. 따라서 이 사건 총회는 그 개최의 금지를 명할 피보전권리와 보전의 필요성이 소명된다. 나아가 이 사건 임시총회이 개최가 임박하여 있고, 이 사건 임시총회에 참석할 다른 조합원들에게 가처분의 취지를 알릴 필요가 있는 점 등을 고려하면 집행관 공시를 함께 명할 필요성 또한 소명된다.

[지역주택조합/ 소집 발의/ 소수조합원 발의 요건 가중규정 유효 여부] 조합 정관에 발의 요건을 1/2로 규정하였다고 하더라도 민법 규정에 반한다고 볼 수 없다(인천지방법원 2024비합552 임시총회소집허가)[예외판례]

판례 해설

1. 발의 요건 가중

도시정비법에서 소수조합원 발의 요건을 1/5로 규정하고 있고, 특히 조합임원 해임 발의요건을 1/10로 완화하고 있는바, 법원은 도시정비법상의 발의 요건을 가중하는 조합정관이나 규약은 무효라고 판단하고 있다(광주고등법원 (전주) 2019라1030 임시총회소집허가 등). 그러나 대상판결은 지역주택조합 사건이기는 하지만 정족수를 극단적으로 1/2까지 가중하였음에도 무효라고 보지 않아 다소 납득하기 어려운 판결에 해당한다.

즉 대상판결은 민법(지역주택조합은 도시정비법의 적용을 받지 않고 주택법 및 민법의 적용을 받는다) 제70조 제2항은 소집요구 정수는 증감할 수 있다고만 규정하고 있기 때문에 **소집요구 정수를 가중하여 조합정관에 규정하는 것 역시 가능하다고 판시하면서, 발의요건을 1/2까지 가중한 것도 적법하다고 판단**하였다.

2. 발의 철회서에 대한 재철회서

발의 요건은 소집통지시에 갖추어야 하고 법원허가 신청이 되었을 경우, 법원허가 결정이 있을 때까지 유지되어야 한다. 그러므로 법원허가 절차 진행 도중 발의서에 대한 철회서를 제출한다면 그 발의 요건이 결여된 것으로 판단될 수 있다. 그러나, 발의서에 대한 철회가 가능한 것처럼 발의서 철회에 대한 재철회 역시 가능한바 대상판결에서는 발의서 철회에 대한 재철회서를 인정하였다.

3. 임시 의장 관련

대상판결에서는 임시 의장에 대하여 발의서에 없다고 하더라도 임시총회에서 선출하면 충분하다고 하여 안건에 삽입되지 않다고 하더라도 적법하다고 판단하였다.

법원판단

1) 이 사건 조합규정이 무효인지 여부

가) 지역주택조합은 무주택 또는 소형주택 1채를 소유한 조합원들의 내 집 마련을 위해 주택법에 따라 자주적으로 결성된 단체로서 조합자치가 보장된다. **지역주택조합이 자체적으로 마련한 조합규약은 그 내용이 강행법규에 위반된다거나 조합원의 소수사원권을 필요하고 합리적인 범위를 벗어나 과도하게 침해 내지 제한함으로써 선량한 풍속 기타 사회질서에 위반된다고 볼 정도로 사회관념상 현저히 타당성을 잃었다고 여겨지는 등의 특별한 사정이 있는 경우를 제외하고는 이를 유효한 것으로 인정**하여야 한다.

나) 기록 및 심문 전체의 취지를 종합하여 알 수 있는 다음과 같은 사정들을 종합하면, 이 사건 조합규정이 임시총회 소집청구권자의 정수를

'총 조합원의 1/2 이상'으로 정한 것이 강행규정에 위반되거나 사회관념상 현저히 타당성을 잃어 무효라고 보기 어렵다.

① 사건본인은 구 주택법(2016. 1. 19. 법률 제13805호로 전부 개정되어 2016. 8. 12. 시행되기 이전의 것) 제32조에 따라 설립된 지역주택조합으로, 주택법 및 그 시행령, 자치법규인 조합규약이 우선 적용된다. 구 주택법 시행령(2016. 8. 11. 대통령령 제27444호로 전부개정되기 전의 것) 제37조 제1항 제1호 (가)목 (3) 및 같은 조 제2항 제8호에 따르면, 주택조합의 설립인가를 받기 위해서는 '조합원 전원이 자필로 연명한 조합규약' 등을 제출하여야 하고, 그 조합규약이 '조합원의 총회소집요구에 관한 사항'을 포함하도록 규정하고 있으나, 총회소집요구 시 충족해야 하는 정족수에 관하여는 별다른 제한이 없다.

② **민법 제70조 제2항 전문은 '사단법인의 총사원의 1/5 이상이 회의의 목적사항을 제시하여 청구한 때에는 이사는 임시총회를 소집하여야 한다.'고 규정하면서 같은 조 후문은 '위 정수를 정관으로 증감할 수 있다.'고 규정하고 있다. 민법은 이와 같이 소수사원에게도 총회소집청구권을 인정하면서 그 남용을 막기 위하여 총사원의 1/5 이상에 해당하는 사원들의 총회소집청구권을 인정하고, 그 정수를 정관에 의하여 증감할 수 있도록 하여 구체적 상황에 따른 타당성을 기할 수 있도록 하였다. 위 민법 규정이 정한 '총사원의 1/5 이상' 요건이 강행규정이라고 보기 어렵다.**

③ 사건본인의 조합규약은 조합원 전원이 자필로 연명하고 인감증명서를 첨부하여 동의한 후 관할행정청으로부터 인가를 받아 조합원들의 의사가 모두 반영되었다.

④ 사건본인은 조합규약 제48조 제1항에 따라 입주 및 등기절차가 완료된 후 지체없이 총회를 소집하여 조합의 해산을 결의해야 한다. 사건본인이 추진한 지역주택사업은 2017. 6. 8.경 아파트 건설공사를 착공하여 2020. 7. 13. 준공 및 입주를 마쳤다. 사건 본인의 해산총회가 2021. 12. 23. 개최되어 해산을 결의하였고, 2022. 1. 6. 관할 관청에 해산인가신청을 하였으나, 72건의 조합원 부적격 세대 관련 소송 등을 사유로 해산인가처분을 받지 못하고 있다. 현재 위 관련소송 중 71건이 종료되었고, 1건만 상고심 계속 중이며, 사건본인은 2024. 6. 20. 관할 관청에 조합원 부적격 세대에 대하여 입주자 모집 및 일반분양을 위한 승인신청을 제출하고, 2024. 6. 27. 입주자모집 청약을 실시하는 등 청산단계에 있다.

2) 소집요건을 충족하였는지 여부

이 사건 조합규정에 띠리 신청인들이 법원에 임시총회 소집허가를 구하기 위해서는, 사건본인에게 총회소집을 청구한 조합원의 수가 조합원 총수의 2분의 1 이상이어야 한다.

기록 및 심문 전체의 취지를 종합하여 알 수 있는 다음과 같은 사정을 종합하면, 총 조합원 2,046명의 2분의 1을 초과하는 1,057명[= 신청인 1,059명 - 소집요구를 하지 아니한 신청인 2명(I, J)]이 사건본인에게 임시총회소집을 청구하였다.

① 신청인 2명(I, J)이 사건본인에게 총회소집을 요구하였다고 볼만한 자료가 없다.

② <u>사건본인의 대리인은 신청인 40명(위 가의 1)항 표)의 총회소집요구 철회서를 2024. 6. 26. 내지 2024. 7. 11. 이 법원에 제출하였다. 그러나 총회소집요구 신청은 사건본인에 대한 총회소집요구를 적법하게 마친 후 이 법원을 상대로 한 의사표시로서 신청인 명의로 신청취하서가 제출되지 않는 한 사건본인의 대리인을 통해 서증의 형식으로 철회서가 제출되었다는 사정만으로 총회소집요구 신청이 철회 내지 취하되었다고 볼 수 없다.</u> 설령 위 철회서를 총회소집요구 내지 총회소집요구 신청의 철회로 인정한다고 하더라도 <u>신청인 13명(L, M, N, O, P, Q, R, S, T, U, V, W, X)은 사건본인을 통해 총회소집요구 철회서를 제출하였다가 신청인 대리인을 통해 재철회서를 다시 제출</u>한바, 당초 위 신청인 13명에게 진정한 총회소집요구 철회의사가 있다고 보기 어렵고, 이러한 경우에도 총회소집요구 정족수가 1,030명[= 신청인 1,059명 - 소집요구를 하지 아니한 신청인 2명(I, J) - 소집요구 철회 신청인 27명(철회서 제출자 40명 - 철회서를 다시 철회한 위 13명)]으로 충족된다.

③ 그 외에도 사건본인은 신청인 2명(G, H)이 조합원에 해당하지 아니한다고 주장하나, 신청인 G은 2021. 12. 20.경 조합원 Y으로부터 사건본인의 아파트 소유권과 조합원 지위를 상속하였고, 신청인 H는 조합원 Z과 동일인으로서 2023. 11. 10. 개명하였다. 나아가 사건본인은 신청인 1명(K)이 임시총회 소집요구를 하지 아니하였다고 주장하나, 기록 및 심문 전체의 취지를 종합하면 신청인 K이 2024. 7. 10. 소집요구의사를 재차 확인하는 취지의 요구서를 작성·제출하였다.

3. 임시총회 소집허가

가. 앞서 본 바와 같이 총 조합원 2,046명의 2분의 1을 초과하는 신청인 I, J을 제외한 나머지 신청인 1,057명(이하 '나머지 신청인들'이라 한다)이 사건본인 규약에 따라 별지2 기재 제2 내지 5호 기재 각 안건(이하 '이 사건 안건'이라 한다)을 회의목적으로 하는 임시총회의 소집을 적법하게 요구하였음에도 불구하고, 사건본인은 현재까지 이 사건 안건을 회의목적으로 하는 임시총회 소집절차를 밟지 아니하였다.

나. 한편, 사건본인은 청산인 해임 및 선임 안건(별지2 기재 제2호, 제4호)에 관하여, 사건본인 규약 제18조 제2항이 '조합의 해산을 결의한 때에는 해산 당시 조합장이 청산인이 된다.'고 규정하고, 제3항이 '청산에 관한 업무 등에 관하여 필요한 사항은 민법의 관계규정에 따른다.'고 규정하고 있으므로, 청산인의 해임은 법원의 청산인 해임 및 선임절차

에 의하거나 정관변경절차에 의하여야 한다고 주장한다.

그러나 위 각 조항은 해산 시 조합업무 및 대표자의 공백을 방지하기 위하여 청산인을 정하고, 청산업무에 민법 규정을 준용하는 취지로 보이고, 위 규정의 문언에 의하여 해산 시 총회의 청산인 해임권한이 제한된다거나 청산인 해임에 관하여 정관변경을 거칠 것을 정한 것이라고 볼 수 없다.

나아가 사건본인은 '관련 소송 등을 수행한 결과 사건본인의 해산업무가 지체되었을 뿐, 청산인 C은 정보공개 등 청산업무를 성실하게 수행하였고, 이 사건 신청이 인용되면 사건본인의 해산·청산 절차가 지연되어 전체 조합원들의 부담이 증가할 것이 명백하다.'고 주장하나, 사건본인 규약이 재적조합원 1/2 이상의 소집요구가 있으면 임시총회를 개최할 수 있도록 규정한 취지, 조합의 중요한 사항에 관한 최종적인 결정은 총회에서 하는 것이고, 청산인을 포함한 조합임원의 선임 및 해임 역시 총회의 의결사항으로 그 사유에 특별한 제한이 없는 점, 재적조합원의 51.6%에 이르는 나머지 신청인들이 현재 청산인과 감사의 업무처리에 의구심을 품고 있는 점 등에 비추어 보면, 사건본인의 해산·청산 절차가 지연된다는 등의 이유만으로 이 사건 신청을 불허할 사유에 해당한다고 볼 수 없다.

다. 따라서 사건본인의 이 사건 안건을 회의목적으로 하는 임시총회 소집을 허가한다. 나아가 이 사건의 경과, 이 사건 안건의 성격을 고려할 때,

현 청산인 C이 임시총회를 직접 진행하는 것이 부적절하고 향후 분쟁이 발생할 우려가 있으므로, 이 법원이 직권으로 임시총회의 별지2 기재 제1호 안건으로 '임시의장 선임의 건'을 추가하기로 한다. 이에 따라 나머지 신청인들은 **이 법원의 임시총회 소집허가에 따라 허가를 스스로 임시총회를 소집하고, 임시총회의 의장은 소집된 임시총회에서 선임**하면 된다.

[지역주택조합/ 해임총회/ 정관에 규정된 절차 위반] 정관에 규정된 이사회 절차를 거치지 않고 곧바로 해임총회를 진행할 경우 위법한 총회에 해당한다(서울중앙지방법원 2021가합585030 이사해임무효확인등)

> **판례 해설**
>
> 총회는 조합의 최고 의사 결정기구이다. 이로 인하여 총회에서 의결만 거치면 모두 인정이 된다고 판단하는 경우가 종종 있다. 대상판결은 이에 대하여 다른 판단을 하였다.
>
> 즉, 아무리 총회에서 의결을 거쳤고 승인이 되어있다고 하더라도 조합정관에 규정되어 있는 이사회 의결을 거치지 않고 진행하였을 경우 해당 총회는 부적법하다고 판단한 것이다.
>
> 결국, 부득이한 사유가 있고 합리적인 이유가 있다면 다른 절차를 생략할 수 있는지 여부에 대한 판단은 차치하고, 단순히 총회에서 의결되면 충분하다는 법리에 제동을 건 판례로 상당히 중요해 보인다. 더 나아가 대상판결은 해임사유와 소명기회에 대하여 상당한 의미를 부여하였는바 어느모로 보나 지나칠 수 없는 판례라고 생각한다.

원고의 주장

가) 피고는 이 사건 해임결의에 있어 요구되는 이사회 결의를 거치지 않았고, 원고에게 해임사유를 통보하거나 소명기회를 부여하는 등 절차적인 권리도 전혀 보장한 사실이 없다. 따라서 이 사건 해임결의는 중대한 절차상의 하자가 있어 무효이다.

나) 이 사건 조합원가입계약상 원고에게 대물계약을 체결할 의무가 없으므로 이 사건 해임결의는 해임 사유가 부존재하고, 피고가 드는 나머지 사유들은 이 사건 해임결의 이후에 새로이 주장하는 사유에 불과하므로, 적법한 해임사유가 될 수 없다. 따라서 이 사건 해임결의는 해임 사유가 부존재하여 무효이다.

피고의 주장

가) **총회가 피고의 최고의사결정기관이라는 점과 이 사건 해임결의 당시 피고 이사가 위원장 E과 원고 밖에 없어서 이사회 결의가 불가능했다는 점에서 이사회 결의를 거치지 않은 것이 이 사건 해임결의의 절차상 하자가 될 수 없다.** 또한, 피고는 2021. 8. 27. 이 사건 임시총회의 개최공고를 하였고, 2021. 8. 31. 조합원들에게 위 임시총회 책자를 발송하였으며, 원고는 적어도 2021. 9. 2.에는 위 임시총회의 개최를 알고 있었으므로, 원고에게 소명기회를 부여한 것으로 보아야 한다. 따라서

이 사건 해임결의에는 절차상의 하자가 존재하지 않는다.

나) 피고의 이사 지위는 조합원의 자격을 전제로 한 것인데 원고는 이 사건 조합원가입계약에 따라 요구되는 대물계약 체결을 부당하게 거부하는 등 조합원으로서의 의무를 다하지 않아 피고의 조합원 자격을 취득하지 못하였으므로 이사 자격도 유지된다고 볼 수 없다. 또한, 원고는 피고의 이사로서의 업무를 충실히 이행하지도 않았다. 따라서 이 사건 해임결의는 적법하다.

법원판단

1) 갑 제14호증의 기재에 의하면 **피고 규약 제26조 제2항은 총회에 상정할 안건의 심의·결정을 이사회의 업무로 규정하고 있고, 제28조는 이사회는 구성원 과반수의 출석과 과반수의 찬성으로 의결한다**고 규정한 사실을 인정할 수 있고, 피고가 이사회를 개최하지 않은 채 이 사건 임시총회를 개최하여 이 사건 해임결의를 한 것은 당사자간에 다툼이 없다.

이에 대하여 피고는 이 사건 임시총회 당시의 피고 이사 구성과 피고 총회가 피고의 최고의사결정기관이라는 점을 들어 이 사건 해임결의에 절차상 하자가 없다고 주장하는바, 갑 제6호증의 기재에 의하면 피고 이사 F이 2021. 4. 30.자로 사임하여 이 사건 임시총회 당시에는 피고 이사로 피고 위원장 E과 원고만이 있었던 사실은 인정된다.

<u>그러나 피고 규약 제20조 제3항은 "임원이 사임하거나 해임되는 경우에 임원 선임절차에 따라 즉시 새로운 임원을 선출하여야 하며 새로운 임원이 선임, 취임할 때까지는 종전의 임원이 직무를 수행한다"고 규정하고 있으므로, 이사 F의 직무수행을 통해 이사회의 개최 및 의결이 가능하였다고 보이고, 설령 이사의 구성 문제로 다수결에 의한 의결이 사실상 어려운 상황이라고 하더라도 이사회를 개최조차 하지 않는 것이 정당화된다고 보기는 어렵다.</u> 또한, 피고 총회가 피고의 최고의사결정기관이라는 이유만으로 피고 규약에 정해진 이사회 결의 절차를 흠결한 것이 정당화된다고 보기도 어려우므로, 이 사건 해임결의에는 이사회 결의를 거치지 않은 절차상의 하자가 존재한다.

2) 또한, 무엇보다도 이 사건 해임결의와 같은 처분은 당사자의 의사에 반하여 그 지위를 완전히 박탈하는 것으로서 단체의 이익을 위하여 불가피한 경우에 한하여 인정되어야 하므로 절차적 정당성과 공정성을 확보하기 위해서라도 해임결의 과정에서 당사자에게 해임사유에 관한 의견을 진술할 기회 등 실질적인 방어권 행사 기회를 부여하는 것이 요구된다고 할 수 있는데, 피고는 이 사건 임시총회 개최 이전에 원고에게 구체적인 해임사유에 대해 알리는 등 어떠한 사전통지를 한바 없고, 원고로 하여금 이 사건 임시총회에 출석하여 발언할 기회도 보장한 사실이 없는바, 이는 이 사건 해임결의를 위해 필요한 최소한의 방어권 행사 기회도 부여하지 않은 행위라고 판단된다(피고가 들고 있는 사정, 즉 다

른 조합원들에게 이 사건 임시총회 소집을 통보하였거나 원고가 이 사건 임시총회의 개최를 알고 있었다는 사정만으로 이러한 절차상의 권리를 보장하였다고 볼 수 없다).

3) 이와 같이 이 사건 해임결의는 이사회 결의를 거치지 않았을 뿐 아니라 원고에게 최소한의 방어권 행사 기회도 부여하지 않은 중대한 절차상의 위법이 있으므로, 무효라고 봄이 타당하다(이 사건 해임결의는 절차상의 중대한 하자로 인하여 그 효력이 없으므로, 실체상의 하자 여부에 관하여는 따로 판단하지 않는다).

원고의 청구는 이유 있으므로 이를 인용하기로 하여 주문과 같이 판결한다

[지역주택조합/ 당사자능력/ 전자투표] 단체성 없는 자에 대한 청구/ 조합규약에 규정되지 않은 전자투표 절차 진행의 적법성(수원지방법원 2021카합10182 임시총회개최및전자투표개시금지가처분신청)

판례 해설

대상판결에 의하면 조합 규약에 관련 규정이 없다고 하더라도 신설된 주택법 규정을 준수하여 전자투표를 진행하면 적법성이 인정된다. 대상판결은 신설된 주택법 규정은 전자서명 및 인증서를 통한 본인확인을 거쳐 전자적 방법으로 의결권을 행사하도록 하고 있는바, 휴대전화 인증으로 본인 확

인 절차를 거치는 것이 위법하다고 보기 어렵고, 사전에 전자투표 방법 및 기간을 통지하도록 정하고 있는 것에 비추어 투표 기간이 7일이라는 사정만으로 투표방식이나 절차가 위법하다고 보기도 어렵다고 판단하였다.

최근에 특히, 조합원이 아닌 다른 사람에게 전자투표 명부가 송출되었다고 주장하는 자들이 많은 데, 대상판결은 그에 대한 소명 책임을 오로지 채권자에 부여하면서, 총회 개최를 금지할 만한 이유가 없다고 판단하였다.

사실관계

가. (가칭)C지역주택조합 추진위원회(이하 '이 사건 추진위원회'라 한다)는 화성시 G 토지 일대 197,180.00㎡에 주택건설사업을 위하여 주택법에 따른 지역주택조합 설립을 목적으로 조직된 단체이다.

나. 채권자 주식회사 A(변경 전 상호 : 주식회사 H, 이하 '채권자 회사'라 한다)는 이 사건 추진위원회와 업무대행계약을 체결한 업무대행사이고, 채권자 B는 이 사건 추진위원회와 주택조합 가입계약을 체결한 조합원이다.

다. 채무자 D 외 259명의 조합원들은 수원지방법원에 별지 목록 기재 안건과 이 사건 추진위원회 임원 등 해임 및 선임의 건, 불법행위 해당 임원 및 업체에 대한 민·형사상 청구의 건을 회의목적으로 하는 이 사건 추진위원회의 임시총회 소집허가 신청을 하였고, 위 법원은 2020. 12. 24. 임시총회 소집허가 및 위 임시총회의 의장으로 채무자 D을 선임한다는 결정을 하였다(2020비합2091).

라. 채무자 D은 2021. 4. 12. 다음과 같은 내용의 임시총회(이하 '이 사건 임시총회'라 한다) 개최공고를 하였다.

신청인의 주장

가. 이 사건 추진위원회는 2017. 10. 15. 창립총회를 개최하였으나 수원지방법원 2019가합10869 판결로 위 창립총회가 무효라는 판단이 내려졌으므로, 이 사건 임시총회는 창립총회 이후에 개최되어야 한다.

---

1. 일시 : 2021. 4. 28. (수) 오후 2시
2. 장소 : 수원시 영통구 E건물, F호
4. 안건
   1) 추진위원장(I), 임원(J, K, L, M, N, O), 감사(P) 해임 및 선임의 건
   2) 조합업무대행사 ㈜A 계약 해지의 건
   3) 업무대행사 Q 선정의 건
   4) 불법행위 해당 임원 및 업체에 대한 민·형사상 청구의 건
6. 전자투표 기간 : 2021. 4. 21.(수) 오전 9시부터 2021. 4. 27.(화) 오후 6시까지 (7일간)만 전자투표 인정됨.

나. 이 사건 임시총회는 전자투표로 이루어지는데 위 전자투표는 조합규약에 규정되어 있지 않고, 단순히 휴대전화 인증만으로 본인인증을 하고 있으며, 전자투표 기간이 7일이나 되어 선동, 유도 조작 등이 가능하므로, 위 전자투표 개시의 방식과 절차에 위법성이 있고, 현장 출석 없이 모든 결의를 전자투표로 진행하는 것은 위법하다.

다. 진정한 조합원 명부는 채권자 회사만이 가지고 있고, 채무자들이 이 사건 추진위원회 위원장으로부터 제대로 확인되지 않은 명단을 제공받아 이 사건 임시총회를 개최하는 것은 추후 다툼이 발생할 여지가 있다.

라. 임시총회 소집허가 신청을 한 채무자 D 외 259명 중 12명은 이 사건 추진위원회를 상대로 조합원 계약해지에 따른 계약금 반환청구소송을 제기하여 화해권고결정이 확정된 사람들로 임시총회를 발의할 적격이 없다.

마. 이 사건 임시총회 개최장소는 조합원들을 제대로 수용할 수 없는 규모이고, 이 사건 임시총회에서 업무대행사로 선정하려고 하는 주식회사 Q의 사무실로 위 장소에서 총회를 개최하는 것은 불공정하고 위법하다.

바. 채권자 회사 계약 해지의 건에 관하여 채권자 회사에게 아무런

소명의 기회가 부여되지 않았고, 채권자 회사에 대한 정당한 계약해지 사유가 없다.

법원판단

가. 채무자 (가칭)C지역주택조합 임시총회에 대한 신청의 적법 여부

민사소송법 제52조가 비법인사단의 당사자능력을 인정하는 것은 법인이 아니라도 사단으로서의 실체를 갖추고 그 대표자 또는 관리인을 통하여 사회적 활동이나 거래를 하는 경우에는 그로 인하여 발생하는 분쟁은 그 단체가 자기 이름으로 당사자가 되어 소송을 통하여 해결하도록 하기 위한 것이므로, 여기서 말하는 사단이라 함은 일정한 목적을 위하여 조직된 다수인의 결합체로서 대외적으로 사단을 대표할 기관에 관한 정함이 있는 단체를 말한다(대법원 2009. 1. 30. 선고 2006다60908 판결 등 참조).

채권자는, 채무자 (가칭)C지역주택조합 임시총회가 C지역주택조합 아파트 건설사업을 방해하고 이권 목적을 위하여 결성된 단체라고 주장하나, 위 채무자가 비법인사단으로서의 단체성을 갖추었다고 볼 만한 자료가 없다. 따라서 채무자로 표시된 (가칭)C지역 주택조합 임시총회는 당사자능력이 없으므로, 이 부분 신청은 부적법하다.

나. 채무자 D에 대한 신청에 관한 판단

1) 관련 법리

민사집행법 제300조 제2항에서 규정하는 임시의 지위를 정하기 위한 가처분은 다툼 있는 권리관계 또는 법률관계가 존재하고, 그에 대한 확정 판결이 있기까지 현상의 진행을 그대로 방치한다면 권리자에게 현저한 손해 또는 급박한 위험이 발생될 수 있어 장래 확정 판결을 얻더라도 그 실효성을 잃게 될 염려가 있는 경우에 권리자에게 임시의 지위를 주어 그와 같은 손해나 위험을 피할 수 있도록 하는 보전처분으로서, 본안소송에 의하여 권리관계가 확정될 때까지 가처분권리자가 현재의 현저한 손해를 피하거나 급박한 위험을 막기 위하여 또는 그 밖의 필요한 이유가 있을 때에 한하여 허용되는 잠정적인 처분이다(대법원 2003. 11. 28. 선고 2003다30265 판결 등 참조).

총회 결의의 하자를 이유로 총회 결의의 효력을 다투는 당사자는 본안소송에 의하여 그 결의의 효력이 없음을 다투는 것이 가능함은 물론 가처분으로 그 결의의 효력정지를 구할 수도 있는 등 사후적인 권리구제방법이 마련되어 있다. 반면 그 총회의 결의 내지 개최 자체를 금지하는 가처분을 발령하는 경우 총회를 개최하여 안건을 결의하고자 한 주체는 그 가처분결정에 대하여 불복할 수 있는 기회 자체를 사실상 잃을 수 있다. 따라서 총회 개최 자체를 금지하는 가처분을 발령하기 위해서는 그 총회의 개최가 위법함이 명백하고 총회 개최로 인하여 또 다른 법률적 분쟁이 초래될 염려가 있는 등 그 피보전권리 및 보전의 필요성에 대한 고도의 소명이 필요하다.

2) 구체적 판단

이 사건 기록 및 심문 전체의 취지를 종합하여 소명되는 다음과 같은 사정들에 비추어 보면, 현재까지 제출된 자료만으로는 별지 목록 기재 안건 결의를 위한 이 사건 임시총회 개최 자체를 금지하거나 임시총회를 위한 전자투표의 금지를 명할 정도로 피보전권리 및 보전의 필요성이 충분히 소명되었다고 보기 어렵다.

① 이 사건 추진위원회는 현재 조합설립인가를 받지 않은 추진위원회로 민법상 비법인사단에 해당하고, 이 사건 임시총회는 이 사건 추진위원회 임원 등의 해임 및 선임, 이 사건 추진위원회와 업무대행사 간의 업무대행계약 해지 등을 회의목적사항으로 하고 있는바, 이 사건 임시총회에 앞서 조합의 창립총회가 선행되어야 한다고 볼 근거가 없다.

② **이 사건 임시총회에서 진행되는 전자투표는 2021. 2. 19. 신설된 주택법 시행령 제20조 제5항, 제6항에 의한 것인바, 위 규정은 코로나19 등으로 인한 집합제한조치가 내려진 경우 조합원이 총회 의결에 일정 비율 직접 출석해야 하는 요건의 예외를 인정하되 전자적 방법으로**

총회를 개최하여 의결권을 행사할 수 있는 근거를 마련한 것으로, 위 규정에도 불구하고 이 사건 임시총회에 조합원의 직접 출석이 필요하다거나 사전에 조합규약을 개정하여 그 내용을 규약에 포함시켜야 한다고 보기 어렵다. 또한 **위 규정에 의하면 전자서명 및 인증서를 통한 본인확인을 거쳐 전자적 방법으로 의결권을 행사하도록 규정하고 있는바, 휴대전화 인증으로 본인확인절차를 거치는 것이 위법하다고 보기 어렵고, 사전에 전자투표 방법 및 기간을 통지하도록 정하고 있는 것에 비추어 투표기간이 7일이라는 사정만으로 투표방식이나 절차가 위법하다고 보기도 어렵다.**

③ 채권자들은 채무자 D이 이 사건 추진위원회 위원장으로부터 제공받은 조합원명부가 진정한 것이 아니라고 주장하나 이를 소명할 자료가 없고, 현재까지 제출된 자료만으로는 조합원의 계약해지 또는 탈퇴 등으로 이 사건 임시총회의 발의요건이 충족되지 않았다거나 통지절차에 하자가 있어 이 사건 임시총회의 개최가 명백히 위법하다고 보기 어렵다.

④ 이 사건 임시총회는 전자적 방법으로 개최되므로 총회장소가 반드시 다수의 조합원을 수용할 수 있는 장소여야 한다고 보기 어렵고, 총회장소가 주식회사 Q의 사무실이라는 사정만으로 이 사건 임시총회의 개최가 현저히 불공정하다고 단정하기도 어렵다.

⑤ 이 사건 추진위원회와 채권자 회사 사이의 업무대행계약의 해지 여부는 해지사유의 객관적인 존부에 의하여 결정되는 것이지, 계약해지 안건의 가결 여부에 의하여 결정되는 것이 아니다. 또한 위 계약에 해지사유가 존재하지 않음에도 불구하고 조합원들이 계약해지 안건을 가결시킨다고 하더라도, 이는 조합원들의 의결권 행사에 따라 결정된 것으로서 그 자체에 어떠한 위법사유가 있다고 보기 어렵다.

⑥ 조합원들은 자신들의 판단에 따라 이 사건 임시총회에 참석하지 않거나 상정된 안건에 반대함으로써 그 의견을 표명할 수 있고, 경우에 따라 위 안건이 부결될 가능성도 배제할 수 없다.

⑦ 이 사건 임시총회에서 안건이 가결되더라도 채권자들은 사후적으로 그 결의의 효력정지가처분 등을 신청하는 방법 등으로 결의의 효력을 다툴 기회가 있는 반면, 이 사건 임시총회의 개최금지를 명하는 가처분이 발령되는 경우 조합원들이 이 사건 임시총회에 상정된 안건에 대하여 그 적법 또는 타당 여부를 심의할 기회조차 박탈당하게 되어 회복할 수 없는 손해를 입게 될 우려도 있다.

그렇다면 채권자들의 채무자 (가칭)C지역주택조합 임시총회에 대한 신청은 부적법하므로 이를 각하하고, 채무자 D에 대한 신청은 이유 없으므로 이를 기각하기로 하여 주문과 같이 결정한다.

[지역주택조합/ 전자투표/ 예외사례] 전자적 방식으로 총회를 진행하는 경우, 서면결의서 등 다른 방식에 의한 의결권 행사는 인정할 수 없다(수원고등법원 2021라10261 임시총회결의효력정지및직무집행정지가처분)

> **판례 해설**
>
> 특이한 판결이지만 고등법원 판결이라 주목할 만하다.
>
> 대상판결의 기본취지는 **주택법 시행령 제20조 제5항**에 따라 전자적 방법으로 총회를 개최하는 경우에는 전자적 방법으로만 의결권 행사가 가능하고, 서면결의서의 제출은 허용되지 아니한다고 보았고 그 외 전자투표 행사가 직접 출석은 아니라고 판단하였다.
>
> 그러나 총회 자체가 조합원들이 자신들의 의사를 분명하게 행사할 수 있는 거의 유일한 방법임을 고려할 때 전자투표 방법으로 진행할 경우 전자투표 방식만의 의결권 행사를 제한하는 것은 조합원의 의결권을 심각하게 제한하는 것으로 부적법하다고 할 것이고 실제로 다른 대부분의 총회에서는 서면결의서, 현장출석, 위임장 그리고 전자투표 방식을 혼용해서 사용하고 있다.

사실관계

채무자 조합은 평택시 AB 외 41필지 일대에서 주상복합아파트 등을 건축하여 공급하는 사업을 목적으로 설립된 지역주택조합이고, 채권자

(선정당사자) 및 선정자들, 채권자들(이하 '채권자들'이라 한다), 나머지 채무자들은 채무자 조합의 조합원들이다.

채무자 조합은 2021. 6. 11. 별지1 목록 기재 안건에 관하여 임시총회(이하 '이 사건 임시총회'라 한다)를 개최하였고, 전자투표 및 서면결의 방식으로 투표를 진행하여 총 조합원 501명 중 전자투표 157명, 서면결의 105명, 합계 262명의 조합원 투표로 각각의 안건에 대한 결의(이하 '이 사건 결의'라 한다)를 진행하였으며, 그 결과 채무자 P이 채무자 조합의 조합장으로, 채무자 Q, R, S, T이 채무자 조합의 이사로, 채무자 U가 감사로 선출되었고, 나머지 안건이 의결되어 통과되었다.

법원판단[임시총회 결의 효력정지 및 직무집행정지 신청에 관한 판단]

기록 및 심문 전체의 취지에 의하여 소명되는 다음과 같은 사정들을 종합하여 볼 때, 이 부분 가처분신청은 피보전권리와 보전의 필요성이 소명된다.

① 이 사건 임시총회 당시 이 사건 주택건설대지에 대하여 감염병의 예방 및 관리에 관한 법률(이하 '감염병예방법'이라 한다) 제49조 제1항 제2호에 따른 집합제한 등 조치(경기도 공고 제2021-1143호)가 내려졌고, 채무자 조합은 그에 따라 주택법 시행령 제20조 제5항에 따른 전자적 방법으로 총회를 진행하기로 하였다.

② 주택법 시행령 제20조 제4항은 '총회의 의결을 하는 경우에는 조합원의 100분의 10 이상(일정한 경우 100분의 20 이상)이 직접 출석하여야 한다'고 규정함으로써 총회에 일정 비율의 조합원이 반드시 '직접 출석'할 것을 의결요건으로 하고 있다. 이는 지역주택조합의 총회 절차에서 서면결의서 일괄징구, 서면결의서 매수 등의 폐해로 서면결의가 악용되어 조합원의 의결권 행사가 제한되는 폐단을 방지하기 위한 목적으로 2017. 6. 2. 대통령령 제28095호로 신설된 것이다.

그런데 주택법 시행령 제20조 제5항은 코로나19의 장기적인 유행으로 감염병 확산을 방지하기 위하여 2021. 2. 19. 대통령령 제31468호로 전자적 방법에 의한 투표(이하 '전자투표'라 한다)를 신설하면서 '제4항에도 불구하고'라고 명시함으로써 같은 조 제4항의 총회의 조합원 직접출석 요건에 대한 예외를 인정하였다.

③ 이와 같은 주택법 시행령 제20조 제4항, 제5항의 입법목적, 개정 경위 등에 비추어 보면, **전자투표 규정은 직접출석에 대한 예외를 인정한 특별규정이므로 그에 대한 해석은 문언과 그 목적에 따라 엄격히 이루어져야 한다.**

그런데 같은 조 제5항의 전자투표에 대한 규정은 감염병예방법에 따라 집합을 제한하거나 금지하는 조치가 내려진 경우에는 '전자적 방법으로 총회를 개최해야 하고, 이 경우 조합원의 의결권 행사는 전자서명 및 인증서를 통해 본인 확인을 거쳐 전자적 방법으로 해야 한다'고 규정하여 집합제한 조치 등이 있는 경우에는 '전자적 방법'에 의한 총회의 개최가 임의적인 것이 아니라 의무적인 것으로 규정하고 있으며, 기존의 직접출석 또는 서면결의서에 의한 출석은 예정하고 있지 않은 것으로 보인다. 이는 전자투표에 대한 통지사항을 규정한 같은 조 제6항에서도 전자투표의 방법이나 기술적인 사항 등만을 통지하도록 하고 있을 뿐, 기존의 투표방식에 대한 내용은 통지사항에 들어가 있지 아니한 점에서도 뒷받침된다.

④ 이에 대해 채무자는 서면결의서와 전자투표 모두 비대면 형식이므로 동일하게 취급하여야 한다고 주장한다. 그러나 서면결의서에 의한 투표에는 여전히 주택법 시행령 제20조 제4항에 따른 '직접출석' 요건이 적용되는 반면, 전자투표는 같은 조 제5항에 따라 직접출석의 요건이 적용되지 않으므로 그 성격이 동일하다고 볼 수 없다.

앞서 본 바와 같은 직접출석 요건을 신설한 목적에 비추어 보더라도 전자투표에 의하여 직접 출석요건이 배제되는 기회에 서면결의서에 의한 투표를 병행하는 것은 제4항의 취지를 잠탈하는 것이어서 허용될 수 없다. 또한 서면결의서를 제출하는 과정에서 대면접촉의 빈도가 늘어나 감염병 확산을 방지하기 위하여 직접출석의 예외를 인정한 주택법 시행령의 입법취지에도 반하는 결과가 된다.

채무자들은 이 사건 규약 제24조에서 '서면결의'를 유효한 결의 방법으로 규정하고 있으므로 유효하다는 취지로도 주장하나, 이 규약은 주택법 시행령 제20조 제5항이 신설되기 전에 개정된 규약으로, 전자투표 방식에 의한 총회 결의에는 적용될 수 없다고 보아야 한다.

따라서 주택법 시행령 제20조 제5항에 따라 전자적 방법으로 총회를 개최하는 경우에는 전자적 방법으로만 의결권 행사가 가능하고, 서면결의서의 제출은 허용되지 아니한다고 봄이 옳다.

⑤ 설령 채무자들 주장과 같이 이 사건 임시총회 당시 전자투표 방식과 서면결의서 제출 방식을 병행하여 진행하는 것이 허용된다고 보더라도 전자투표 이외의 서면결의 방식으로 할 경우 주택법 시행령 제20조 제4항의 직접출석 요건을 충족해야 하는데, 제출된 자료들만으로는 이 사건 결의 당시 조합원의 1/20에 해당하는 수(101명 이상)의 조합원이 직접 출석하였음을 인정할 자료가 없다.

나아가 주택법 시행령 등 관련 법령에서는 전자투표를 직접출석 정족수 산정에 포함시키는 규정을 두고 있지 않으므로 주택법 시행령 제20조 제5항에 따라 전자투표를 시행한 것을 두고 서면결의에 필요한 직접출석 요건을 충족하였다고 볼 수는 없다. 따라서 이 사건 서면결의가 직접출석 요건을 충족한 유효한 서면결의라는 점을 인정하기 어렵다.

⑥ **민법 제75조 제2항, 민법 제73조, 이 사건 규약 등에 비추어 보**

면 통상적인 대면총회를 개최하는 경우에는 서면결의서를 제출한 조합원의 수를 의사정족수에 포함시켜야 할 것이나, 앞서 본 바와 같이 전자적 방법으로 총회를 개최하는 경우에는 투표방법이 전자투표로 일원화되어 서면결의서 제출이 제한되고 직접출석 요건도 적용되지 아니하는 만큼, 서면결의서만 제출하고 전자투표에 참여하지 아니한 조합원 수를 의사정족수에 포함시킬 수 없다고 봄이 옳다.

그런데 채무자 전체 조합원이 501명인 사실, 이 사건 임시총회 당시 서면결의서만 제출하고 전자투표에 참여하지 아니한 조합원이 105명이고, 전자투표에 참여한 조합원이 157명인 사실은 앞서 본 바와 같으므로, 서면결의서를 제출한 조합원 수를 제외할 경우 나머지 157명이 전체 조합원의 과반수에 이르지 못함은 계산상 명백하여 이 사건 결의에는 의사정족수를 충족하지 못한 중대한 하자가 존재한다. 따라서 이 사건 결의의 효력을 인정할 수 없다.

⑦ 한편 별지1 목록 안건에 대하여 재투표를 실시할 경우 이 사건 임시총회와 유사한 투표결과가 나오리라고 단정할 만한 특별한 사정이 없는 점, 이 사건 임시총회에서 가결된 별지1 목록 기재 안건에는 조합장 및 조합임원을 선출·해임하는 안건뿐만 아니라 계약체결 및 시공사 선정 등 중요사항에 대한 안건도 포함되어 있어 그 결의에는 조합원 의사가 정당하게 반영될 수 있도록 관계법령 및 규약이 정한 절차를 준수하여야 할 뿐만 아니라 해당 결의에 하자가 존재하는 상태로 그 효력을 방

치하여 둘 경우에는 채무자 조합을 둘러싼 법률관계가 더욱 복잡해질 염려가 있는 점 등을 비롯하여 채권자들과 채무자들의 관계, 이 사건 임시총회에 이르게 된 경위, 이 사건 임시총회 결의의 내용, 이 사건 결의에 존재하는 하자의 정도, 이후의 경과 등 이 사건 기록 및 심문 과정에서 나타난 제반 사정에 비추어 보면, 이 사건 임시총회 결의의 효력 및 채무자 조합을 제외한 나머지 채무자들의 조합장, 이사, 감사로서의 직무집행을 정지할 보전의 필요성도 소명된다.

[지역주택조합/ 직무집행정지가처분 상대방/ 전자투표] 직무집행정지가처분 상대방/ 전자투표가 적법하기 위한 최소한의 요건(의정부지방법원 2022카합5011 총회결의효력정지가처분)

판례 해설

임시의 지위를 정하기 위한 가처분에서 채무자가 될 수 있는 자는 **채권자가 주장하는 법률상 지위와 정면으로 저촉되는 지위에 있는 자**에 한정되므로, 단체의 대표자 선출결의의 하자를 이유로 한 **직무집행정지가처분에 있어서는 대표자 개인만이 채무자가 되고, 단체는 당사자적격을 갖지 못한다.**

그 외 대상판결은 전자투표의 유효하기 위한 최소한의 요건을 설시하였는바, **최소한 본인 인증절차를 거친 확인이 되어야 한**다고 판시하였다.

특히 대상판결의 재판부는 전자투표를 진행한 조합원들의 명단 그리고 그 전화번호 제출을 요구하였는바 채무자가 해당 자료를 제출하지 못하였던 것도 재판부에 다소의 불신을 준 것으로 보인다.

법원판단

가. 직권 판단

이 사건 신청 중 채무자 추진위원회를 상대로 이 사건 임시총회에서 별지1 목록 기재 제4, 5, 6호 각 안건에 대하여 한 결의의 효력정지를 구하는 부분에 관하여 직권으로 본다.

임시의 지위를 정하기 위한 가처분에서 채무자가 될 수 있는 자는 채권자가 주장하는 법률상 지위와 정면으로 저촉되는 지위에 있는 자에 한정되므로, 단체의 대표자 선출결의의 하자를 이유로 한 직무집행정지가처분에 있어서는 대표자 개인만이 채무자가 되고, 단체는 당사자적격을 갖지 못한다(대법원 1997. 7. 25. 선고 96다15916 판결 등 참조).

그런데 만일 이 사건과 같이 단체를 상대로 한 대표자 선출결의의 효력정지가처분을 허용한다면, 이는 사실상 단체를 상대로 한 직무집행정지가처분을 인정하는 것과 동일한 결과가 된다. 이러한 사정에 비추어 보면, 단체의 대표자 기타 임원을 선출하는 결의에 하자가 있는 경우에는 원칙적으로 당해 대표자 기타 임원 개인을 상대로 한 직무집행정지가처분을 통하여 권리구제를 꾀하여야 하고, 만연히 단체를 상대로 한 선임결의의 효력정지가처분을 허용하여서는 아니 된다고 할 것이며, 이 사건의 경우 그 임원 개인을 상대로 한 직무집행정지가처분이 함께 신청되어 있으므로, 그 부분 결의효력정지 가처분을 할 이익도 없다.

따라서 이 부분 신청은 부적법하다.

나. 본안에 관한 판단

1) 위 각하 부분을 제외한 나머지 신청, 즉 채무자 추진위원회를 상대로 이 사건 임시총회에서 별지1 목록 기재 제2, 3호 각 안건에 대하여 한 결의의 효력정지를 구하는 부분 및 채무자 G 등을 상대로 이 사건 임시총회 결의의 하자를 이유로 그 직무집행의 정지를 구하는 부분에 관하여 본다.

2) 이 사건 임시총회에서 이루어진 전자투표가 절차적으로 하자 없이 이루어졌는지 살펴본다.

가) 채무자 추진위원회는 장차 남양주시장의 주택조합 설립인가를 받아 조합원들에게 건설주택을 우선 공급하는 것을 목적으로 하고 있다. 따라서 설립인가를 위하여 주택법이 정한 절차를 따라야 한다(주택법 제11조 제7항). 그러므로 **전자적 방법으로 총회를 개최하는 경우에 조합원의 의결권 행사는 「전자서명법」 제2조 제2호 및 제6호의 전자서명 및 인증서(서명자의 실제 이름을 확인할 수 있는 것으로 한정한다)를 통해 본인 확인을 거친 전자적 방법으로 실시**되어야 한다(주택법 시행령 제20조 제5항). 다른 법령, 예를 들어 공동주택관리법 시행령 제

22조 제1항의 경우에는 본인확인 방법으로 위 주택법 시행령이 정한 것 외에도 다른 본인확인 방법을 명시하고 있는 점을 고려하면 주택법 시행령에서 정한 본인확인 방법을 예시일 뿐이라고 해석하기 어려우므로, 채무자들은 이 사건 임시총회에서 전자투표를 실시할 때「전자서명법」제2조 제2호 및 제6호의 전자서명 및 인증서를 통해 본인 확인을 거쳤어야 한다.

나) 그런데 채권자들이 제출한 자료를 보면, 조합원은 채무자 G 등이 문자메시지를 보내주면 거기에 링크된 전자투표 시스템 URL에 접속하여 이름만 입력하고 투표를 할 수 있고, 이 과정에서 전자서명 인증을 위한 본인확인 과정은 이루어지 않아, 문자메시지를 전달받거나 위 URL에 접속한 다른 사람도 조합원의 개인정보를 넣어 대리투표를 할 수 있는 사실이 확인된다.

채무자들은 한 조합원에게 부여된 URL은 고유의 것이어서 중복투표가 불가능하고, 위임에 의한 결의가 허용되는 이상 전자투표에서 다른 사람에게 문자메시지를 보내어 대신 투표하게 하여도 문제가 되지 않는다고 주장한다. 그러나 **한 사람의 이름과 휴대전화번호에 연결된 고유의 URL이 있을 뿐 해당 URL을 받은 사람이 바로 그 URL을 부여받은 그 '한 사람'이 맞다는 점을 확인할 방법은 없어 보인다.** 즉, 전자서명법상 '인증서'는 '전자서명생성정보가 가입자에게 유일하게 속한다는 사실 등을 확인하고 이를 증명하는' 역할을 해야 하고, 주택법 시행령은

'인증서'는 '서명자의 실제 이름을 확인할 수 있는 것으로 한정한다'고 정하고 있음에도, 채무자들이 취한 방식은 해당 URL에 접속하여 이름을 적어 넣은 사람이 바로 그 이름을 가진 본인인지 여부를 확인할 장치를 마련하지 않고 있는 것이다. 더구나 채무자들은 채권자들이 지속적으로 요구해 온 이 사건 임시총회 투표자들 명단 등의 정보를 제출하지 않고 있어 조합원의 성명과 전화번호가 올바르게 기재되어 있는지도 확인할 수 없다.

나아가 이 사건 조합규약에서 대리인을 통한 의결권 행사를 허용하고 있기는 하나(제24조 제4항), 대리인을 통한의결권 행사시 조합에 위임장을 제출하도록 하는 규정(제24조 제6항)을 두어 위임관계를 확인할 수 있도록 하고 있는데, 이 사건 임시총회에서 이루어진 전자투표에서 누군가 자신에게 온 문자메시지를 타인에게 전달하여 대리인을 통한 의결권을 행사하도록 하였더라도 위임관계를 확인할 자료가 없어 그것이 진정한 위임의사에 의한 것인지 알 수 없다(더구나 앞서 살펴본 바와 같이 본인확인부터 확실히 할 수 없으므로 누군가 투표결과를 조작할 의도로 전화번호를 다르게 기재하여 전송받은 후 투표에 참여할 가능성도 배제할 수 없다).

다) 위와 같은 전자투표의 절차상 하자는 분명하고 중대하다. 특히 **이 사건 임시총회에 투표한 인원 비율이 54.8%로서 근소한 차이로 과반수를 달성한 것을 고려하면 위와 같은 절차상 하자로 인해 투표 결과**

에 영향을 미쳤을 가능성이 적지 않다. 또한 채무자 추진위원회의 임원 자격에 관해 분쟁이 계속되는 상황에서 조합원들의 의사표명이 제대로 보장되었는지 확인할 수 없는 전자투표 결과를 용인할 경우 조합원들에게 회복하기 어려운 손해가 발생할 위험도 있다.

3) 따라서 이 사건 임시총회의 효력에 관한 본안 사건의 판결 확정시까지 별지1 목록 제2, 3호 기재 각 안건에 관한 결의의 효력을 정지하고, 이 사건 임시총회 결의에 의하여 선출된 채무자 G 등의 직무집행을 정지하여야 한다. 나아가 이 사건 가처분결정의 실효성을 확보하기 위하여 집행관 공시를 명함이 상당하다.

[지역주택조합/ 창립총회와 임시송회/ 선자투표 방식의 적법성] 지역주택조합의 임시총회에 앞서 반드시 주택법에 따른 지역주택조합을 위한 창립총회가 선행되어야 할 필요는 없으며, 전자투표 방식을 진행하기 위해서 반드시 전자투표 방식에 관한 규정이 조합 규약에 있어야 한다고 볼 수 없다(수원지방법원 2022. 7. 21. 선고 2021가합18347 총회결의무효확인).

> **판례 해설**
>
> 대상판결은 지역주택조합의 창립총회가 무효가 되었다고 하더라도, 임시총회의 개최가 필요한 경우 반드시 그 임시총회보다 창립총회가 선행되어야 할 필요는 없고 그에 대한 법적 근거도 존재하지 않는다고 판시하였다.

더하여, 대상판결은 전자투표 방식에 대하여 주택법에 이미 근거 규정이 존재하므로, 굳이 조합규약에 전자투표 방식에 관한 규정이 있어야만 전자투표 방식을 진행할 수 있는 것은 아니고, 특히 주택법과 전자법에 규정된 본인인증 절차를 거치는 전자투표 방식이라면 그 유효성에 큰 문제를 제기하지 않고 적법하다고 판단하였다.

원고의 주장

① 피고 위원회가 결성한 'C지역주택조합(이하 '이 사건 조합'이라 함)'이 개최한 2017. 10. 15.자 창립총회가 법원의 판결에 따라 무효로 확인되었는데, 이 사건 임시총회는 다시 적법한 창립총회를 개최하지 아니하고 이루어졌다.

② 이 사건 결의는 전자투표 방식으로 이루어졌는데, **이 사건 조합의 규약에 그에 관한 근거 규정이 없고, 그 전자투표가 방식, 기간, 세대주 본인이나 조합원 자격확인 절차 등에 미흡한 부분이 있고 재투표도 가능하여 공정성과 투명성에 문제**가 있었다.

③ 원고 주식회사 A(이하 '원고 회사'라고 함)가 피고 위원회 또는 이 사건 조합의 업무를 대행한 내용이나 결과에 별다른 잘못이 없고, 위 원고에게 소명 기회를 주지 아니하고 피고 위원회와 원고 회사 사이의 사업 시행에 관한 대행 계약을 해지하였으며, 이 사건 임시총회가 새로 선

정된 대행 회사인 주식회사 K의 사무실에서 개최되었다.

법원판단

살피건대, 을 제2, 7 내지 14, 16 내지 19호증(가지번호 있는 것은 가지번호 포함)의 각 기재에 변론 전체의 취지를 종합하여 인정되는 아래와 같은 사정에 비추어, 원고 B가 제출한 증거만으로는 이 사건 결의가 무효라는 점을 인정하기 부족하고, 달리 이를 인정할 증거가 없다.

가. 원고 회사(당시는 변경 전 상호인 주식회사 M)와 피고 위원회 사이에 체결된 업무대행 계약도 피고 위원회가 아직 창립총회 등 주택법에 따른 지역주택조합이 되기 위해 필요한 절차를 거치지 아니한 상태에서 이루어진 것이고, **피고 위원회는 민법상 비법인사단으로서 그 위원회를 당사자로 한 계약의 체결 또는 해지 등을 포함한 의사결정을 위하여 총회를 개최할 수 있다고 봄이 타당**하며, 이 사건 임시총회에 앞서 **반드시 주택법에 따른 지역주택조합을 위한 창립총회가 선행되어야 하는 법적 근거를 찾기 어렵다.**

나. 이 사건 임시총회에서 진행된 전자투표 방식은 2021. 2. 19. 신설된 주택법 시행령 제20조 제5, 6항에 근거한 것이므로, 이 사건 임시총회 전에 피고 위원회의 규약에 전자투표 방식을 반드시 추가해야만 그러한 방식으로 의결이 가능하다고 보기 어렵다.

또한 위 주택법 시행령 규정에서 전자서명 및 인증서를 통한 본인확인을 거치도록 하고 사전에 투표 기간을 정해서 통지하도록 정하고 있으므로, 휴대전화 인증방식으로 본인 확인을 거친 후 전자서명을 요구한 것과 투표기간을 7일로 정한 것이 각각 위법하다고 단정할 수 없다. 또한 갑 제18, 19호증 등 원고 B가 제출한 증거만으로는 이 사건 임시총회의 전자투표 과정에서 재투표가 가능하였다거나, 무효표를 유효표로 변경하게 하는 등 투표 결과가 조작되었다는 점을 인정하기 부족하고, 달리 이를 인정할 증거가 없다.

다. 원고 B가 주장하는 임시총회 발의자 중 조합원이 아니라는 사람 중 대부분은 이 사건 임시총회 당시까지는 그들이 제기한 소송이 종료되지 아니하여 조합원이 아닌 것으로 확정되지 아니하였고, 설령 위 원고가 주장하는 조합원이 아닌 사람들을 모두 발의자에서 제외해도 발의 정족수를 충족하는 것으로 보인다. 이 사건 임시총회의 소집통지서를 조합원의 수보다 다소 많이 발송하였다거나, 위 임시총회가 원고 회사를 대신하여 대행 회사가 될 예정인 회사의 사무실에서 개최된 사실이 이 사건 결의를 무효로 볼 정도로 중대하고 명백한 하자라고 평가하기 어렵다.

원고 회사와 피고 위원회 사이의 업무 대행 계약의 해지 여부는 이 사건 결의와 무관하게 해지 사유가 있는지 유무에 따라 결정된다. 이러한 사정들에 비추어 원고의 주장 및 제출된 증거만으로는 이 사건 결의의 절차나 내용에 중대하고 명백한 하자가 있다는 점을 인정하기 부족하고, 달리 이를 인정할 증거가 없다.

[지역주택조합/ 발의 요건 가중 규정의 유효성] 소수조합원의 발의 요건을 1/2로 가중한 규정의 효력/ 조합규약에 규정된 절차에 따르지 않고 조합 측이 임의로 제정한 선거관리규정을 준수할 필요가 있는지 여부(인천지방법원 부천지원 2022카합10018 총회개최금지가처분)

판례 해설

대상판결은 쟁점이 여러개이지만, 특히 문제가 되는 것은 소수조합원의 소집권한에 대해서 1/2로 가중한 규정이 과연 적법·유효한지 여부이다. 사실, 다른 하급심 판결에서는 앞서 살펴본 바와 같이 적법하다고 인정되는 경우도 있지만, 생각건대 소수조합원에게 유일하게 인정되는 권한 행사에 있어 그 요건을 가중하는 것은 주택법이나 민법의 취지에도 맞지 않다.

대상판결은 **소수조합원의 소집요구 정족수를 1/2로 가중한 것은 무효**라고 판단하고 통상적으로 사용하고 있는 준칙에서 요구하는 1/5 정도가 적정하다고 판단하였다.

더하여, 대상판결이 이 사건 조합규약에 **조합규약 변경에 대하여는 반드시 조합 총회의 의결을 거쳐서 결정해야 한다고** 규정하고 있으므로 **조합 총회의 의결을 거치지 아니하고 조합 임원들로만 구성된 임원회의에서 제정한 선거관리규정은 무효라고 볼 여지가 크다고** 판단한 점도 주목할 필요가 있다.

법원판단

가. 관련 법리

총회의 개최에 임박하여 그 총회의 개최의 금지 또는 특정 안건의 의결 금지를 구하는 가처분의 경우, 하자 있는 결의에 대하여 그 효력이 없음을 주장하는 당사자는 본안소송에서 그 결의의 효력을 다투는 것이 가능함은 물론, 결의의 효력정지 등 가처분에 의한 사후적인 권리구제방법도 마련되어 있다. 그러나 **총회를 개최하고자 한 주체는 그 총회 자체의 개최를 금지하거나 특정 안건의 의결을 금지하는 가처분이 발령되는 경우 사실상 그 가처분 결정에 대하여 불복할 수 있는 기회 자체를 잃을 수 있다.** 따라서 총회의 개최금지 또는 안건의결금지 가처분을 발령하기 위해서는 그 총회의 개최 또는 특정 안건의 의결이 위법함이 명백하고, 그로 인하여 또 다른 법률적 분쟁이 초래될 염려가 있는 등 그 피보전권리 및 보전의 필요성에 대한 고도의 소명이 필요하다.

나. 구체적인 판단

1) 선거관리규정 미준수 주장에 대한 판단

채권자들은 채무자가 채권자 조합의 선거관리규정을 따르지 아니하고 임의로 선거관리위원회를 구성하여 조합 임원 입후보 절차를 진행하였으므로, 이 사건 임시총회 개최가 위법하다고 주장한다.

이 사건 기록 및 심문 전체의 취지에 의하면, 채권자 조합의 임원들이 2021. 10. 7. 임원회의를 개최하여 선거관리규정을 제정하고 이를 2021. 10. 19. 채권자 조합의 인터넷 홈페이지에 게시한 사실이 소명되고, 채권자들은 채권자 조합의 규약 제20조 제1항 제3호에 의하여 임원회의에서 선거관리규정을 제정할 수 있다고 주장한다.

그러나 채권자 조합의 규약에는 선거관리규정의 제정이나 선거관리위원회 구성에 관한 규정이 존재하지 아니하는바, 위 규약 제20조 제1항 제3호에 의하여 조합 총회의 결의를 받지 아니하고 임원회의에서 선거관리규정을 제정할 수 있는 권한이 있다고 단정하기 어렵다.

뿐만 아니라 선거관리규정 중 조합 임원의 피선거권에 관한 조항(2021. 10. 7. 제정된 선거관리규정의 경우 제8조이고, 2021. 12. 23. 개정된 선거관리규정의 경우 제10조이다)은 채권자 조합의 규약 중 조합 임원의 피선거권에 관한 조항인 제18조의 내용과 상이한바, 사실상 조합 규약을 변경하는 것으로 볼 수도 있는데, 조합 규약은 반드시 조합 총회의 의결을 거쳐서 결정하여야 하는 사항이다(**채권자 조합의 규약 제24조 제2항은 동조 제1항에서 총회의 의결사항으로 규정한 10개의 사항 중 9개는 임원회의 의결로 대체할 수 있다고 하면서도 조합 규약 변경에 대하여는 반드시 조합 총회의 의결을 거쳐서 결정해야 한다고**

규정하고 있다). 그러므로 조합 총회의 의결을 거치지 아니하고 조합 임원들로만 구성된 임원회의에서 제정한 선거관리규정은 무효라고 볼 여지가 크다.

설령 선거관리규정이 무효가 아니라고 하더라도, 채권자 조합이 2021. 10. 7. 선거관리규정을 제정한 후 이를 2021. 10. 19. 채권자 조합의 인터넷 홈페이지에 게시하였을 뿐 채무자 등 조합원들에게 통지하지 아니한 점, 채권자 조합은 관련 사건 재판이 진행되는 동안에도 선거관리규정이 제정되었다는 사실을 밝히지 아니하였고, 채무자가 관련 사건 결정에 따라 조합 임원 입후보 절차를 진행할 때에도 채무자에게 선거관리 규정을 따라야 한다는 요구를 하지 않았던 보이는 점 등을 고려할 때, 채무자가 선거관리규정을 준수하지 못한 것이 채무자의 귀책사유로 인한 것이라고 보기 어려울 뿐만 아니라, 이를 이유로 임시총회개최 자체를 금지할 만큼 그 위법성이 중대하다고 보기도 어렵다.

2) 임시총회 소집 공고상 하자 주장에 대한 판단

가) 채권자들은 채무자가 임시총회 소집공고를 하면서 전자투표 기간만 기재하고 임시총회 개최 일시와 장소, 전자투표 방법에 대하여 기재하지 아니한 것이 위법하다고 주장한다.

그러나 <u>이 사건 기록 및 심문 전체의 취지에 의하면, 주택법 시행령</u>

제20조 제6항에서는 조합원들에게 사전 통지하여야 하는 사항으로 총회의 의결사항, 전자투표를 하는 방법, 전자투표 기간, 그 밖에 전자투표 실시에 필요한 기술적인 사항을 규정하고 있는 점, 채권자 조합의 규약에는 전자투표에 관한 별도의 규정이 없는 사실, 채무자는 임시총회 소집공고문에 구체적인 전자투표 방법을 기재하지 않았으나 별도로 총회책자에서 안내할 예정이라고 기재하였고, 실제로 채무자가 조합원들에게 등기우편으로 발송한 회의자료에 구체적인 전자투표 방법이 기재되어 있는 사실이 소명된다.

채무자는 전자투표의 방법을 임시총회 소집공고문에 자세히 기재하는 것이 현실적으로 어려워 이를 회의자료에 기재하여 조합원들에게 등기우편으로 발송한 것으로 보이고, 일정한 기간 동안 전자적 방법으로 의결권을 행사하는 전자투표의 특성상 총회 개최의 일시와 장소라는 개념을 상정하기 어려우므로, 채무자가 임시총회 소집공고문을 통하여 총회 개최 일시와 장소, 전자투표 방법을 조합원들에게 통지하지 않았다고 하여 이를 위법하다고 볼 수는 없다.

나) 채권자들은 채무자가 조합원들에게 임시총회 소집공고문을 등기우편이 아닌 일반우편으로 발송하였다고 주장한다.

그러나 이 사건 기록 및 심문 전체의 취지에 의하면, 채무자는 조합원들에게 임시총회 소집공고문이 포함된 회의자료를 등기우편으로 발송한 사실이 소명되므로, 채권자들의 위 주장은 이유 없다.

3) 채권자 조합의 규약 제23조 제4항 제2호 위반 주장에 대한 판단

채권자들은 채권자 조합의 규약 제23조 제4항 제2호 중 '재적조합원 1/2 이상' 요건이 유효하다는 전제로, 이 사건 임시총회가 소집허가 요건을 갖추지 못하였다고 주장한다.

그러나 아래와 같은 이유로 채권자 조합의 규약 제23조 제4항 제2호 중 '재적조합원 1/2 이상' 요건은 무효라고 봄이 타당하므로, 이와 다른 전제에 서 있는 채권자들의 위 주장은 이유 없다.

가) 관련 법리

법인의 정관이나 그에 따른 세부사업을 위한 규정 등 단체내부의 규정은 특별한 사정이 없는 한 유효한 것으로 시인하여야 할 것이지만, 그것이 선량한 풍속 기타 사회질서에 위반되는 등 사회관념상 현저히 타당성을 잃은 것이거나 결정절차가 현저히 정의에 어긋난 것으로 인정되는 경우 등에는 그러하지 아니하다고 할 것이다(대법원 2009. 1. 30. 선고 2007다31884 판결 등 참조).

비법인사단에 유추적용되는 민법 제70조 제2항은 "총사원의 5분의

1 이상으로부터 회의의 목적사항을 제시하여 청구한 때에는 이사는 임시총회를 소집하여야 한다. 이 정수는 정관으로 증감할 수 있다."라고 규정하고 있다. 민법이 이와 같은 규정을 둔 취지는 총회소집청구의 남용을 우려하여 개개의 사원들에게는 총회소집청구권을 인정하지 않지만, 일정한 수 이상의 소수사원에게는 총회를 소집할 권리를 인정함으로써 단체 전체의 이익과 사원 개인의 이익을 합리적으로 조화시키려는 데 있다. 이와 같은 소수사원의 소집청구권은 사원의 이익보호를 위한 규정이므로, 정관을 통해 총회소집청구권을 행사할 수 있는 정수를 증감할 수 있다고 하더라도, 그 정수를 정함에 있어 소수사원의 소집청구권을 사실상 박탈하거나, **소수의 사원일지라도 총회소집을 청구할 수 있다는 위 민법 규정의 취지를 몰각시킬 정도로 다수의 사원에게만 임시총회소집을 청구할 수 있도록 규정하는 것은 허용되지 않는다고 봄이 타당**하다.

나) 구체적인 판단

이 사건 규약 제23조 제4항 제2호는 조합원의 소집요구에 의한 임시총회를 개최하기 위하여 '재적조합원 1/2 이상이 안건을 명시하여 서면에 의한 임시총회의 소집요구가 있을 것'을 요건으로 정하였는데, 이는 민법이 정한 '총사원의 1/5'이라는 임시총회 소집청구권자의 정수를 '총조합원의 과반수'로 가중한 것이다.

그러나 ① 위 규정에 의하면 다수조합원들에게만 임시총회 소집청구권을 부여되는 결과가 되어 민법이 인정한 소수조합원들의 임시총회 소집청구권을 무력화시키는 결과가 되고, ② 국토교통부에서 고시한 지역주택조합 표준규약에서도 민법과 마찬가지로 '재적조합원 1/5 이상의 서면요청이 있을 경우 임시총회를 소집하여야 한다'고 규정하고 있는 사정에 비추어 보면, 재적조합원의 1/2 이상의 총회소집요구를 규정한 이 사건 규약 제23조 제4항 제2호는 소수사원의 총회소집청구권을 부당하게 제한하는 것으로서 사회관념상 현저히 타당성을 잃어 무효라고 봄이 타당하다.

4) 전자투표 방법 관련 주장에 대한 판단

가) 채권자들은 채무자가 조합원들에게 구체적인 전자투표 방법에 대하여 충분히 안내를 하지 아니하여 조합원들이 의결권 행사에 어려움을 겪을 것으로 예상된다고 주장한다.

이 사건 기록 및 심문 전체의 취지에 의하면, 채무자가 조합원들에게 발송한 회의자료에는 전자투표 방법이 순서대로 상세하게 기재되어 있고, 진행단계별로 휴대전화에 표시되는 화면 이미지도 삽입되어 있는 사실, 전자투표는 휴대전화 문자메시지에 포함된 링크를 클릭한 후 본인인증을 하고 서명을 함으로써 완료되는 사실이 소명된다. 이에 비추어 보면, 조합원들이 회의자료에 있는 전자투표 안내문을 읽고도 이를 이해하지 못하고 주위에도 도와줄 사람이 없어 의결권을 잘못 행사하거나 전자투표에 참여하지 못하는 경우는 극히 드물 것으로 예상되므로, 채권자들의 위 주장은 이유 없다.

나) 채권자들은 전자투표를 실시하면서도 위임장을 통한 대리투표가 가능하도록 한 것이 위법하다는 주장도 하고 있다.

이 사건 기록 및 심문 전체의 취지에 의하면, 이 사건 임시총회에서는 부득이한 사정으로 본인이 직접 투표할 수 없는 경우에 의결권을 위임할 수 있다고 하면서 수임인을 조합원의 배우자, 직계존비속, 형제자매 중 성년자로 제한하고 있고, 인감증명서와 주민등록등본 또는 가족관계증명서를 첨부할 것을 요구하고 있는 사실, 주택법 시행령이나 채권자 조합의 규약에 전자투표를 실시할 경우 의결권을 위임할 수 있는지 여부에 관하여 아무런 규정이 없는 사실이 소명된다.

본인 명의의 휴대전화가 없는 경우 등 본인이 직접 전자투표를 할 수 없는 경우가 충분히 발생할 수 있고, 채무자는 이에 대비하여 의결권을 위임할 수 있도록 하되, 그 사유와 수임인의 범위를 비교적 엄격하게 제한한 것으로 보이므로, 전자투표에서의 의결권 위임이 위법하여 허용되지 않는다고 단정하기 어렵다. 따라서 채권자들의 위 주장 역시 이유 없다.

[지역주택조합/ 전자투표/ 창립총회] 주택법상 전자투표 규정은 인가를 받은 지역주택조합에만 적용되는 것이 아니라 그 이전 추진위원회에서 진행하는 창립총회에서 적용되며, 따라서 창립총회에서도 전자투표 방식을 사용할 수 있다(부산지방법원 2023가합42429 결의무효확인의소)

판례 해설

주택법에는 전자투표에 관한 근거 규정을 두고 있는바, 대상판결은 설립인가를 받은 주택조합뿐만 아니라 추진위원회 단계에서도 해당 조항이 적용되어 창립총회에서도 전자투표 방식을 사용할 수 있다고 판단하였다.

그 외 온라인으로 진행된 상황에서 모든 토의나 질의가 차단되었다는 주장에 관하여, 대상판결은 온라인 채팅창을 통한 질의 시간을 부여하였고 그 이후 추후 안내문을 통하여 답변한 점에서 모든 토의나 질의가 차단된 것으로 볼 수 없다고 판시하였다.

법원 판단 [전자적 방법에 의한 총회개최의 효력에 관한 판단]

1) 주택법 시행령 제20조 제4항은 "총회의 의결을 하는 경우에는 조합원의 100분의 10 이상이 직접 출석하여야 한다. 다만, 창립총회 또는 제3항에 따라 국토교통부령으로 정하는 사항을 의결하는 총회의 경우에는 조합원의 100분의 20 이상이 직접 출석하여야 한다."라고, 동조 제5항은 "제4항에도 불구하고 총회의 소집시기에 해당 주택건설대지가

위치한 특별자치시·특별자치도·시·군·구에 「감염병의 예방 및 관리에 관한 법률」 제49조 제1항 제2호에 따라 여러 사람의 집합을 제한하거나 금지하는 조치가 내려진 경우에는 전자적 방법으로 총회를 개최해야 한다."라고 각 규정하고 있는데, 위 각 조항은 총회의 의결 시 일정 비율 이상의 조합원이 직접 출석하도록 함으로써 주택조합 운영의 투명성을 제고하는 한편, 감염병의 확산을 방지하기 위하여 전자적 방법으로 총회를 개최하도록 함으로써 주택조합 총회의 조합원 직접 출석 요건에 대한 예외를 인정하기 위하여 신설되었다.

이러한 위 각 조항의 내용, 제정경위 등을 종합해 보면, **감염병 확산 방지를 위하여 전자적 방법에 의한 총회 개최를 규정한 주택법 시행령 제20조 제5항은 조합원의 직접 출석의무를 정하고 있는 제4항의 주택조합 총회에 모두 적용된다고 해석함이 상당하고, 원고들의 주장과 같이 주택법 시행령 제20조 제5항이 설립인가를 받은 주택조합 총회에 한해서만 적용된다고 보아야 할 합리적인 근거가 없다.** 따라서 지역주택조합의 설립을 위한 **이 사건 창립총회의 경우에도 주택법 시행령 제20조 제5항이 적용된다고 할 것**이므로, 이와 배치되는 원고들의 주장은 이유 없다.

2) 나아가 원고들은 이 사건 창립총회 개최 당시 관할 지방자치단체에 의한 집합금지명령이 내려진 바 없어 대면총회가 가능하였다고 주장하나, 을나 제1호증(가지번호 포함)의 기재에 따르면 이 사건 창립총회

개최 무렵 이 사건 사업 부지가 속한 부산광역시의 경우 「감염병의 예방 및 관리에 관한 법률」 에 따라 사적 모임을 4명까지 제한하고 50명 이상의 모임과 행사를 금지하는 것 등을 내용으로 하는 '사회적 거리두기 3단계 행정명령'이 발령 중이었던 사실이 인정되므로, 피고가 주택법 시행령 제20조 제5항에 따라 전자적 방법으로 이 사건 창립총회를 개최한 것은 적법하다고 할 것이다.

나. 절차상 하자에 관한 판단

앞서 든 증거, 을나 제3, 4, 8호증의 각 기재 및 영상에 변론 전체의 취지를 종합하여 인정되는 아래와 같은 사실 내지 사정에 비추어 보면, 이 사건 창립총회 결의에 절차적 하자가 있음을 인정하기 어렵고, 달리 이를 인정할 만한 증거가 없다. 따라서 원고들의 이 부분 주장은 이유 없다.

1) 주택법 시행령 제20조 제6항은 "주택조합은 제5항에 따라 전자적 방법으로 총회를 개최하려는 경우 총회의 의결사항, 전자투표를 하는 방법, 전자투표 기간, 그 밖에 전자투표 실시에 필요한 기술적인 사항을 조합원에게 사전에 통지해야 한다."라고 규정하고 있는데, 피고는 이 사건 창립총회를 소집하면서 조합원들에게 총회의 의결사항인 이 사건 각 안건의 내용 등이 담긴 총회책자와 전자투표 방법에 관한 안내문 등을 등기우편으로 발송하였으므로, 피고는 위 조항에서 정한 사전통지의무

를 이행하였다고 봄이 타당하다.

2) 이 사건 창립총회 결의는 총회 개최 전에 진행된 전자투표로 이루어졌는데, 위 전자투표는 중앙선거관리위원회 시스템을 활용한 모바일(웹) 온라인 투표 방식으로 진행되었고, 조합원들은 각자 휴대폰으로 위 시스템에 접속하여 주민등록번호 앞자리와 인증번호를 입력하는 등의 본인확인절차를 거쳐 이 사건 각 안건에 대한 찬반투표를 하였다.

3) 원고들은 이 사건 창립총회 결의 당시 모든 토의나 질의가 차단되었다고 주장하나, 피고는 총회 진행 당시 조합원들에게 온라인 채팅창을 통한 질의시간을 부여하였고, 추후 안내문을 통하여 조합원들의 질의에 대한 답변을 한 것으로 보인다.

4) 이 사건 창립총회 개최 당시 피고의 추진위원장이었던 G은 코로나 확진으로 참석하지 못하여 추진위원 중 한 명인 감사 M이 임시의장으로서 총회를 진행하였다. 이에 대하여 원고들은 피고의 조합규약 제19조 제6항에서 '조합장이 유고로 인하여 그 직무를 수행할 수 없을 때에는 이사 중 연장자 순으로 그 직무를 대행한다'고 규정하고 있음에도 이사가 아닌 감사 M이 이 사건 창립총회의 임시의장을 맡은 것은 명백한 절차적 하자에 해당한다고 주장한다. 그러나 M은 피고의 추진위원 중 가장 연장자로서 이 사건 창립총회의 임시의장직을 맡은 것으로 보이고, 이에 대하여 총회 당시 조합원들이 특별히 이의나 문제제기를 하

였다고 볼 만한 자료도 없으며, M이 이사가 아닌 감사라는 사실만으로는 이 사건 창립총회 결의가 무효라고 볼 만한 중대한 하자가 있다고 보기 어렵다.

5) 또한 원고들은 선거관리가 부재한 상태에서 조합 집행부를 선출한 이 사건 창립총회 결의에 절차상 하자가 있다고도 주장하나, 피고는 2021. 7. 5.부터 2021. 7. 7.까지 조합장 및 임원에 대한 입후보 등록을 접수하여 입후보자를 확정한 다음 조합규약에 따라 조합장 1인, 이사 3인, 감사 1인을 선출하고자 제3호 안건으로 '조합장 및 임원 선출의 건'을 상정하여 이 사건 창립총회 결의를 통해 조합 집행부를 선출하였고, 그 과정에서 특별히 피고가 선거의 중립성을 위반하였다는 등의 사정을 찾아볼 수 없으므로, 원고들의 위 주장 역시 받아들이기 어렵다.

III. 조합 임원 형사책임 관련 사례

[지역주택조합/ 총회 방해/ 형사책임] 총회 절차가 무효이거나, 회의의 형식적인 절차가 종료된 상태라고 하더라도, 사실상 회의 진행 중이었음이 인정되고 그 절차 진행을 방해하는 경우 업무방해죄의 죄책을 면할 수 없다(부산지방법원 2023고정395 업무방해)

판례 해설

조합 임원 해임총회를 다니다 보면 해임총회 절차가 법적으로 위법이어서 무효라고 주장하면서 회의장에서 난동을 부리는 경우를 종종 보게 된다. 그러나 기억해두어야 할 점은 해임총회 절차가 법률에 위반되는 경우, 해임 의결이 되었고 안건이 통과되었다고 발표하더라도 어차피 무효에 불과한바, 굳이 위와 같은 강경 수단으로 회의를 방해할 필요는 없다. 더 나아가 회의의 형식적인 절차가 종료되었다고 하더라도, 사실상 회의가 진행되는 도중이라고 한다면 대상판결과 같이 형사상 업무방해죄로 처벌받을 수 있다.

사실관계

피고인은 B지역주택조합의 조합원이다.

피고인은 2022. 3. 25. 19:30~19:40경 사이 부산 부산진구 C건물 13층 D에서 조합장해임건으로 B지역주택조합 임시총회를 진행하던 중 갑자기 "씨발놈들아, 느그끼리 다 해쳐 먹으려고 하는 총회 아니가, 이게 무슨 총회고, 그만해라"며 뛰어나와 사회자인 E이 들고 있던 마이크를 빼앗고, 양손으로 몸을 밀치는 등 폭행하고, 계속 고성을 지르는 등 행패를 부려 약 10분 동안 위력으로써 B지역주택조합의 임시총회 관련 진행업무를 방해하였다.

피고인의 주장

피고인이 회의 진행과 관련하여 사회자 E에게 항의하는 과정에서 마이크를 빼앗고, 손으로 밀친 사실은 인정하나, 당시 총회는 사실상 종료된 상황이었고, 그렇지 않다고 하더라도 조합의 임시총회 관련 진행업무를 방해할 정도는 아니었다.

법원판단

살피건대, 업무방해죄에 있어서의 업무란 직업 또는 사회생활상의 지위에 기하여 계속적으로 종사하는 사무나 사업의 일체를 의미하고, 그 업무가 주된 것이든 부수적인 것이든 가리지 아니하며, 일회적인 사무라 하더라도 그 자체가 어느 정도 계속하여 행해지는 것이거나 혹은 그것이 직업 또는 사회생활상의 지위에서 계속적으로 행하여 온 본래의 업무수행과 밀접불가분의 관계에서 이루어진 경우에도 이에 해당한다 할 것이다(대법원 2005. 4. 15. 선고 2004도8701 판결 등 참조).

위 법리에 비추어 각 증거들을 종합하여 인정되는 다음과 같은 사정, 즉 ① 조합장 F은 범죄사실 기재 일시, 장소에서 조합원, 조합 이사 등 해임건으로 소집된 임시총회에서 출석한 조합원의 수가 부족하여 안건이 부결되었음이 선포하였으나, 사회자 E이 총회에 참석한 조합원들에게 미리 제출되어 있는 서면결의서에 대한 개봉의사를 확인한 후 서면결의서를 개봉하고 집계하였던 점,

② 그 과정에서 피고인이 큰 소리를 치며 사회자의 진행에 대하여 항의하였던 점,

③ 그 후 사회자가 서면결의서 개봉결과를 발표하려고 하자 피고인이 갑자기 앞으로 나와 범죄사실 기재와 같이 결과를 발표하지 말라고 크게 소리치면서 사회자의 마이크를 잡고 빼앗으려 하였는데, 사회자는 마이크를 빼앗기지 않기 위해 힘을 주다가 뒤로 넘어져 진행이 잠시 중단된 점,

④ 사회자는 다시 일어나서 서면결의서의 결과를 발표한 후 진행을 마무리한 점 등을 고려하여 보면, 비록 범죄사실 기재 조합의 임시총회가 정족수 미달로 원래 조합장 등에 대한 해임 안건이 부결되었더라도

조합원들의 의사를 확인한 후 서면결의서를 개표하고 그 결과를 발표하는 업무를 진행하였고, 그 업무가 진행 중이던 상태였음이 인정되고, 그러한 상황에서 피고인의 범죄사실 기재와 같은 행위로 위 업무가 방해된 사실도 인정된다. 따라서 위 주장은 받아들이지 아니한다.

[지역주택조합/ 추진위원장 해임/ 임원 형사책임] 해임된 추진위원장이 자신이 보관하던 문서를 절취한 경우 타인의 점유로 볼 수 없어 절도죄가 인정되지 않고, 그 해임 사실 자체를 명확히 인정할 수 없는 경우 업무방해죄도 인정되지 않는다 (수원지방법원 안양지원 2015고정357 절도·업무방해)

판례 해설

해임된 추진위원장이 감정적으로 추진위원회 사무실에 보관 중이던 동의서를 절취하고 더 나아가 해당 추진위원회 이외 또 다른 추진위원회 명의를 사용하여 이 사건 조합 추진위원회의 업무를 방해하였다는 이유로 기소가 된 사안이다.

대상판결은 절도의 요건사실 중 하나가 타인이 점유하고 있는 타인의 소유물을 절취하는 것인데, 이 사건에서 피고인은 기존 추진위원장이었던 피고인 자신이 보관하고 점유하고 있는 문서를 절취한 것으로, **절도죄의 구성요건인 타인의 점유에 해당되지 않아 절도 공소사실에 무죄를 선고**하였고, 그 외 업무방해죄 역시 해임총회 하자 가능성, 사임 절차의 무효 가능성 등 **추진위원장직 해임 자체가 인정되기 어렵다**는 이유로, 해임의 유효성을 전제로 업무방해라고 주장하는 공소사실에 대해 무죄를 선고하였다.

> 사실 다른 사건 같은 경우 이와 같은 사실관계라면 절도죄나 업무방해죄가 충분히 성립할 여지가 있어 보이지만, 기본적으로 추진위원장직에서 해임된 사실 자체가 명확하게 인정되지 않아 이를 고려하여 판단한 것으로 보인다(민사와 형사는 전혀 별개이지만 민사의 법적 효과 사실이 형사 판단에 다소 영향을 준 사례이다).

사실관계

1. 절도

피고인은 2014. 3. 15.자 'C 지역주택조합' 추진위원회 임시총회에서 추진위원장직에서 해임되자 같은 달 18.경 안양시 만안구 D상가 208호 추진위원회 사무실 내 금고에 보관되어 있는 지구단위계획 변경 및 지역주택조합 설립 인가신청을 위해 지역주민들로부터 받아둔 동의서 124매를 무단으로 가지고 나가 이를 절취하였다.

2. 업무방해

피고인은 2014. 3. 15. 'C 지역주택조합' 설립을 위한 추진위원회 위원장직에서 해임되자 같은 해 5. 20.경 자신을 지지하는 17명을 모집하여 위 지역주택조합과 별개로 '(가칭)E 지역주택조합' 추진위원회를 발족한 후 그 무렵 불상의 장소에서 'C 지역주택조합' 조합원들에게 [C 지역주택조합 추진위 사무실을 우리 동네 옆 F 아파트 상가에 이전하고......
흩어진 조합원들을 한군데로 똘똘 뭉쳐 빠른 시일 내에 사업을 추진할
수 있도록 새로운 각오로 지역주택조합명을 '(가칭)E 지역주택조합'이
라는 명칭으로 변경하여 새롭게 출발하려 합니다, 2014. 6. 30.까지 소
유자동의서류를 징구하고 2014. 7. 초순 조합설립 창립총회를 개최하
고......2015. 1~2월에 건물철거 및 토목공사에 착공하겠습니다.....(가칭)
E 지역주택조합추진위원회 추진위원장 A 올림] 이라는 내용이 담긴 안
내문을 발송하는 등 허위사실을 유포하여 'C 지역주택조합' 설립을 위
한 추진위원회의 업무를 방해하였다.

법원판단

1. 절도의 점에 관하여

절도죄란 재물에 대한 타인의 점유를 침해함으로써 성립하는 것이
다. 여기서의 '점유'라고 함은 현실적으로 어떠한 재물을 지배하는 순
수한 사실상의 관계를 말하는 것으로서, 민법상의 점유와 반드시 일치
하는 것이 아니다. 물론 이러한 현실적 지배라고 하여도 점유자가 반드
시 직접 소지하거나 항상 감수(監守)하여야 하는 것은 아니고, 재물을
위와 같은 의미에서 사실상으로 지배하는지 여부는 재물의 크기·형상,
그 개성의 유무, 점유자와 재물과의 시간적·장소적 관계 등을 종합하여
사회통념에 비추어 결정되어야 한다(대법원 2012. 4. 26. 선고 2010도
6334 판결 등 참조).

그런데, **검사가 제출한 증거들만으로 피고인이 아닌 타인이 공소사실 제1항 기재와 같은 동의서들을 사실상 지배하여 점유하고 있었다고 볼 수 없고**, 달리 이 점을 인정할 증거가 없다.

2. 업무방해의 점에 관하여

업무방해죄에 있어서 '허위의 사실을 유포한다'고 함은 반드시 기본적 사실이 허위여야 하는 것은 아니고, 비록 기본적 사실은 진실이더라도 이에 허위사실을 상당 정도 부가시킴으로써 타인의 업무를 방해할 위험이 있는 경우도 포함되지만, **그 내용 전체의 취지를 살펴볼 때 중요한 부분이 객관적 사실과 합치되고 단지 세부에 있어 약간의 차이가 있거나 다소 과장된 표현이 있는 정도에 불과하여 타인의 업무를 방해할 위험이 없는 경우는 이에 해당하지 않는다**(대법원 2006. 9. 8. 선고 2006도1580 판결).

기록에 의하여 인정되는 다음과 같은 사정 **즉, ① 피고인에 대한 해임결의가 이루어진 2014. 3. 15.자 임시총회(이하 '이 사건 총회'라 한다)가 'C 지역주택조합 추진위원회'(이하 '이 사건 추진위원회'라 한다)의 위원장이나 법원의 총회소집허가결정에 의하여 소집되었다고 볼 수 있는 자료가 없어 소집 권한 있는 자에 의하여 소집된 적법한 총회임을 단정할 수 없는 점,** ② 피고인이 관련 업체에 이 사건 추진위원회 전추진위원장 이름으로 피고인을 해임하는 결의가 이루어지는 등으로 계약당사자의 지위를 박탈당했다는 내용의 통보를 하기는 하였으나 이를 두고 **피고인이 이 사건 추진위원회 추진위원장 직을 적법·유효하게 사임했다고 볼 수 없는 점** 등에 비추어 보면, 검사가 제출한 증거들만으로, 피고인이 이 사건 추진위원회의 추진위원장 직을 잃었다고 보기 어려워 피고인이 공소사실 기재와 같은 안내문을 발송하는 등의 행위를 한 것을 두고 허위의 사실을 유포하였다거나 이 사건 추진위원회의 업무를 방해할 위험이 있다고 볼 수 없고, 달리 이 점을 인정할 만한 증거가 없다.

그렇다면, 이 사건 공소사실은 범죄의 증명이 없는 경우에 해당하므로 형사소송법 제325조 후단에 따라 무죄를 선고한다.

[지역주택조합/ 조합원 명부/ 조합사무실 수색/ 방실수색죄] 조합장 해임 및 새로운 조합장 선임을 위한 조합원 명부를 요구하였음에도 거절하여 임의로 조합사무실에 가서 사무실을 뒤진 경우 성립되는 범죄 (광주지방법원 순천지원 2020. 11. 4. 선고 2019고단861 업무방해·방실수색·명예훼손·개인정보보호법위반)

> **판례 해설**
>
> 조합에서는 조합장과 조합 임원이 조합 사무를 원만하게 수행하지 않은 점 등을 고려히여 해임 및 새로운 조합장의 선임절차를 진행하고자 한다. 문제는 조합원 명부를 가지고 있지 않기 때문에 조합장에게 요구해야 하고 그렇지 않을 경우 경찰에 고소 등의 조치를 취해야 한다.

> 문제는 위와 같은 법적 절차를 진행하지 않고 대상판결과 같이 조합 사무실에 가서 책상 등을 뒤지는 경우는 형사상 범죄가 성립될 수 있음을 유의하여야 한다.

사실관계 및 법원판단

피고인 A은 D지역주택조합(이하 '조합'이라 한다) 비상대책위원회 임원이고, 피고인 B은 조합원의 가족이다. 피고인들은 피해자인 조합장 E에게 조합장 해임, 신규 조합장 선임 등을 요구하였으나 받아들여지지 않자 다음과 같은 범행을 하였다.

피고인 A, B은 공모하여, 2018. 5. 25. 09:30경 여수시 F 소재 피해자인 조합장 E가 관리하는 D지역주택조합 사무실에 들어가, 위 조합 사무실 직원 G에게 조합원 명부 등 조합 관련 서류를 달라고 요구하였고, 이에 위 G이 정보공개청구 등 조합 규약에서 정한 절차에 따르지 않으면 관련 자료를 제공하기 어렵다고 하였음에도 불구하고, 피고인 A은 조합 사무실 안에 있는 탁자, 책꽂이를 뒤졌고, 피고인 B은 조합 사무실 안에 있는 회의실 내 책꽂이 등을 뒤져 책꽂이에 꽂혀 있던 H 등 조합원 844명의 개인정보가 기재된 조합원 명부를 임의로 사본하여 가지고 갔다.

이로써 피고인들은 공모하여 피해자가 관리하는 방실을 수색하고 부정한 방법으로 개인정보를 취득하였다.

[지역주택조합/ 해임 이후 도어락 비밀번호 변경 등/ 업무방해·자격모용] 해임된 조합 임원이 인수인계를 하지 않고 도어락 비밀번호를 변경하는 등 업무를 방해할 경우 성립되는 형사책임 (의정부지방법원 2020고단2660 업무방해·자격모용사문서작성·자격모용작성사문서행사)

판례 해설

피고인은 지역주택조합의 추진위원장이었다가 해임된 자이다. 문제는 이와 같이 해임된 임원들은 해임을 받아들이지 않고 오히려 조합사무실 도어락 비번을 바꾸는 등 조합의 업무를 방해하는 경우가 종종 생긴다는 것이다. 이 사안은 이와 같은 상황에서 처벌된 전임 추진위원장 사례이다.

피고인은 **자신이 해임된 이후 도어락 비번을 바꾸는 등**으로 다른 조합원들이 사무실에 출입할 수 없도록 만들어 **형법상 업무방해죄**의 죄책을, 그 외 해임된 이후에도 여전히 자신의 **추진위원장 명의를 사용하여** 일부 토지 소유자들에게 문서를 송부하였는바 **자격모용사문서작성죄 및 동 행사죄**로 처벌되었다.

사실관계 및 법원판단

피고인은 2017. 12. 말경부터 의정부시 B 일대 지상에 지역주택조합 방식으로 공동주택을 건설하기 위하여 결성된 '(가칭) C 지역주택조합 추진위원회'의 추진위원장으로 재직하다가 2019. 4. 28.경 해임된 사람이고, D은 2019. 4. 28.경 위 추진위원회 추진위원장으로 새로이 선임된 사람이다.

1. 업무방해

피고인은 2019. 4. 28.경 위 추진위원장직에서 해임되자, 그 무렵 의정부시 E, 4층에 있는 위 **추진위원회 사무실 출입문에 설치된 디지털 도어락의 비밀번호를 변경**한 다음 **이를 피해자 D에게 알려주지 않아**, 피해자 및 추진위원회 임원들이 위 사무실에 출입할 수 없게 함으로써 위력으로 피해자의 위 추진위원회 운영 업무를 방해하였다.

2. 자격모용사문서작성, 자격모용작성사문서행사

피고인은 2019. 6. 13.경 전항과 같은 장소에서, 추진위원장직에서 해임되었음에도 불구하고 컴퓨터를 이용하여 위 추진위원회 사업계획부지인 의정부시 F 등 일대 토지 소유자들에게 송부할 문서 568부를 작성하면서 문서 하단에 **'(가칭) C 지역주택조합 추진위원회 추진위원장 A'라고 기재하고 위 추진위원회 직인을 날인**한 다음, 같은 날 불상지에 있는 우체국에서 **위와 같이 작성한 문서를 그 사실을 모르는 의정부시 F 토지 소유자인 G를 비롯하여 별지 범죄일람표 기재 토지 소유자 568명에게 발송**하였다.

이로써 피고인은 행사할 목적으로 위 추진위원회 추진위원장의 자격을 모용하여 권리·의무에 관한 문서 568부를 작성하고, 자격을 모용하여 작성한 문서 568부를 행사하였다.

[지역주택조합/ 조합원 모집/ 토지 확보비율 기망] 지역주택조합의 조합원을 모집하면서 토지 확보비율에 대하여 기망할 경우 사기죄가 성립된다(춘천지방법원 2018고단836 사기·사문서위조·위조사문서행사·배임증재·배임수재)

판례 해설

원칙적으로 조합 사업을 수행하는 동안 많은 변수가 발생할 수 있기 때문에 가입계약 당시와 다른 상황이 발생한다고 하더라도 이를 두고 법원은 가급적 기망이라고 판단하지 않고 사기죄 성립을 인정하지 않고 있다.

문제는 주택법상 주택조합설립인가를 위해서는 해당 주택건설대지(국·공유지 포함)의 100분의 80 이상의 토지에 대한 토지사용승낙이 필요하고 이는 지역주택조합 사업수행을 위한 전제조건이기 때문에 **토지사용승낙 비율을 기망하여 조합원을 모집한 경우에는 이유 여하를 막론하고 사기를 이유로 형사처벌**하고, 민사적으로도 민법 제110조에 의해 기망에 의한 **취소를 인정**하고 있다.

사안에서도 **사업부지 자체를 30% 이하 정도로 확보하였음에도 불구하고 80% 확보하였다고 기망**하였고 그 외에도 사업수행에 필요한 도시계획도로 변경(폐지) 역시 행정적으로 처리될 가능성조차 없었다. 그런데도 피고인은 이를 숨긴 채 만연히 조합원을 모집하였는바 이에 대하여 사기죄로 처벌된 것이다.

전제사실

지역주택조합아파트신축사업은 절차상 조합추진위원회를 구성하여 조합원을 모집하고 그 자금으로 사업부지를 확보한 다음 관할관청으로부터 지역주택조합설립인가를 받아야 사업계획승인 등 본격적인 사업 추진이 가능하다.

1. 사업부지 미확보

주택조합설립인가에 관한 근거법령인 주택법상 주택조합설립인가를 위해서는 해당 주택건설대지(국·공유지 포함)의 100분의 80 이상의 토지에 대한 토지사용승낙서가 필요한데, 피고인 A는 본건 사업부지에 약 30% 상당의 국·공유지를 포함시켰고, 본건 사업의 계획단계에서부터 해당 토지를 관리하는 여러 기관에 토지사용동의나 매수가부 여부를 문의하였으나 모두 거절당하였다.

2. 사업부지 내 도시계획도로 포함

피고인 A는 본건 사업부지에 장기미집행 도시계획도로(소로 T, 소로 U)를 포함시켰기에 위 도로의 폐지가 선행되지 아니하는 경우 본건 사업계획에 대한 춘천시장의 승인 자체가 불투명해지는 위험성이 있음에도, **춘천시청에 도시계획도로 변경(폐지) 관련 사전문의나 업무협의조**

차 하지 않은 채, 막연히 춘천시장이 내부적으로 알아서 위 도로를 변경(폐지)해줄 것이라는 기대만으로, 본건 사업을 계획하고 추진하였다.

3. 춘천시장의 사전통보

춘천시장은 2015. 12. 30<각주2>., 2016. 1. 23., 2016. 2. 29., 2016. 3. 11. 등 4회에 걸쳐 '<u>사업부지내에 있는 도시계획도로의 변경(폐지)이 선행되어야 하고, 사업추진이 불가능한 부지(국공유지)는 포함할 수 없다'는 내용</u> 등을 추진위원회에 통보한 바 있음에도 피고인 A는 이에 대해 어떠한 시정조치 없이 본건 사업을 추진하였다.

사실관계 및 법원판단

1. 피고인 A의 단독범행

피고인은 2015. 12. 23. 춘천시 J에 있는 V아파트 주택홍보관에서, 피해자 W에게 분양영업직원을 통하여, 위와 같은 본건 사업의 문제점을 제대로 알리지 아니한 채, 오히려 본건 사업부지에 835세대의 지역주택조합아파트를 신축하기 위하여 조합원을 모집한다는 내용의 각종 홍보자료를 보여주면서 "토지사용권원의 91.8%가 확보되어 춘천시장으로부터 주택조합설립인가를 받을 수 있다."라는 취지의 거짓말을 하였다.

그러나 사실 피고인은 지역주택조합아파트신축사업을 추진해본 경험이 없었고, 약 7억 원 상당의 사채 채무만 부담하고 있었을 뿐 자기 자본이 거의 없는 상태였으며, 위와 같은 본건 사업의 문제점을 해결할 특단의 수단이나 계획도 없었으므로 피해자를 비롯한 835세대의 조합원을 모집하더라도 조합원들에게 지역주택조합아파트를 분양해 줄 의사나 능력이 없었다.

피고인은 위와 같이 피해자를 기망하여 이에 속은 피해자로부터 같은 날 자금관리대리사무를 담당하는 R 주식회사 명의의 X은행계좌와 Y은행계좌로 계약금(조합원 분담금 및 업무대행비) 명목으로 22,260,000원을 교부받아 편취한 것을 비롯하여 그때부터 2016. 6. 30.까지 별지 범죄일람표 1 기재와 같이 461명의 피해자들을 기망하여 이에 속은 피해자들로부터 계약금 명목으로 합계 금 10,056,770,000원을 교부받아 편취하였다.

2. 피고인 A 및 피고인 C의 공동범행

가. 사기

피고인 C은 광고 및 분양대행사를 운영하면서 2015. 11.경 피고인 A로부터 본건 사업과 관련한 사전광고영업을 수주받아 사실상 그때부터 본건 사업에 대한 광고를 담당하다가 2016. 1. 8. 정식으로 약 28억 원

상당의 광고대행수수료를 지급받는 내용의 광고대행용역계약을 체결하였고, 2016. 2.경에는 피고인 A로부터 아파트건축시행사업을 배운다는 계획 하에 피고인 A에게 업무대행사에서 일을 할 수 있도록 해달라고 부탁하여 업무대행사의 '상무' 직책으로 업무대행사의 자금인출요청업무 등도 담당하게 되었다.

피고인 A는 위와 같이 2015. 12. 24.경 주택홍보관을 오픈한 후 공식적으로 조합원 모집을 시작하였고, 2016. 3. 25. (가칭)E지역주택조합 창립총회를 개최한 후 2016. 3. 28. 춘천시청에 제1차 주택조합설립인가를 신청하였으나 '지역주택조합의 설립은 주택법 관련 규정을 충족하여야 하고, 기존 도시계획시설(도로) 변경(폐지) 불가' 등의 사유로 2016. 4. 26. 불인가처분을 받았고, 다시 2016. 5. 2. 제2차 주택조합설립인가를 신청하였으나 역시 같은 사유로 2016. 6. 13. 불인가처분을 받게 되었다.

한편, 피고인 A는 사건 외 (주)M와의 분양대행계약이 2016. 6. 30.경 해지되자, 업무대행사의 상무 직책과 광고 및 분양대행사의 운영자 직책을 겸임하고 있던 피고인 C에게 분양대행업무도 함께 수행할 것을 지시하였다.

피고인 C은 위와 같이 2016. 2.경부터 아파트시행에 관한 일을 배운다는 명목으로 업무대행사 사무실에서 근무하는 과정에서, 본건 사업의 문제점과 그로 인해 자신이 모집한 조합원들에게 지역주택조합아파트를 분양해줄 수 없다는 점을 인식하게 되었다.

그럼에도 불구하고 피고인들은 2016. 7. 2. 조합원모집을 위한 분양대행계약을 체결하였고, 이에 따라 피고인 C은 같은 날 춘천시 J에 있는 V아파트 주택홍보관에서 분양영업직원을 통하여 피해자 Z에게, 위와 같은 본건 사업의 문제점을 제대로 알리지 아니한 채, 오히려 본건 사업부지에 835세대의 지역주택조합아파트를 신축하기 위하여 조합원을 모집한다는 내용의 각종 홍보자료를 보여주면서 "토지사용권원의 91.8%가 확보되어 춘천시장으로부터 주택조합설립인가를 받을 수 있다." 라는 취지의 거짓말을 하였다.

그러나 사실 피고인들은 위와 같은 본건 사업의 문제점을 해결할 특단의 수단이나 계획도 없었으므로 피해자를 비롯한 835세대의 조합원을 모집하더라도 조합원들에게 지역주택조합아파트를 분양해 줄 의사나 능력이 없었다.

피고인들은 위와 같이 순차적으로 또는 암묵적으로 공모하여, 피고인 C은 분양영업 직원을 통하여 피해자를 기망하고, 피고인 A는 이에 속은 피해자로부터 같은 날 자금관리대리사무를 담당하는 R 주식회사 명의의 X은행계좌와 Y은행계좌로 계약금(조합원 분담금 및 업무대행비) 명목으로 25,410,000원을 교부받아 이를 편취한 것을 비롯하여 그때부터 2017. 4. 14.까지 별지 범죄일람표 2 기재와 같이 99명의 피해자들을 기망하여 이에 속은 피해자들로부터 계약금 명목으로 합계 금 2,322,690,000원 상당의 금원을 교부받아 편취하였다.

[지역주택조합/ 총회 방해/ 단시간의 위력 행사] 조합 총회에서 자신의 의사가 무시된다고 해서 마이크를 빼앗거나 욕설을 하는 등의 행태를 보인다면 그 시간이 단시간이라 하더라도 업무방해죄로 처벌될 수 있다(부산지방법원 2023. 9. 26. 선고 2023고정395 업무방해)

판례 해설

앞서 살펴본 판례이지만, 다른 부분에서도 고려할 점이 있다.

총회는 당연히 조합 사무 중에 가장 중요한 업무 중에 하나다. 그럼에도 자신이 조합과 반대적인 입장을 가지고 있다는 사정만으로 또는 총회 주관자와 다른 생각을 가지고 있다는 사정만으로 **총회장에서 욕설을 하고 마이크를 빼앗는 등의 행동**을 보이면 이는 단순 감정의 표출의 문제가 아니라 형사 범죄의 문제가 되는 것이다

사안에서는 조합측에 반대의 의사를 가진 조합원이 마이크를 빼앗고 양 손을 몸을 밀치는 등 **단지 10분정도 위력을 행사하였을 뿐이지만 업무방해죄로 처벌**되어 전과자가 된 것이다.

사실관계 및 법원판단

피고인 A은 B지역주택조합의 조합원이다.

피고인은 2022. 3. 25. 19:30~19:40경 사이 부산 부산진구 C건물 13층 D에서 조합장해임건으로 B지역주택조합 임시총회를 진행하던 중 **갑자기 "씨발놈들아, 느그끼리 다 해쳐 먹으려고 하는 총회 아니가, 이게 무슨 총회고, 그만해라"며 뛰어나와 사회자인 E이 들고 있던 마이크를 빼앗고, 양손으로 몸을 밀치는 등 폭행하고, 계속 고성을 지르는 등 행패를 부려 약 10분 동안 위력으로써 B지역주택조합의 임시총회 관련 진행업무를 방해**하였다.

[지역주택조합/ 조합장 지위상실/ 선고유예] 조합장 형사책임에서 선고유예의 요건 및 효과(창원지방법원 진주지원 2021고정244 주택법위반)

판례 해설

선고유예라는 형은 1년 이하의 징역이나 금고, 자격정지 또는 벌금의 형에 해당하는 경우, 범행을 뉘우치는 정상이 뚜렷할 때에는 **선고 자체를 유예하는 형으로시 그 기간내에 일정 수준 범죄행위만 행하지 않으면 면소**된다. 주택법이나 도시정비법 그리고 각 조합의 규약에서는 **일정 금액의 벌금형이 선고된 경우 조합장 지위를 상실**하게 되는바 위와 같은 점에서 **선고유예는 조합장에게 굉장히 의미**가 있다.

> 이 사건 조합도 조합장이 직무와 관련되어 벌금형(금액 상관없이) 선고되어 확정되면 그 지위를 상실하게 되는바, 대상판결은 자격없는 자와 업무대행계약을 체결한 조합장에게 그 책임이 미미한 점을 들어 **선고유예 결정을 내렸고, 결국 그로 인하여 조합장은 그 지위를 유지**하게 되었다.

주택법
제11조의2(주택조합업무의 대행 등) ① 주택조합(리모델링주택조합은 제외한다. 이하 이 조에서 같다) 및 주택조합의 발기인은 조합원 모집 등 제2항에 따른 주택조합의 업무를 제5조제2항에 따른 공동사업주체인 등록사업자 또는 다음 각 호의 어느 하나에 해당하는 자로서 대통령령으로 정하는 자본금을 보유한 자 외의 자에게 대행하게 할 수 없다.
1. 등록사업자
2. 「공인중개사법」 제9조에 따른 중개업자
3. 「도시 및 주거환경정비법」 제102조에 따른 정비사업전문관리업자
4. 「부동산개발업의 관리 및 육성에 관한 법률」 제4조에 따른 등록사업자
5. 「자본시장과 금융투자업에 관한 법률」에 따른 신탁업자
6. 그 밖에 다른 법률에 따라 등록한 자로서 대통령령으로 정하는 자

주택법
제101조(벌칙) 다음 각 호의 어느 하나에 해당하는 자는 3년 이하의 징역 또는 3천만원 이하의 벌금에 처한다. 다만, 제2호 및 제3호에 해당하는 자로서 그 위반행위로 얻은 이익의 3배에 해당하는 금액이 3천만원을 초과하는 자는 3년 이하의 징역 또는 그 이익의 3배에 해당하는 금액 이하의 벌금에 처한다.
1. 제11조의2제1항을 위반하여 조합업무를 대행하게 한 주택조합, 주택조합의 발기인 및 조합업무를 대행한 자
1의2. 고의로 제33조를 위반하여 설계하거나 시공함으로써 사업주체 또는 입주자에게 손해를 입힌 자

사실관계 및 법원판단

D지역주택조합은 사천시 E 일대에서 지역주택조합 사업을 실시하여 아파트를 건축하기 위해 설립된 조합이고, 피고인 A은 위 조합의 조합장, 피고인 B은 주식회사 C의 대표이사, 피고인 주식회사 C은 주택건설업 등을 목적으로 설립된 법인이다.

1. 피고인 A

주택조합 및 주택조합의 발기인은 주택법 및 관련 법령에 따라 법인의 경우 5억 원 이상의 자본금을 보유한 자 이외의 자에게 업무를 대행하게 할 수 없다. 그럼에도 불구하고 피고인은 2020. 7. 25.경 위 조합 총회를 통해 보유 자본금 3억 원에 불과한 주식회사 C을 위 조합의 업무대행사로 선정한 다음, 2020. 8. 10.경 사천시 F에 있는 D지역주택조합 사무실에서, 위 회사의 대표인 B과 업무대행계약을 체결하고, 주식회사 C로 하여금 사업계획승인 신청 등 위 조합의 업무를 대행하도록 하였다.

2. 피고인 B

피고인은 제1항 기재와 같이 주식회사 C이 관련 법령이 정한 자격요건을 갖추지 못하였음에도 2020. 8. 10.경 사천시 F에 있는 D지역주택조합 사무실에서, 제1항 기재와 같이 A과 업무대행계약을 체결하고, 위 조합의 사업계획승인 신청 등 위 조합의 업무를 대행하였다.

3. 피고인 주식회사 C

피고인은 제2항 기재 일시, 장소에서, 피고인의 대표자인 B이 피고인의 업무에 관하여 제2항 기재와 같은 위반행위를 하였다.

양형의 이유

피고인 A은 이 사건 주택조합의 조합장으로서 자격 없는 자에게 주택조합의 업무를 대행하게 하였다는 범죄사실로 2021. 1. 13. 선고유예 판결을 받았음에도 다시 그와 유사한 내용의 이 사건 범행을 하였다. 그런데 법인의 경우 5억 원 이상의 자본금을 보유한 자만 주택조합 업무대행자가 될 수 있다는 주택법 시행령 제24조의2 제1호는 2020. 7. 24. 신설되어 같은 날 시행되었고, 피고인 A은 2020. 7. 25.자 임시총회를 통해 업무대행사로 선정된 피고인 C과 2020. 8. 10. 주택조합 업무대행계약을 체결하였으며, 이후 **피고인 C의 자본금이 3억 원에 불과하여 위 시행령 규정에 위반될 소지가 있음을 알고서 2020. 8. 18. 자본금이 5억 원 이상인 주식회사 H 및 피고인 C과 다시 업무대행계약을 체결**하였다.

위 사정에 비추어, 피고인들은 신설된 위 규정을 제대로 인지하지 못한 탓에 2020. 8. 10. 자본금이 5억 원 미만이던 피고인 C을 업무대행사로 하는 계약을 체결하였다가, 뒤늦게 위 규정을 알고서 2020. 8. 18. 자본금 요건을 갖춘 법인과 다시 업무대행계약을 체결하였다고 보인다. 또한 **업무대행사가 자본금 요건을 갖추지 못했던 기간이 짧고 해당 기간 동안 중요한 업무대행 행위도 없었다고 보여 위 시행령 규정의 취지를 훼손한 정도도 비교적 작다.**

 나아가 **이 사건 주택조합의 규약 제18조 제2항에 의하면, 조합장이 직무와 관련하여 벌금 이상의 형을 선고받는 경우 당연히 자격을 상실한다고 규정하고 있는데, 현재까지 이 사건 주택조합의 업무추진 경과 등에 비추어 볼 때, 이 사건으로 조합장의 자격을 곧바로 상실시키는 것보다는 조합 규약 제20조에 따른 조합원 총회를 통해 조합장의 해임 여부 등이 결정되도록 함이 바람직하다고 판단**된다.

 이상과 같은 이유로 주문과 같이 피고인들에 대한 형의 선고를 유예한다.

[지역주택조합/ 업무방해죄/ 허위사실 유포] 업무방해죄에서 허위사실 유포와 의견제시의 기준 (서울서부지방법원 2022고정678 업무방해)

판례 해설

형법 제307조의 명예훼손이나 형법 제314조의 업무방해죄의 구성요건은 허위사실 유포이다. 문제는 이와 같은 허위사실과 법적 판단, 의견제시의 개념은 각각 전혀 다르다는 것이다. 즉 **허위사실은 "객관적 사실"에 반하는**, 말 그대로 허위사실을 말하는 것인데 그에 반하여 **"횡령을 하였다", "배임을 하였다"**라는 것은 법적 판단의 문제이기 때문에 이와 같은 개념의 유포는 허위사실의 개념에 포함되지 않는다. 더 나아가 사안에서처럼 **전자투표의 위험을 알리는 수준에 불과**한 경우, 대상판결은 **의견제시에 불과**할 뿐 허위사실의 유포라고 볼 수 없다고 판단하였다.

더 나아가 위 죄책의 기본적인 구성요건 중 하나는 **허위라는 점에 대한 인식이 있음에도 이를 고지하였는지** 여부인데, 대상판결은 **전자투표 방식이 처음 도입되었고 피고인은 허위라는 점에 대하여 사실상 인식조차 없이 그와 같은 방식이 위험하다는 생각에서 유포한 것이므로 허위사실에 대한 인식이 없다**는 이유로 무죄 판결을 선고한 것이다.

사실관계

피고인은 'B 주택재개발정비사업조합'의 조합원이다. 피고인은 피해자 C, D이 2020. 12. 21.경 '조합임원(이사, 감사) 해임을 위한 임시총회를 2021. 1. 16. 개최한다. 서면투표 또는 전자투표 방식으로 서면결의서를 작성하여 제출함으로써 임시총회에 참가할 수 있다.'는 취지로 임시총회 개최를 공고하자, 조합원들의 투표 참가를 방해하여 피해자들이 개최하는 임시총회를 정족수 미달로 무산시키기로 마음먹었다.

이에 피고인은 2021. 1. 2. 09:03경 위 조합원 575명이 있는 카카오톡 단체대화방에서 '해임총회에 반대하시는 분들은 전자투표에 유념하셔야 합니다. 왜냐하면 동의하고 들어가는 순간 [○○○님 투표에 참여해 주셔서 감사합니다.] 라는 멘트만 뜨고 취소 자체가 안 될 수도 있답니다. 그래서 장난삼아 전자투표를 해보시면 절대로 안 된다는 것도 알려드립니다.'라는 메시지를 전송한 것을 비롯하여, 그때부터 2021. 1. 4. 09:20경까지 별지 범죄일람표와 같이 총 16회에 걸쳐 같은 메시지를 위 단체대화방에 전송하였다.

　그러나 사실은 투표자가 위 전자투표 시스템에 접속하는 순간 자동으로 투표가 되는 것이 아니었고, 투표자가 자신의 인적사항 및 투표 내용을 기입하여 그 내용을 최종적으로 확인한 후 '의결 제출'란을 클릭하여야 비로소 전자투표가 완료될 뿐이었다. 이로써 피고인은 허위의 사실을 유포하여 피해자들의 조합 임시총회 개최 업무를 방해하였다.

법원판단

가. 관련 법리

　허위사실을 유포하는 방법에 의하여 타인의 업무를 방해함으로써 성립하는 업무방해죄에 있어, 허위사실을 유포한다고 함은 실제의 객관적 사실과 서로 다른 사항을 내용으로 하는 사실을 불특정 다수인에게 전파시키는 것을 말하고, 특히 이러한 경우 그 행위자에게 행위 당시 자신이 유포한 사실이 허위라는 점을 적극적으로 인식하였을 것을 요한다(대법원 2008. 11. 27. 선고 2008도6728 판결 참조).

나. 이 법원이 적법하게 채택하여 조사한 증거들에 의하여 인정되는 다음과 같은 사실 및 사정에 비추어 볼 때, **검사가 제출한 증거들만으로는 피고인이 카카오톡 단체대화방을 통해 조합원들에게 전송한 공소사실 기재 각 메시지를 허위 사실의 적시라 단정할 수 없고, 설령 이를 허위 사실의 적시라고 보더라도 피고인이 이를 허위라고 적극적으로 인식하였다고 인정하기에 부족하고 달리 이를 인정할 증거가 없다.**

① 피고인이 전송한 메시지 중에 허위 사실이 문제되는 부분은 "왜냐면 동의하고 들어가는 순간 [000님 투표에 참여해주셔서 감사합니다.]라는 멘트만 뜨고 취소 자체가 안될 수도 있답니다"인데, **위와 같은 표현 형식 및 내용, 전후 문맥에 의하면 조합원들로 하여금 전자투표 시스템에 대한 부정적인 인식이나 오해를 불러일으킬 소지가 있었다 하더라도 실제의 객관적 사실과 다르게 전자투표 시스템에 접속하는 순간 자동으로 투표가 되고 취소할 수 없는 것으로 오인하게 할 만한 구체적인 허위 사실의 적시가 있었다고 보기 어렵다. 오히려 위 메시지의 내용은 당시 피해자들이 조합의 임시총회에서 도입하고자 하던 전자적 방법에 의한 의결권 행사에 대한 부정적인 피고인의 의견을 표명한 것으로 볼 여지가 충분**하다.

② 피고인이 위 메시지를 전송할 당시 구 도시 및 주거환경정비법(법률 제18388호로 일부개정되기 전의 것)이나 조합의 정관상 전자적 방법에 의한 의결권 행사가 규정되어 있지 않아 이를 허용할 수 있는지 여부가 불분명 하였던 점, 그럼에도 조합의 임시총회에 처음으로 전자투표 방식을 도입한 피해자들은 그 작동원리나 이용방법 및 시스템 관리 업체 등에 관하여 조합원들에게 충분히 알리지 않은 것으로 보이고 이에 따라 조합원들 사이에 그 유효성이나 의결권 행사방법 등에 관하여 논란이 있었던 점, 증인 E의 법정진술에 의하면 전자투표 시스템을 통해 의결권 행사를 한 후에는 전자투표 시스템에서 직접 철회할 수 없고 별도로 시스템 관리자에게 연락을 취하여만 철회가 가능한 점 등에 의하면, 피고인은 자신이 조합원들에게 전송한 각 메시지의 내용을 허위리고 적극적으로 인식하였다고 단정할 수도 없다.

그렇다면 이 사건 공소사실은 범죄의 증명이 없는 경우에 해당하므로 형사소송법 제325조 후단에 의하여 무죄를 선고하고, 형법 제58조 제2항 단서에 따라 이 판결의 요지를 공시하지 않기로 하여, 주문과 같이 판결한다.

[지역주택조합/ 자격모용사문서작성/ 자격에 대한 인식] 자신이 적법한 추진위원장이라는 사실을 신뢰하고 그 자격을 행사하는 자는 고의가 없어 무죄이다(서울남부지방법원 2023고정576 자격모용사문서작성·자격모용작성사문서행사)

판례 해설

형법 제231조 및 형법 제234조 자격모용사문서작성 및 동행사는 자격 없는 자가 마치 자격이 있는 것처럼 타인의 자격을 모용하여 문서를 작성하고 행사하는 것을 의미한다. 문제는 자신이 자격이 없다는 사실을 인식하고 해당 자격을 사칭하여야 한다. 이를 형법상 고의라고 표현한다.

사안에서 피고인은 추진위원장으로 선출되었고, 그에 따라 해당 문서를 작성하였는데 그 이후 추진위원장으로 선출된 총회가 무효로 되어 소급적으로 그 자격이 박탈되었다. 문제는 민사상은 소급효가 있다고 볼 수 있으나, 대상판결은 형사상으로는 자신이 추진위원장으로 형식상이나마 선출되었다면 그 이후 민사상 선출이 무효가 되었다고 하더라도 그동안에 진행한 업무는 자신이 추진위원장임을 믿고 수행한 것이기 때문에 사실상 고의가 존재하지 않는 것으로 판단한 것으로 보인다.

사안의 공소사실대로 피고인의 유죄가 인정된다면 어떤 조합이든 추후 총회가 무효로 되면 해당 총회 이후 업무를 수행한 모든 조합장들은 자격모용사칭 및 동행사죄가 성립될 수 있는바, 이는 민사 판결에 따라 형사 범죄가 좌우되는 어처구니없는 결과가 발생할 수 있으므로 대상판결은 타당하다고 생각된다.

사실관계

피고인은 2017. 9. 5.부터 2021. 12. 15.까지 (가칭)B지역주택조합의 추진위원장으로 근무하였고, 2021. 12. 15. (가칭)B지역주택조합의 임시추진위원회의 의결로 추진위원에서 제명된 자이고, 피해자 C은 2021. 12. 15. (가칭)B지역주택조합의 추진위원장으로 선임된 자이다.

가. 자격모용사문서작성

피고인은 2021. 12. 15. (가칭)B지역주택조합의 임시추진위원회의 의결로 추진위원장의 직에서 제명되었음에도 불구하고 행사할 목적으로,

1) 2022. 1. 7. 서울 동작구 D 4층에 있는 (가칭)B지역주택조합 사무실 내에서 그곳에 있던 컴퓨터를 이용하여 "(가칭)B지역주택조합 창립총회 개최공고, 1. 창립총회 일시 및 장소, 일시 2022년 01월 22일 오후 3시, 장소 서울시 동작구 E, 3층, 2. 창립총회 상정안건, 2. 총회참석, 4. 회의목적, 5. 서면결의서 제출, 2022. 01. 07. (가칭)B지역 주택조합 추진위원장 A"이라고 입력하여 이를 출력한 후 A의 이름 옆에 서명을 하여 (가칭)B지역주택조합 추진위원장의 자격을 모용하여 (가칭)B지역주택조합 추진위원장 명의 권리의무 또는 사실증명에 관한 사문서인 창립총회개최공고서 1장을 작성하고,

2) 2022. 1. 25. 서울 동작구 D 4층에 있는 (가칭)B지역주택조합 사무실 내에서 그곳에 있던 컴퓨터를 이용하여 "창립총회결과에 따른 자금집행 중지 통보, 1. 귀사의 무궁화 발전을 기원합니다, 2. (가칭)B지역주택조합 창립총회 및 자금집행 중지 관련입니다, 3. 당 조합은 귀사와

2020. 06. 16.경 자금관리 대리사무 계약을 체결한 사실이 있습니다,(중략) 17. 당 조합은 자금관리 대리사무 계약사인 귀사와 좋은 관계를 유지하고 싶고 분쟁을 원하지 않습니다 귀사에 위탁된 자금이 누구 돈인지 정확하게 개념을 정리해주시고 위탁자들이 자신들의 집행부를 구성했음을 참고하여 주시기 바랍니다, B 지역주택조합 조합장 A"이라고 입력하여 이를 출력한 후 A의 이름 옆에 날인을 하여 B지역주택조합 조합장의 자격을 모용하여 B지역주택조합 조합장 명의 권리의무 또는 사실증명에 관한 사문서인 자금집행 중지 통보서 1장을 작성하고,

3) 2022. 2. 4. 서울 동작구 D 4층에 있는 (가칭)B지역주택조합 사무실 내에서 그곳에 있던 컴퓨터를 이용하여 "자금관리대리사무 관련 내용증명 회신에 대한 답변, 1. 귀사의 무궁한 발전을 기원합니다, 2. 귀사의 당 조합 협조요청서 및 창립총회개최공고 내용증명 회신에 대한 답변 관련입니다, (중략) 8. 당 조합의 문서가 효력이 있는지 없는지 선택은 자유시구요 효력의 판단은 귀사가 하는게 아니고 대한민국 법원이 하겠지요 만약, 귀사의 일방적 자금 집행후 당 조합의 창립총회가 법원으로부터 적법하다는 판단이 나온다면, 귀사는 어쩔수 없이 자금관리에 대한 민,형사적 모든 책임을 질 수밖에 없을 것입니다, B지역주택조합 조합장 A"이라고 입력하여 이를 출력한 후 A의 이름 옆에 날인을 하여 B지역주택조합 조합장의 자격을 모용하여 B지역주택조합 조합장 명의 권리의무 또는 사실증명에 관한 사문서인 자금관리대리사무 관련 내용증명 회신에 대한 답변서 1장을 작성하고,

4) 2022. 2. 4. 서울 동작구 D 4층에 있는 (가칭)B지역주택조합 사무실 내에서 그곳에 있던 컴퓨터를 이용하여 "창립총회결의에 의한 용역계약 해지 통보, 1. 귀사의 무궁한 발전을 기원합니다, 2. B지역주택조합 창립총회결의에 의한 용역계약 해지통보 관련입니다, (중략) 5. 따라서, 귀사에 대한 업무대행 용역계약 해지 통고하오니 이건 통고서를 송달받은 즉시 당 조합의 모든 업무에서 손떼시고 우리 조합업무에 대하여 방해하지 마시기 바랍니다, B지역주택조합 조합장 A"라고 입력하여 이를 출력한 후 A의 이름 옆에 날인을 하여 B지역주택조합 조합장의 자격을 모용하여 B지역주택조합 조합장 명의 권리의무 또는 사실증명에 관한 사문서인 용역계약 해지 통보서 1장을 작성하고,

5) 2022. 2. 15. 서울 동작구 D 4층에 있는 (가칭)B지역주택조합 사무실 내에서 그곳에 있던 컴퓨터를 이용하여 "2022. 02 조합운영비 등 자금청구, 1. 귀사의 무궁한 발전을 기원합니다, 2. 당 조합 운영비등 자금청구 관련입니다, 3. 당 조합은 2022. 01. 22. 창립총회 제5호안건 조합운영비 예산안 승인의 건 결의로 조합운영비가 확정되었습니다, (중략) 5. 한편, ㈜F를 상대로한 서울중앙지방법원 2022카합 20198 서류 등 인도단행가처분 소송비용도 지급하여 주시기 바랍니다, B지역주택조합 조합장 A"라고 입력하여 이를 출력한 후 A의 이름 옆에 날인을 하여 B지역주택조합 조합장의 자격을 모용하여 B지역주택조합 조합장 명의 권리의무 또는 사실증명에 관한 사문서인 2022. 02. 조합운영비 등 자금청구서 1장을 작성하고,

6) 2022. 3. 11. 서울 동작구 D 4층에 있는 (가칭)B지역주택조합 사무실 내에서 그곳에 있던 컴퓨터를 이용하여 "조합원 모집(분양) 금지 통고, 1. 귀하의 당 조합 조합 원모집(분양) 금지 최고 관련입니다, 2. 귀하께서 당 조합의 조합원 모집직원(팀장)으로 활동하신 경력이 있으시고 당 조합의 업무를 방해 해오셨기에 노파심에서 드리는 최고서 입니다, (중략) B지역주택조합 조합장 A"라고 입력하여 이를 출력한 후 A의 이름 옆에 날인을 하여 B지역주택조합 조합장의 자격을 모용하여 B지역주택조합 조합장 명의 권리의무 또는 사실증명에 관한 사문서인 조합원 모집(분양) 금지 통고서 1장을 작성하고,

7) 2022. 3. 17. 서울 동작구 D 4층에 있는 (가칭)B지역주택조합사무실 내에서 그곳에 있던 컴퓨터를 이용하여 "2022. 03. 조합운영비 등 자금청구, 1. 귀사의 무궁한 발전을 기원합니다, 2. 당 조합 운영비등 자금청구 관련입니다, 3. 당 조합은 2022. 01. 22. 창립총회 제5호안건 조합운영비 예산안 승인의 건 결의로 조합운영비가 확정되었으니 3월25일 한 지급하여 주시기 바랍니다, B지역주택조합 조합장 A"라고 입력하여 이를 출력한 후 A의 이름 옆에 날인을 하여 B지역주택조합 조합장의 자격을 모용하여 B지역주택조합 조합장 명의 권리의무 또는 사실증명에 관한 사문서인 2022. 03. 조합운영비 등 자금청구서 1장을 작성함으로써,

위 권리의무 또는 사실증명에 관한 사문서 총 7매를 작성하였다.

나. 자격모용작성사문서행사

1) 피고인은 위 가.항 1)의 일시, 장소에서 위와 같이 작성한 창립총회 개최공고문이 마치 진정하게 작성된 것처럼 그 정을 알지 못하는 조합 가입계약자들에게 우편으로 발송하여 행사하고,

2) 피고인은 위 가.항 2), 3), 5), 7)의 일시, 장소에서 위와 같이 작성한 창립총회결과에 따른 자금집행 중지 통보서, 자금관리대리사무 관련 내용증명 회신에 대한 답변서, 2022. 02 조합운영비 등 자금청구서, 2022. 03 조합운영비 등 자금청구서가 마치 진정하게 작성된 것처럼 그 정을 알지 못하는 G주식회사 대표이사 H에게 내용증명으로 우편발송하여 행사하고,

3) 피고인은 위 가.항 4)의 일시, 장소에서 위와 같이 작성한 창립총회 결의에 의한 용역계약 해지 통보서가 마치 진정하게 작성된 것처럼 그 정을 알지 못하는 주식회사 F 사내이사 I에게 내용증명으로 우편발송하여 행사하고,

4) 피고인은 위 가.항 6)의 일시, 장소에서 위와 같이 작성한 조합원 모집(분양) 금지 통고서가 마치 진정하게 작성된 것처럼 그 정을 알지 못하는 J에게 내용증명으로 우편발송하여 행사하였다.

법원판단

가. 기록상 인정되는 사실

1) 공소사실 기재 (가칭)B지역주택조합은 서울 동작구 K 일원에서 공동주택을 신축하는 사업(이하 '이 사건 사업'이라 한다)을 추진하기 위한 주택법상 지역주택조합의 설립을 위하여 구성된 추진위원회(이하 '추진위원회'라고 한다)이다. 추진위원회가 조합설립 이후 시행될 것을 예정으로 하여 만든 조합규약을 제시하고 이에 동의한 조합 가입자들과 조합가입계약을 체결하는 방식으로 이 사건 사업을 진행하였다.

2) 피고인은 2017. 9. 5. 개최된 추진위원회 회의에서 추진위원회 대표로 선출되었는데,<각주1> 추진위원회 규약 제10조는 임원의 임기는 2년으로 하며 연임할 수 있다고 규정하고 있었고, 그 이후 연임하여 2021. 12.경까지 추진위원회 대표의 지위에 있었다.

3) 추진위원회의 추진위원 L, M, N은 2021. 12. 13.경 '피고인의 임기 종료로 인한 연임 건'을 안건으로 하여 임시회의의 소집을 발의하였다. 추진위원회 임시회의가 2021. 12. 15. 개최되어 출석한 추진위원 L, M, N, O 전원의 찬성으로 피고인의 연임에 관한 안건은 부결되고, C을 대표로 선출하는 안건이 의결되었다.

4) 그 후 피고인은 위 1)항 조합가입계약을 체결한 347명 중 228명으로부터 B지역주택조합(이하 '이 사건 조합'이라 한다)의 설립을 위한 창립총회 소집 동의서를 징구하여 창립총회 개최 공고 및 소집통지를 하였고, 2022. 1. 22. 창립총회가 개최되었다(이하 '이 사건 창립총회'라 한다). 위 창립총회 당시 211명이 전자투표에 참여하여 출석하였는데, 피고인은 이 사건 조합의 조합장으로 선출되었고(제3-1호 안건), 업무대행사인 주식회사 F(이하 'F'라 한다)와의 업무대행용역 계약을 해지하는 내용의 안건(제8호 안건)이 가결되었다.

5) 이 사건 조합은 피고인을 대표자로 하여 2022. 2. 4. F를 상대로 F가 보유하고 있는 이 사건 사업에 관한 문서를 인도할 것을 구하는 내용의 서류 등 인도단행가처분(서울중앙지방법원 2022카합20198호, 이하 '이 사건 가처분'이라 한다)을 제기하였는데, 서울중앙지방법원은 2022. 4. 7. '적법한 소집권자가 아닌 피고인이 소집한 창립총회 결의는 무효이므로 이 사건 조합에게 비법인사단으로서의 당사자능력이 있다고 볼 수 없고, 피고인은 이 사건 조합의 적법한 조합장이 아니어서 대표권도 없다. 그러므로 이 사건 가처분 신청은 당사자능력과 대표권이 없는 자가 제기한 것으로서 부적법하다'는 이유로 이 사건 가처분 신청을 각하하였고, 이 사건 조합의 항고(서울고등법원 2022라20366호)가 기각되어 2022. 9. 30. 그대로 확정되었다.

나. 피고인의 고의 존부에 대한 판단

위 인정사실 및 기록에 의하여 인정할 수 있는 다음과 같은 사정을 종합하여 보면, **검사가 제출한 모든 증거를 살피더라도 피고인에게 공소사실 기재 각 자격모용사문서작성 및 자격모용작성사문서행사에 관한 "고의"가 있었다는 점이 법관의 합리적 의심을 배제할 정도로 증명되었다고 보기 부족하고, 달리 이를 증명할 증거가 없다.**

1) 피고인이 추진위원회 대표의 자격으로 이 사건 창립총회 개최를 공고하고 이 사건 창립총회 이후 이 사건 조합에게 당사자능력이 있음을 전제로 조합장의 지위에서 이 사건 가처분을 제기하였고, 이를 전후하여 G 주식회사 등에 각종 서류를 발송하는 등 공소사실 기재 행위를 하였는데, 공소사실 기재 행위가 행해진 시점은 이 사건 가처분 사건의 결정에서 이 사건 창립총회의 적법성 및 피고인의 조합장 지위 존부에 대한 판단이 이루어지기 전이었다.

2) 피고인과 현재 추진위원회 대표 C 및 F 사이의 분쟁은 단체법상 대표자격의 존부 등 민사상의 권리의무에 관한 것으로, 궁극적으로 민사재판을 통해서 그 당부가 가려져야 할 것으로 보이는데, 이 사건 공소사실의 논리대로라면 피고인이 추진위원회의 대표 자격으로 이 사건 가처분 신청에 관한 대리인을 선임하거나 가처분 신청서를 작성하여 법원에 제출한 것 마저 자격모용사문서작성 및 자격모용작성사문서행사에 해당하는 것이 되어 민사재판을 통한 분쟁해결을 원천적으로 봉쇄하는

결과가 된다.

3) 이 사건 창립총회는 이 사건 조합가입계약을 체결한 347명 중 228명으로부터 소집 동의서를 징구하여 개최되었고, 총회 당시 211명이 참석하여 이 사건 구성원 다수의 의사에 의해 개최되었다. 추진위원회는 조합원을 모집하여 지역주택조합을 설립할 목적으로 하는 단체인 바, 추진위원장이었던 피고인이 창립총회를 개최한 행위는 궁극적으로 추진위원회의 구성원이자 이 사건 사업의 주체인 조합가입계약자의 진정한 의사에 의한 것으로 볼 여지가 크다.

4) <u>피고인이 이 사건 가처분에서 패소하기는 하였으나 주장한 권리 또는 법률관계가 사실적·법률적 근거가 전혀 없다고 보이지 않을 뿐만 아니라 오히려 피고인은 이 사건 조합 구성원 과반수의 동의로 이 사건 창립총회를 개최하였고</u>, 그 총회에서 업무대행사인 F와의 업무대행용역 계약을 해지하는 내용의 안건이 가결되기도 하였는바, 피고인이 이 사건 가처분 결정이 이루어지기 전에 공소사실 기재 행위의 적법성에 대해 의심할 여지는 적었다고 보인다.

5) 피고인이 이 사건 가처분 결정 이후로는 이 사건 조합 대표자 지위에 있음을 전제로 문서를 작성하거나 그러한 문서를 행사한 것으로 보이지는 아니한다.

그렇다면 이 사건 공소사실은 범죄사실의 증명이 없는 때에 해당하므로 형사소송법 제325조 후단에 따라 피고인에 대하여 무죄를 선고하고, 형법 제58조 제2항 본문에 따라 피고인에 대한 무죄 판결의 요지를 공시한다.

[지역주택조합/ 조합장 배임/ 임원형사책임] 조합장이 허위 완납증을 작성하여 이를 담보로 금원을 차용하는 등의 행위는 배임죄로 처벌될 수 있고, 차용당사자에게는 사기가 인정될 수 있다(대구지방법원 2023. 1. 31. 선고 2022고단5017 업무상배임)

판례 해설

지역주택조합은 사실 시작단계에서는 개인이 조합원을 모집하여 사업을 진행하기 때문에 도시정비법상 재건축재개발 조합보다 배임과 사기 관련 범죄가 더 빈번하다.

대상판결은 지역주택조합 조합장이라는 자가 허위 완납증을 작성하고, 이를 담보로 금원을 차용하는등 다소 납득할 수 없는 범죄를 저지르다가 결국 처벌받게 되었는바, 일반인들이 지주조합에 가입하기 위해서는 가급적 행정청에 신고된 지주조합인지 여부, 신탁회사가 건실한 회사인지 여부 등을 꼼꼼히 파악하고 가입하여야 할 것이다.

사실관계

피고인은 2015. 3.경부터 2019. 12.경까지 피해자 B지역주택조합의 조합장으로 근무하였는바, 피고인 개인채무에 대하여 지역주택조합 명의의 차용증을 작성하거나 분양대금 납부 관련 서류를 허위로 작성하여 위 지역주택조합으로 하여금 채무를 부담하게 하거나 분양대금을 받지 못하게 함으로써 재산상 손해를 끼치지 아니할 업무상 임무가 있었다.

1. 피고인은 2019. 7. 말경 경산시 C에 있는 B지역주택조합 사무실에서, 피고인이 계약한 D호의 분양대금 납입금액은 59,251,000원에 불과하였음에도, 그 임무에 위배하여 E로부터 2억 원을 빌리는데 사용하기 위해 분양대금 263,343,000원 전액을 납입한 것처럼 컴퓨터를 이용하여 "E 귀하, 분양대금 263,343,000원을 정히 영수하고 본 영수증을 발행합니다. 발행인 B지역주택조합"이라고 기재하여 출력한 후 B지역주택조합의 직인을 날인하여 완납증을 허위로 작성하고, B지역주택조합 가입계약서에 D호를 E가 계약하고 그 분담금을 모두 완납된 것처럼 완납으로 표기한 후 B지역주택조합의 직인을 날인한 다음, 2019. 7. 29.경 대구 달성군 F에 있는 E의 집에서 E로부터 2억 원을 차용하면서 그에 대한 담보로 위 완납증과 가입계약서를 제공하였다.

이로써 피고인은 위 조합으로 하여금 실제로 납입되지 않은 금액인

204,092,000원을 받지 못하게 할 위험에 처하게 하고, E로 하여금 동액 상당의 재산상 이익을 취득하게 하였다.

2. 피고인은 2019. 7. 말경 위 B지역주택조합 사무실에서, 그 임무에 위배하여 G으로부터 5,000만 원을 빌리는데 사용하기 위해 컴퓨터를 이용하여 "차용증, 채권자 G, 채무자 B지역주택조합, 금액 일금 오천만 원" 등으로 기재된 B지역주택조합 명의의 차용증을 작성하여 출력한 후 채무자 이름 옆에 B지역주택조합의 직인을 날인한 다음 이를 망 H에게 제공하고 G으로부터 5,000만 원을 차용하도록 하였다.

이에 따라, 망 H는 2019. 8. 20.경 대구 달서구 I에 있는 J에서, G에게 위 차용증을 담보로 제공하고 G으로부터 5,000만 원을 차용하였다.

이로써 피고인은 B지역주택조합으로 하여금 5,000만 원 상당의 채무를 부담하게 하고, G으로 하여금 동액 상당의 재산상 이익을 취득하게 하였다.

법원판단

3. 선고형의 결정: 징역 1년, 집행유예 2년

피고인은 개인적인 자금 마련을 위하여 지역주택조합의 조합장 지위에 있음을 기화로 위 조합 명의의 허위의 분양대금 완납증을 작성하여 E에게 차용금에 대한 담보로 제공하였고, 또 위 조합 명의로 차용증을 작성하여 망 H가 피해자 G으로부터 돈을 빌리도록 함으로써 위 조합에 손해 발생의 위험성을 초래하였다. 피고인의 이와 같은 범행 동기, 범행 방법, 범행으로 인한 결과 등에 비추어 볼 때 그 죄질이 매우 좋지 않다.

다만, 피고인은 E, G에 대한 사기 사건으로 재판이 진행 중이고, 그 재판 과정에서 E에 대한 편취액 중 약 1억 원, G에 대한 편취액 중 약 3,700만 원이 변제되어 위 조합에 대한 손해발생의 위험성이 다소 줄어든 점, 이 사건 범행을 모두 시인하고 반성하는 점 등에다가 그 밖에 피고인의 연령, 직업, 성행, 환경, 범행의 동기 및 수단과 결과, 범행 후의 정황 등 기록과 이 사건 변론에 나타난 여러 가지 양형의 조건을 종합하여 주문과 같이 형을 정한다.

[지역주택조합/ 사기 및 횡령/ 임원 형사책임] 토지확보 비율을 기망하여 조합원 가입계약을 체결한 경우 사기죄가 인정될 수 있고, 조합장 지위에서 업무대행사 자금을 임의로 사용하는 경우 업무상횡령, 횡령금액에 따라 특경법위반이 인정될 수 있다(서울북부지방법원 2019고합111, 2019고합441, 2020고합202, 2019고합156 사기·특정경제범죄가중처벌등에관한법률위반(횡령)·업무상횡령·업무상배임)

판례 해설

지주조합 조합장의 여러 가지 범죄행위이다. 토지 확보비율을 맞추지 않았음에도 조합원을 모집하여 분양대금을 편취(사기죄)하고, 그 외 자신이 관리하는 업무대행사 자금을 임의로 자신의 증권계좌로 옮긴 후 선물옵션 투자에 사용(횡령)하였다.

사실관계 및 법원판단

1. 사기

『2019고합111』

피고인은 2009년경부터 서울 G 일대 부지면적 14,281㎡에 아파트를 신축하여 분양하는 사업을 계획하였으나 해당 사업부지의 토지주들로부터 80% 이상의 토지사용승낙을 받을 수 없게 되자 우선 2009. 1. 9.경 '지역주택조합사업에 동의하는 지주 조합원 50여 명의 토지 5,353㎡에 70세대 아파트를 건설하는 것'을 내용으로 'H지역주택조합' 설립인가를 받고 2010. 6. 10.경 설립등기를 마치는 한편, 위와 같이 인가받은 부지를 포함한 전체 부지면적 14,281㎡를 사업 대상으로 하는 (가칭)I지역주택조합으로부터 '조합원 모집, 조합설립, 분양대행사 및 시공사 선정 등 사업 전반에 관한 업무'를 위임받아 자신이 대표이사인 주식회사 E(이하 상호명에서 '주식회사'의 기재는 모두 생략한다. 2010.

12. 1.경 이후 J, K 상호로 업무수행) 명의로 업무대행 용역계약을 체결하였다.

피고인은 당초 계획대로 위 사업부지를 14,281㎡로 확대하여 59㎡(24평형) 222세대, 84㎡(33평형) 164세대 합계 386세대를 건설하려고 하였으나 자금조달이 원활하지 않자 분양상담사들을 통해 허위의 사실을 광고한 후 이를 믿고 찾아온 외부 조합원들로부터 분담금 등의 명목으로 금원을 편취하기로 마음먹었다.

피고인은 2010. 12. 11.경 서울 L빌딩 2층에 있는 'M' 모델하우스에서, 그 정을 모르는 성명불상의 분양상담사를 통해 피해자 N에게 '1차 모집은 완료되었고 2차 모집도 거의 완료되었다. 토지매입도 80% 이상 완료되었다', '대기업인 O이 책임시공을 하고 있다'라고 거짓말하고,<각주1> 이에 속은 피해자 N로부터 분담금 내지 업무추진비 명목으로 2010. 12. 11. 30,000,000원을, 2011. 2. 15. 20,000,000원을, 2011. 11. 4. 30,000,000원을 O 명의 계좌 등으로 각 송금받았다.

그런데 사실 관련 법령에 의하면, 위 사업부지 14,281㎡의 토지소유자들로부터 토지사용승낙서를 80% 이상 확보하여야 주택조합설립변경인가를, 토지사용권원의 95% 이상 확보하여야 주택건설사업계획승인을 받을 수 있는데, 당시에는 지구단위계획구역지정결정용 토지사용승낙서, 토지매매 의향서, 동의서, 확약서 등을 받았을 뿐 주택조합 설립

변경인가에 필요한 토지사용승낙서를 40%도 확보하지 못하였기 때문에 조합주택 설립변경인가를 신청조차 한 사실이 없었고, 2010. 5.경 O과 맺은 공사도급계약도 2010. 12.경까지 조합주택설립변경인가를 득하지 못하거나 2011. 6.경까지 사업계획승인을 받지 못하면 O로부터 공사도급계약을 해제당할 수 있는 상황에 처해 있었으며, 실제로 2013. 9.경에서 2013. 10.경 O로부터 공사도급계약을 해제하므로 해당 브랜드 사용을 금지한다는 내용의 의사표시를 통보받는 등 피해자 N로부터 금원을 송금받더라도 피해자 N에게 고지한 바대로 아파트를 분양해 줄 수 있는 의사나 능력이 없었다. 피고인은 위와 같이 피해자 N로부터 합계 80,000,000원을 편취한 것을 비롯하여 그 무렵부터 2015. 9. 4.경까지 별지 범죄일람표(사기) 1 기재와 같이 피해자 100명으로부터 합계 4,987,000,000원을 제3자인 O 또는 P으로 하여금 교부받게 하여 편취하였다.

『2019고합156』

피고인은 2009년경부터 서울 G 일대 부지면적 14,281㎡에 아파트를 신축하여 분양하는 사업을 계획하였으나 해당 사업부지의 토지주들로부터 80% 이상의 토지사용승낙을 받을 수 없게 되자 우선 2009. 1. 9.경 '지역주택조합사업에 동의하는 지주 조합원 50여 명의 토지 5,353㎡에 70세대 아파트를 건설하는 것'을 내용으로 'H지역주택조합' 설립인가를 받고 2010. 6. 10.경 설립등기를 마치는 한편, 위와 같이 인가받은 부지를 포함한 전체 부지면적 14,281㎡를 사업 대상으로 하는

(가칭)I지역주택조합으로부터 '조합원 모집, 조합설립, 분양대행사 및 시공사 선정 등 사업 전반에 관한 업무'를 위임받아 자신이 대표이사인 E(2010. 12. 1.경 이후 J, K 상호로 업무수행) 명의로 업무대행 용역계약을 체결하였다.

피고인은 당초 계획대로 위 사업부지를 14,281㎡로 확대하여 59㎡(24평형) 222세대, 84㎡(33평형) 164세대 합계 386세대를 건설하려고 하였으나 자금조달이 원활하지 않자 분양상담사들을 통해 허위의 사실을 광고한 후 이를 믿고 찾아온 외부 조합원들로부터 분담금 등의 명목으로 금원을 편취하기로 마음먹었다.

피고인은 2011. 3. 25.경 서울 L빌딩 2층 'M' 견본주택에서 그 정을 모르는 성명불상의 분양상담사를 통해 피해자 Q에게 '1차 모집은 완료되었고 2차 모집도 거의 완료되었다. 토지매입도 80% 이상 완료되었다', '대기업인 O이 책임시공을 하고 있다'라고 거짓말하고, 이에 속은 피해자 Q으로부터 업무추진비 및 조합원 분담금 명목으로 2011. 3. 25.경 20,000,000원을, 2011. 3. 31.경 10,000,000원을, 2011. 6. 25. 20,000,000원을, 2011. 8. 25. 15,000,000원을 O 명의 R은행 계좌로 각 송금받았다.

그런데 사실 관련 법령에 의하면, 위 사업부지 14,281㎡의 토지소유자들로부터 토지사용승낙서를 80% 이상 확보하여야 주택조합설립변경인가를, 토지사용권원의 95% 이상 확보하여야 주택건설사업계획승인을 받을 수 있는데, 당시에는 지구단위계획구역지정결정용 토지사용승낙서, 토지매매 의향서, 동의서, 확약서 등을 받았을 뿐 주택조합 설립변경인가에 필요한 토지사용승낙서를 40%도 확보하지 못하였기 때문에 조합주택 설립변경인가를 신청조차 한 사실이 없었고, 2010. 5.경 O과 맺은 공사도급계약도 2010. 12.경까지 조합주택설립변경인가를 득하지 못하거나 2011. 6.경까지 사업계획승인을 받지 못하면 O로부터 공사도급계약을 해제당할 수 있는 상황에 처해 있었으며, 실제로 2013. 9.경에서 2013. 10.경 O로부터 공사도급계약을 해제하므로 해당 브랜드 사용을 금지한다는 내용의 의사표시를 통보받는 등 피해자 Q으로부터 금원을 송금받더라도 피해자 Q에게 고지한 바대로 아파트를 분양해 줄 수 있는 의사나 능력이 없었다.

피고인은 위와 같이 피해자 Q으로부터 합계 65,000,000원을 편취한 것을 비롯하여 그 무렵부터 2015. 7. 20.경까지 별지 범죄일람표(사기) 2 기재와 같이 피해자 24명으로부터 합계 1,215,200,000원을 제3자인 O 또는 P으로 하여금 교부받게 하여 편취하였다.

2. 특정경제범죄가중처벌등에관한법률위반(횡령) 및 업무상횡령

『2019고합111』

가. 증권계좌 관련 범행

1) 피고인 명의 증권계좌 이용

피고인은 2011. 7. 11.경 피해 업무대행사인 J, K, Y 재산을 실질적으로 관리하던 중, 그 무렵 피고인 명의의 Z 증권계좌(계좌번호 1 생략)로 15,000,000원을 이체한 것을 비롯하여, 그 무렵부터 2013. 11. 7.경까지 사이에 별지 범죄일람표(횡령) 1 기재와 같이 피해 업무대행사들의 금원 191,000,000원을 피고인 명의의 위 증권계좌로 입금한 다음 선물옵션 투자에 사용하였다.

2) AA 명의 증권계좌 이용

가) 피고인은 2013. 12. 3.경 피해 업무대행사인 K의 재산을 실질적으로 관리하던 중, 그 무렵 전처 AA 명의의 Z 증권계좌(계좌번호 2 생략)로 10,000,000원을 이체한 것을 비롯하여 그 무렵부터 2017. 6. 22.경까지 사이에 별지 범죄일람표(횡령) 2 기재와 같이 피해 업무대행사 K의 금원 3,131,000,000원을 AA 명의의 위 증권계좌로 입금한 다음 선물옵션 투자에 사용하였다.

나) 피고인은 2013. 11. 28.경 피해 업무대행사인 Y의 재산을 실질적으로 관리하던 중, 그 무렵 AA 명의의 Z 증권계좌(계좌번호 2 생략)로 20,000,000원을 이체한 것을 비롯하여 그 무렵부터 2019. 2. 12.경까지 사이에 별지 범죄일람표(횡령) 3 기재와 같이 피해 업무대행사 Y의 금원

1,590,400,000원을 AA 명의의 위 증권계좌로 입금한 다음 선물옵션 투자에 사용하였다.

다) 피고인은 2015. 11. 9.경 피해 업무대행사인 AB의 재산을 실질적으로 관리하던 중, 그 무렵 AA 명의의 Z 증권계좌(계좌번호 2 생략)로 15,000,000원을 이체한 것을 비롯하여 그 무렵부터 2019. 1. 21.경까지 사이에 별지 범죄일람표(횡령) 4 기재와 같이 피해 업무대행사 AB의 금원 1,148,300,000원을 AA 명의의 위 증권계좌로 입금한 다음 선물옵션 투자에 사용하였다.

나. AC조합 등 계좌 관련 범행

피고인은 2011. 11. 28.경 피해 업무대행사인 J, K, Y, AB의 재산을 실질적으로 관리하던 중, 그 무렵 피고인 명의의 AC조합 계좌(계좌번호 3 생략)로 500,000원을 이체한 것을 비롯하여 그 무렵부터 2017. 12. 15.경까지 사이에 별지 범죄일람표(횡령) 5 기재와 같이 피해 업무대행사들의 금원 2,158,470,917원을 피고인의 AC조합 계좌 또는 AD 명의의 AE은행 계좌(계좌번호 4 생략)로 입금한 다음 실내경마, 유흥비 등에 사용하였다.

다. 형사사건 변호사비용 관련 범행

피고인은 2014. 1. 29.경 피해 업무대행사인 K, Y의 재산을 실질적으로 관리하던 중, 그 무렵 법무법인 AF 명의 AG은행 계좌(계좌번호 5 생략)로 7,700,000원을 이체하여 자신의 개인 형사사건 변호사비용에 사용한 것을 비롯하여 그 무렵부터 2017. 7. 21.경까지 사이에 별지 범죄일람표(횡령) 6 기재와 같이 피해 업무대행사들의 금원 70,400,000원을 개인 형사사건 변호사비용에 사용하였다.

라. 가장급여 등 관련 범행

피고인은 2010. 12. 30.경 피해 업부대행사인 J, K, Y의 재신을 실질적으로 관리하던 중, 그 무렵 지인인 AH 명의의 AI은행 계좌(계좌번호 6 생략)에 외부직원(급여) 명목으로 3,000,000원을 송금한 것을 비롯하여 그 무렵부터 2019. 3. 7.경까지 사이에 별지 범죄일람표(횡령) 7 기재와 같이 피해 업무대행사들의 금원 456,037,300원을 지인에 대한 금전적 지원에 사용하였다.

마. 차명계좌 관련 범행

피고인은 2010. 12. 30.경 피해 업무대행사인 J의 재산을 실질적으로 관리하던 중, 그 무렵 지인 AJ 명의의 AK은행 계좌(계좌번호 7 생략)

에 대여금 명목으로 2,000,000원을 이체한 것을 비롯하여 그 무렵부터 2013. 4. 5.경까지 사이에 별지 범죄일람표(횡령) 8 기재와 같이 피해 업무대행사의 금원 146,833,440원을 AJ 명의의 위 AK은행 계좌로 입금한 다음 회사를 위한 지출 이외의 용도로 사용하였다.

[지역주택조합/ 수의계약/ 배임죄 인정요건] 수의계약 체결을 근거로 배임죄가 인정되기 위해서는, 업체가 청탁 명목으로 조합장에게 금원을 입금한 것과 같은 공모의 정이 인정되어야 한다(수원지방법원 성남지원 2021고단141 배임수재·배임증재)

판례 해설

통상적으로 배임죄, 특히, 수의계약 체결을 근거로 한 배임죄의 성립은 인정되기가 정말 어렵다.

수의계약 자체만으로는 배임죄가 성립되지 않을 뿐만 아니라, 수의 계약한 업체가 다소 높은 용역대금을 요구한다고 하더라도, 용역대금이라는 것이 표준가격이 없기 때문에 단순히 높은 용역대금으로 계약을 체결하였다는 이유만으로 배임죄가 성립하지도 않기 때문이다.

결국 배임죄는 상대방과 공모한 정이 드러나야 처벌이 가능하고, 결국 양쪽 당사자 중 한명이 배신하여 사실관계가 명확하게 드러나지 않는 이상 수의계약 체결만으로 배임죄가 인정되기는 어렵다.

> 그러나 사안에서는 업체가 조합장에게 리베이트 명목으로 금원을 지급한 사실관계가 밝혀져 대상판결이 배임증재 및 수재죄 성립을 인정한 것이다.

사실관계 및 법원판단

피고인 A은 경기 광주시 C 일원에 공동주택을 건축하기 위해 설립된 'D 지역주택조합'의 조합장이었던 사람이고, 피고인 B은 부산 동구 E에 본점을 두고 소방시설 설계 및 감리업을 영위하는 F 주식회사를 운영하는 사람이다.

1. 피고인 A

피고인은 위 지역주택조합의 공동주택 건축 추진을 위한 업무대행사, 설계 및 감리업체 선정 등 위 지역주택조합의 사업진행에 필요한 업무를 총괄하였으므로, 피고인에게는 공정한 절차를 통하여 업무대행사나 설계 및 감리업체를 선정하여야 할 임무가 있었다.

그럼에도 피고인은 일반적으로 지역주택조합에서 소방감리업체를 선정하는 경우 공개입찰보다 수의계약 방식을 채택하고 있고, 조합장이 특정 소방감리업체를 결정하여 수의계약 체결을 추진하면 통상 조합장의 의사에 따라 그 업체와 수의계약이 체결되고 있는 상황을 이용하여 위 지역주택조합과 소방감리 수의계약을 체결하고자 하는 B으로부터 수의계약 체결의 대가로 금품을 받을 것을 마음먹었다.

피고인은 2018. 4. 6.경 B으로부터 F 주식회사를 소방감리업체로 선정해달라는 취지의 청탁을 받고 G 명의의 H조합 (계좌번호 1 생략) 계좌로 2,000만 원을 입금받은 것을 비롯하여 아래 범죄일람표 기재와 같이 그때부터 2019. 1. 11.경까지 6회에 걸쳐 합계 1억 500만 원을 교부받았다.

이로써 피고인은 위 지역주택조합의 사무를 처리하면서 그 임무에 관하여 부정한 청탁을 받고 재물을 취득하였다.

[지역주택조합/ 지가 과도 평가/ 배임죄 성부] 지역주택조합에서 감정평가 등의 업무를 수행하는 회계 차장이 지가 감정을 과도하게 함으로써 결과적으로 지주조합이 과도한 대출을 받고 하고, 그에 따른 수수료를 취득한 경우 업무상 배임죄 성부(광주지방법원 순천지원 2023. 6. 14. 선고 2022고단2154 업무상배임)

> **판례 해설**
>
> 지역주택조합에서 감정평가 및 대출업무를 담당하는 회계 차장이 자신이 대출을 이용하여 수수료를 더 많이 취득할 목적으로 지가를 과도하게 평가하여 결국 지역주택조합이 대출을 많이 일으키고 그에 따라 과도한 수수료를 취득한 경우 지주조합의 업무를 담당하는 자라는 이유로 업무상 배임죄로 처벌된 사례이다.

사실관계 및 법원판단

피고인은 2015. 4. 1.경부터 2017. 3. 2.경까지 전남 고흥군 B에 있는 피해자 C조합의 차장으로, 감정평가, 대출업무를 담당하였다.

피해자 조합의 여신업무방법서 등 평가기준은 대출 가능금액 산정에 필요한 부동산평가에 관하여 ①1㎡당 토지의 가격은 비교표준지공시지가에 지가변동률, 지역요인의 보정비율, 개별요인의 보정비율, 기타요인의 보정비율을 곱한 가액으로 산정하고[= 비교표준지공시지가×지가변동율×지역요인×개별요인×기타요인], 비교표준지공시지가는 평가대상 토지와 용도지역·이용상황·지목·주위환경 등이 동일 또는 유사한 인근지역에 소재하는 표준지의 공시지가이며, 개별요인의 보정은 '토지가격비준표'를 참고하여 150%까지 적용할 수 있는데 개별요인 보정시 참고하였던 토지가격 비준표를 출력하여 감정서에 첨부하여야 하고, 기타요인의 보정은 객관적인 사례자료가 없는 경우 130%까지 적용이 가능하고 객관적인 사례자료가 있는 경우에는 180%까지 적용이 가능한데 평가대상 토지와 용도지역이 일치할 뿐만 아니라 이용상황이 유사하여야 하며, ②1㎡당 건물의 가격은 적산가격으로 평가하되 건물의 적산가격은 건물신축단가표를 기준으로 재조달원가(건물신축단가)에 잔존연수(내용연수에서 경과연수를 차감함)를 곱하고 내용연수로 나눈 가액으로 산정하고[= 재조달원가(건물신축단가)×잔존연수(=내용연수 - 경과연수)÷내용연수], 건물신축단가는 신축단가표(1~5급) 중 3급의 신축단가를 적용하는 것을 원칙으로 하되 1~2급을 적용하는 경우 그 사유를 명확히 기재하도록 하고 있으며, ③다세대주택(빌라)의 가격은 원칙적으로 객관적인 거래사례자료에 근거한 비교방식 등에 의하여 평가하되 예외적으로 2인 이상의 부동산 전문가(부동산 중개업소 등)의 도움을 받아 평가할 수 있는데 부동산 전문가의 도움을 제공은 경우에는 그 자의 성명, 소속명(또는 업소명), 전화번호 및 그 내용을 기술하고, 평가근거로 활용한 거래사례자료는 평가서에 붙여 보관하여야 한다고 규정하여 대출한도의 범위를 규제하고 있으므로, 피고인은 담보대출업무를 함에 있어 위 규정을 준수하여 담보의 가치를 정확히 평가하여 피해자 조합에 손해가 발행하지 않도록 하여야 할 업무상 임무가 있었다.

피고인은 2016. 8. 5.경 위 피해자 조합의 사무실에서 피고인과 친분관계가 있는 D의 언니인 E에게 그 E의 소유인 전남 고흥군 F 대지 3,951㎡, G 과수원 3,967㎡, H 임야 980㎡, I 임야 201㎡, J 임야 2,385㎡, K 임야 4,170㎡ 6필지, F 지상 블록조 슬래브지붕의 주택 45㎡, L 지상 다세대주택(빌라) 3층 48.3㎡를 각 담보로 제공받고 대출을 실행함에 있어, 위와 같은 업무상 임무에 위배하여 ①토지의 감정평가 과정에서 F, G, H, J, K의 비교표준지를 선정하면서 공시지가를 부당히 높은 토지로 선정하기 위하여 용도지역이 보전관리지역이 아니라 계획관리지역, 생산관리지역인 토지를 비교표준지로 선정하였고, 개별요인 보정을 하면서 토지가격 비준표를 참고하지 않고 감정평가서에 이를 첨부하지 않은 채 임의로 위 6필지의 개별요인 보정률을 130% 내지 150%

로 산정하였으며, 기타요인 보정을 하면서 위 6필지가 마을의 외곽, 임야 지역에 있음에도 마을의 중심, 상가지역인 M 답 524㎡의 실거래가(평당 100만 원, 또한 공시지가는 37,900원임)를 객관적인 사례 근거로 N 임야를 제외한 O 대지 등 5필지의 기타요인 보정률을 140% 내지 180%로 산정하였고, ②위 F 지상 블록조 슬래브지붕인 주택의 감정평가 과정에서 그 주택의 신축단가를 3등급 40만 원이 아닌 1등급 52만 원으로 적용하면서 감정평가서에 그 사유를 명시하지 않았고, 그 주택이 1989년에 승인되어 그 당시 잔존연수는 13년임에도 잔존연수를 23년으로 적용하였으며, ③위 L 지상 다세대주택(빌라)의 감정평가 과정에서 2016. 3. 31. 같은 소재지의 빌라 3층 50.13㎡의 거래가액이 38,000,000원인 실거래사례가 있었음을 확인하지 않았고 1인의 부동산 전문가(부동산 중개업소 등)로부터 도움을 받았을 뿐인 방법으로 별지 범죄일람표 기재와 같이 시가 감정액인 396,513,300원을 초과한 605,716,000원으로 평가하고 위 E에게 400,000,000원을 대출함으로써 위 E에게 대출금 상당의 재산상 이익을 취득하게 하고 피해자 조합에게 동액 상당의 재산상 손해를 가하였다.

[지역주택조합/ 용역비 지급/ 업무상 횡령] 계약상 근거없이 용역비를 지급한 경우 업무상횡령죄가 인정될 수 있다(서울동부지방법원 2021고단460 업무상횡령)

판례 해설

대상판결은 기존 업무대행사와의 계약 체결이 당시 총회 결의 및 추인결의도 없는 상태에서 새로운 업무대행사가 결의에 의하여 선정되었고, 그에 따라 새로운 업무대행사에 금원을 지급하고 있었음에도, 만연히 기존 업무대행사에 대하여 용역비를 지급한 것이 업무상 횡령에 해당한다고 판시하였다. 사실 범죄사실만 보면 업무상 횡령보다는 업무상 배임 쪽이 가깝지 않은가 생각된다(물론 형은 동일하다).

사실 업무상 배임 쪽이 가까웠으나 이 사건의 변호인은 범죄의 종류보다 불법영득의사가 없음을 주장하였는바, 대상판결은 불법영득의사가 존재한다고 판단하여 업무상 횡령죄로 처벌한 것으로 보인다.

사실관계

피고인은 2014. 4. 3.부터 2015. 3. 24.까지는 서울 동작구 B 외 일원을 건축부지로 하여 공동주택 건축사업을 추진하는 가칭 'C 지역주택조합 추진위원회'의 위원장으로 근무하였고, 2015. 3. 25.부터 2017. 9. 30.까지는 정식으로 인가된 'C 지역주택조합'의 조합장으로 근무하면서, 위 조합의 운영자금을 관리, 집행하는 업무에 종사하였다.

피고인은 2014. 2. 20. C 지역주택조합의 추진위원장 자격으로 D와 사이에 D가 업무PM 용역을 수행하면 계약체결일부터 조합청산 종결일까지 D에게 월 800만 원을 지급한다는 '(가칭) C 지역주택조합 용역계약'을 체결하였으나, 2014. 4. 3. 개최된 C 지역주택조합 창립(발기인) 총회에서 위 계약을 추인하지 않았고 위 총회 시 그동안의 업무는 ㈜E에서 진행해 온 것으로 논의하여 ㈜E를 업무용역회사로 선정하기로 결의하였고, 그에 따라 2014. 5. 19. C 지역주택조합 추진위원회는 ㈜E를 업무용역회사로 선정하였으므로, D와의 위 용역 계약은 아무런 의미가 없게 되었음에도 자신이 관리하고 있는 조합운영비 계좌에서 D에 대한 용역대금, D와 함께 일한 F에 대한 급여 등을 지급함으로써 조합 자금을 횡령하기로 마음먹었다.

이에 따라 피고인은 2014. 6. 25.경 서울 동작구 G에 있는 C 지역주택조합에서 조합운영비를 보관하던 중, D에게 업무용역비를 지급할 이유가 없음에도 업무용역비로 5,001,500원을 지급한 것을 비롯하여 별지 범죄일람표 순번 1 내지 23과 같이 D에 대한 업무용역비 명목으로 합계 41,951,020원을 지급하고, 2014. 6. 25.경 F에게 급여를 지급할 이유가 없음에도 급여 명목으로 2,001,500원을 지급한 것을 비롯하여 별지 범죄일람표 순번 24 내지 38과 같이 F에 대한 급여 명목으로 합계 26,519,400원을 지급하고, 2014년 6월경부터 2015년 10월경까지 사이에 D로부터 차입한 돈이 71,241,096원임에도 111,326,400원을 지급하여 별지 범죄일람표 순번 39와 같이 차액 40,085,304원을 추가 지급함으로써, 2014년 6월경부터 2015년 10월경까지 별지 범죄일람표 기재와 같이 합계 108,555,724원을 횡령하였다.

피고인의 주장

① D는 2014. 2. 20.자 용역계약(이하 '이 사건 용역계약'이라 한다) 체결 이전부터 지역주택조합 사업 추진업무를 하였다. ② 위 용역계약은 총회 결의를 거치지 않았더라도 효력이 있고, 용역계약서 제12조 제1항 특약에 따라 조합에 자동 승계된다. ③ F은 이 사건 사업부지에서 추진위원회에서 근무하였다. ④ D는 추진위원회 및 조합의 운영비 등으로 111,241,096원을 대여하고 111,326,400원을 변제받아 대여금과 변제금 사이에 거의 차이가 없으므로 **피고인이 불법영득의사로 횡령했다고 보기 어렵다.**

법원판단

이 법원이 적법하게 채택하여 조사한 증거들에 의하여 인정되는 다음의 사정을 종합하면, 피고인의 위 주장은 모두 받아들일 수 없다.

가. 피고인측은, D가 피고인과 이 사건 용역계약을 체결하기 이전부터 지역주택조합사업 추진업무를 하였다고 주장하면서 그 근거로 2011. 3. 10.자 ㈜E와 ㈜J(대표이사 D) 사이의 공동사업계약을 들고 있으나, 이는 ㈜E와의 사이에 체결된 용역계약으로서 ㈜E와의 사이에서 용역의 제공, 지분의 획득 등의 의미가 있을 뿐 이 사건 조합이 D에게 용역대금을 지급해 주어야 할 근거가 되지는 못한다. D가 이 사건 용역

계약을 체결하기 이전부터 일을 하였다면 ㈜E와의 사이에서 체결된 계약에 따른 보수(계약 내용에 따르면 지분 획득 및 지분에 따른 사업수익)를 지급받아야 할 것이고, 이 사건 지역주택조합과 별도로 체결한 계약이 없는 이상 이 사건 지역주택조합이 D에게 용역대금을 지급해 줄 의무는 없는 것으로 보인다. 이 사건 조합이 D에게 용역대금을 지급하기로 한 계약은 이 사건 용역계약이 전부인 것으로 보이므로 그 **이전부터 D가 이 사건 지역주택조합을 위해 자문 등 일을 하였다는 사정은 별다른 계약상 근거 없이 피고인이D에게 용역대금을 지급해 주어야 하는 이유가 되지 못한다.**

이 사건 조합의 재무제표에서도 D 사업소득으로 106,170,324원이 지출되었음이 확인된다. 그런데 위 재무제표에는 '업무와의 직접적인 연관성을 확인할 수 없었다, 조합에서는 PM 용역계약 체결 후 사업소득으로 지출했으나, 계약이행여부를 확인할 수 없었다'고 기재되어 있어 실제로 D가 용역업무를 수행하고 그 대금을 지급한 것임을 확인할 수 있는 근거자료는 없는 것으로 보인다.

I의 진술에 의하면, 이 사건 조합과 정식으로 업무대행계약을 체결한 곳은 ㈜E 뿐이라고 한다. 그러므로 피고인이 D와 별도로 업무용역계약을 체결하고 용역대금을 지급할 별다른 이유는 없는 것으로 보인다.

나. 피고인측은 이 사건 용역계약이 **총회 의결을 거치지 않았다** 하더

라도 이 사건 조합에 효력이 있다고 주장하나, 그 계약서 특약사항 제12조 제1항에는 "계약이 자동으로 승계되고, **조합 총회시 이를 인준받아야 하며**"라고 기재되어 있어 조합 총회시 인준받을 것을 승계의 요건으로 정하고 있다. 그러나 **이 사건 용역계약이 조합 총회의 인준을 받은 바는 없다.**

다. 앞서 거시한 증거들에 의하면, F은 피고인이나 이 사건 조합 또는 추진위원회와 별다른 근로계약을 체결하지는 않았고, D가 불러 시키는 일을 한 것으로 보일 뿐 이 사건 조합이나 추진위원회의 정식 근로자로 근무한 사람이라 인정하기 어렵다.

라. 피고인측은 공소사실과는 달리 2013년 10월경부터 2014년 5월경까지 D로부터 4천만 원을 더 대여받았다는 증거로 통장사본 등을 제출하였다. 그러나 피고인측이 제출한 자료에 의하더라도 입금액이 2,060만 원 뿐이어서 4천만 원과 맞지 않고, 나머지 돈은 현금으로 지급받았거나 1,940만 원은 피고인이 사용한 조합운영비 및 경비를 D가 사용하고 이를 대여금으로 계상하였다는 주장 뿐이어서 근거자료가 부족하다.

[지역주택조합/ 토지 확보비율 기망/ 임원 형사책임/ 사기] 토지 확보비율 기망행위에 따른 조합장, 부조합장, 총무 범죄성립(청주지방법원 2020고단2641 사기·업무상횡령)

> **판례 해설**
>
> 기존에 토지확보비율에 따른 기망 범죄가 워낙 많았기 때문에, 최근에는 각 관청에서 지역주택조합의 추진 경위 및 토지 확보 비율까지 확인할 수 있게 되었다. 대상판결에서도 토지 확보비율을 기망하여 사기죄가 인정되었는바, 해당 조합장 등은 무려 269억원이라는 거액을 편취하였다.

사실관계

피고인들은 2014. 10. 25.경 재개발조합 임시총회에서 지역주택조합으로의 사업전환을 의결한 이후 토지사용승낙서 징구율이 사유지 중 10%(사업부지 중 사유지는 85.2%, 국공유지 14.8%)도 되지 않는 등 토지확보율이 저조하자 토지주 등에 대한 홍보효과를 극대화하기 위해 홍보관을 건축하기 시작하였고, 2014. 11. 25.경 회의를 개최하여 토지사용승낙서 징구율이 저조한 것에 대한 대책을 논의하기도 하였다.

위 논의에 따라 피고인들은 2014. 12.경부터 OS요원을 대규모로 동원하여 토지사용 승낙서를 추가로 징구하기 위해 다방면으로 토지주들을 설득하였음에도, 사업에 반대하는 토지주들이 많아 토지사용승낙서 징구율이 조합원 모집 청약 개시일인 2014. 12. 16.기준 전체 토지의 약 8%, 홍보관 오픈일인 2015. 1. 16.기준 전체 토지의 약 29.5%에 불과하여 지역주택조합 설립인가(토지 80% 확보 필요) 자체가 불투명하였음에도, '아파트신축 예정부지의 땅을 거의 확보하여 사업진행에 문제가 없고, 곧 착공에 들어간다'며 허위로 홍보하는 방법으로 조합원을 모집하여 조합가입 계약금 등의 명목으로 금원을 편취하기로 공모하였다.

이에 따라 피고인 E, 피고인 G은 2014. 12. 중순경부터 2015. 9.경까지 청주시 서원구 Q 'J' 주택홍보관 및 그 부근 컨테이너에서 '2015년 1분기에서 2분기까지 토지사용승낙서 징구 및 조합원 모집, 2015년 2분기에서 3분기까지 토지매매계약 완료, 2015년 4분기 지역주택조합 설립, 2015년 4분기에서 2016년 1분기 철거, 2016년 2분기 착공, 2018년 3분기 입주'라고 기재된 사업일정표를 불특정 다수의 고객들에게 배포하고, 그 무렵부터 분양대행 상담원들로 하여금 피해자들을 포함한 다수의 사람들에게 '기존 재개발조합에서 토지를 75~76% 확보하였고, 국공유지를 포함하면 90% 정도가 확보되어 사실상 토지는 다 확보되었다. 2016. 3.경 착공하여 2018. 9.경 입주할 수 있다'라고 홍보하며 조합원 가입을 권유하게 하였다.

그러나 사실 주택법에 따르면 주택건설예정 대지의 80% 이상 면적에 해당하는 토지사용권원을 확보해야 '조합설립 인가'가 가능하고, 토지소유권 95% 이상을 확보해야 '사업계획 승인'이 가능함에도 불구하고, ① 2014. 10. 25.경 재개발조합 임시총회에서 재개발조합 조합원 670명 중에서 268명만 사업전환에 찬성(즉, 조합원 중에서도 약 40%만 찬성)한 것에 불과하여 그러한 사정만으로는 위 80% 및 95%에 달하는 토지

사용권원 등의 확보를 기대하기는 어려웠고, ② 실제로 그 무렵부터 진행한 토지사용승낙서 징구 경과를 보더라도 2014. 12. 16.경 전체 사업부지 면적의 약 8%(사유지 중 9.5%), 2015. 1. 16.경에는 약 29.5%(사유지 중 34.7%), 2015. 3. 31.에는 약 34.7%(사유지 중 40.9%)에 불과하여 피해자들에게 설명한 것과 달리 사유지의 75~76% 토지가 확보된 사실이 없었다.

따라서 **피고인들은 피해자들로부터 지역주택조합 가입에 따른 계약금을 교부받더라도 지역주택조합 설립인가 및 사업계획 승인을 받은 후 2016년 2분기에 착공하여 2018년 3분기에 입주가 가능한 아파트를 신축하여 공급할 의사나 능력이 없었다.**

그럼에도 불구하고, 피고인들은 공모하여 위와 같이 피해자들에게 거짓말하여 이에 속은 피해자 S으로부터 계약금 등의 명목으로 2015. 2. 12. 3,000,000원, 2015. 2. 14. 3,000,000원, 2015. 3. 2. 9,900,000원, 2015. 3. 2. 4,000,000원, 2015. 3. 25. 14,930,000원 등 합계 34,830,000원을 T 계좌로 송금받아 편취한 것을 비롯하여 2014. 12. 16.부터 2015. 9. 11.까지 별지 범죄일람표(1) 기재와 같이 피해자 945명으로부터 합계 28,851,750,000원[다만, 피고인 F는 2014. 12. 16.부터 2015. 3. 19.경까지 별지 범죄일람표(1) 기재 순번 24, 27, 72, 93, 99, 153, 166, 197, 203, 214, 238, 260, 264, 279, 303, 326, 328, 334, 342, 348, 358, 359, 369, 391, 393, 400, 403, 413, 421, 427, 439,

448, 450, 469, 473, 493, 519, 549, 568, 569, 571, 579, 632, 658, 676, 683, 726, 741, 750, 757, 761, 787, 815, 822, 826, 840, 861, 874, 885, 888, 920, 934 부분을 제외한 피해자 881명으로부터 합계 26,934,390,000원]을 T 계좌로 송금 받아 편취하였다.

법원판단

살피건대, 피고인들이 주장하는 바와 같이, 사업전환에 관한 재개발조합의 임시총회 결의가 있었던 점, 지역주택조합 사업을 위한 토지사용승낙서 징구를 위해 상당한 노력을 경주하였던 점, 토지사용승낙서를 확보하지 못해 부득이 재개발조합 사업으로 환원하면서도 지역주택조합 조합원들의 권리나 손해를 외면하지 않았던 점 등의 사정에 비추어 보면, 피고인들에게 의도적인 편취범의가 있었다고 보기는 어렵다.

그러나 위 각 증거에 의하여 인정할 수 있는 다음과 같은 사정들

즉, ① 사업전환에 관한 재개발조합의 임시총회 결의가 있었다 하더라도 그것만으로 개개의 토지 소유자들이 지역주택조합 사업을 위한 토지사용승낙서를 교부하여 줄 것이라 당연히 기대할 수 없고, 실제로도 토지사용승낙서 징구율이 저조하여 수회 대책을 논의하기고 하였으며, 토지사용승낙서 징구의 경과, 성향분석을 통해 파악한 토지주들의 태도 등에 비추어 장차 최선의 노력을 다하더라도 지역주택조합 사업에

필요한 토지를 확보하지 못할 위험이 적지 않았던 점,

② 피고인들은 그러한 사정을 알면서도 정체된 재개발조합 사업을 지역주택조합 사업의 형태로 돌파해 나가는 사업방향에만 지나치게 치중하여 장차 토지를 확보하지 못할 위험성과 실제로 저조한 토지승낙서 징구현황 등을 재고하지 아니한 채, 지역주택조합의 조합원 모집을 토지사용승낙서 징구와 거의 동시에 진행하면서 서둘러 주택홍보관을 오픈하고 실현가능성이 현저히 낮은 사업일정표를 배포하는 등 적극적으로 지역주택조합의 조합원들을 모집한 점,

③ 그 과정에서 지역주택조합에 가입하려는 피해자들에게 토지를 확보하지 못할 위험성이나 그 확보현황이 저조한 사정 등을 묵비하고, 오히려 사업전환에 관하여 재개발조합의 임시총회 결의가 있었다는 사정을 강조하며 토지확보에 아무런 위험이 없는 것처럼 홍보·설명한 점 등을 종합하여 보면,

사업방식을 지역주택조합으로 전환하고 무리하게 추진한 재개발조합의 임원들과 그 업무를 대리하거나 대행하고 광고 및 분양을 대행함으로써 지역주택조합의 조합원들을 모집한 피고인들은 모두 지역주택조합 사업을 위한 토지를 확보하지 못할 위험성을 감수한 미필적 범의로 조합원들을 모집함으로써 피해자들로부터 계약금 상당을 편취한 이 사건 범행을 공모하였다고 봄이 상당하므로, 공소사실을 유죄로 인정하

고, 피고인들의 주장을 받아들이지 아니한다.

[지역주택조합/ 업무대행사의 형사책임/ 횡령죄 성부] 업무대행사가 조합원 납입대금을 신탁사에 입금하지 않고 임의 소비한 경우의 형사책임(부산지방법원 동부지원 2021고단452 횡령)

> **판례 해설**
>
> 조합가입계약 당시 업무대행사 명의로 납입대금을 받는 경우가 종종 있는바, 이런 경우에 특히 주의할 필요가 있다. 조합가입계약을 체결할 때 조합이름, 신탁사 이름 그리고 업무대행사 명의가 모두 기재되어 있고 특히, 신탁사 명의의 통장에 납입이 되어야만 유효하다는 계약서 문구가 있음에도 만연히 계약 체결 당시 업무대행사 직원들의 기망에 의하여 업무대행사 통장에 입금하는 경우가 종종 있는데, 이런 경우 납입금이 보전되지 않음을 물론이고 조합원으로서의 지위조차 인정받지 못하게 된다.

사실관계

피고인은 부산 해운대구 B에 있는 주식회사 C(이하 'C'라고 한다)을 실질적으로 운영하는 사람으로, C는 2017. 2. 8. 부산 해운대구 B 일대에 약 630세대 규모의 공동주택 건립사업을 추진하는 D지역주택조합 추진위원회와 업무대행 계약을 체결하고 주택조합인가 관련 업무 및 조합원 납부대금을 관리하는 업무 등을 수행하였다.

D지역주택조합 추진위원회의 조합규약에 의하면 조합의 사업비는 조합이 지정한 금융기관에 예치하되 신탁회사와 자금관리대리사무계약을 체결하여 신탁회사로 하여금 관리하도록 할 수 있다고 정하고 있고, 이에 따라 D지역주택조합 추진위원회, C, E 주식회사(이하 'E'이라 한다)는 2017. 2. 14. D지역주택조합 사업과 관련한 일체의 자금관리 업무를 E에서 대리하는 내용의 자금관리대리사무계약을 체결하고 조합원 납부대금 일체를 E 명의의 신탁계좌(이하 '신탁계좌'라고 한다)로 입금하여 관리하기로 하였으며, 조합원 가입계약서에도 조합원 납입대금을 신탁계좌에 입금하는 경우에만 정상적인 납입으로 인정하기로 하는 내용을 기재하였다.

피고인은 2017. 5. 20.경 C 사무실에서, 조합원 가입사인 피해지 F에게 피해자의 조합원 납부대금 4,000만 원을 신탁계좌가 아닌 C 명의의 G은행 (계좌번호 1 생략) 계좌로 입금하도록 유도하여 같은 날 피해자로부터 위 계좌로 조합원 납부대금 명목으로 4,000만 원을 송금받아 피해자를 위해 보관하던 중, 이를 신탁계좌에 입금하지 않고 그 무렵 C의 사업비 등으로 임의 소비하였다.

피고인은 이를 비롯하여 별지 범죄일람표 기재와 같이 2017. 5. 20.부터 2017. 9. 22.까지 조합원 가입자인 피해자 8명으로부터 12차례에 걸쳐 조합원 납부대금 합계 363,000,000원을 C 명의의 G은행 (계좌번호 1 생략) 계좌로 송금받거나 현금으로 교부받아 보관하던 중 이를 신탁계좌에 입금하지 않고 C의 사업비 등으로 임의 소비하여 각 횡령하였다.

피고인의 주장

가. C도 추진위원회와의 업무대행계약에 따라 자금관리업무를 수행할 수 있으므로 C가 조합원들로부터 받은 납부금은 추진위원회의 소유이다.

나. 피고인은 피해자들로부터 특정성이 요구되지 않는 금원을 지급받았고, 지급받은 금원의 용도인 '지역주택조합 사업의 추진에서 필요한 사업비의 지출' 용도로 사용하였으므로 피고인에게 불법영득의사가 없었다.

법원판단

가. 이 사건 범행의 피해자에 관하여

이 법원이 적법하게 채택하여 조사한 증거에 의하여 인정할 수 있는 다음과 같은 사정 즉, ① 이 사건 송금자들은 모두 조합원이 되기 위해 돈을 송금한 것인데, 송금자들이 체결한 조합가입계약에 따르면 조합원분담금, 업무대행료 등이 E의 특정 신탁계좌로 입금되어야만 납부가 된 것으로 인정되므로(제8조), 송금자들이 E이 아닌 C 명의의 계좌로 송금한 돈은 정당한 분담금 혹은 업무대행료의 납부로 인정받기 어려워서 송금자들이 이를 C 계좌에 송금함으로써 추진위원회 소유의 금원이 되었다고 보기 어려운 점,

② 추진위원회와 C 그리고 E 사이에 2017. 2. 14.경 체결된 자금관리 대리사무 계약에 따르면, 조합가입을 위한 신청금, 조합원 분담금, C의 업무대행료는 모두 E이 계설한 계좌로 입금되어야 하고, E이 계설한 계좌로 입금되지 않은 어떠한 형태의 금원도 정당한 납부로 인정하지 않기로 약정한 점(제10조 내지 제13조),

③ E에 신탁된 돈을 C가 지급받기 위해서는 일정 수 이상의 조합원 모집이 완료되는 등의 요건을 갖추어야 지급이 가능한 점,

④ 이 사건 송금자들은 모두 이 법정에서 조합가입을 위한 조합원 분담금 혹은 업무대행료 등을 정당하게 납부하는 것으로 알고 돈을 송금하였다고 진술하고 있으므로, 송금자들은 피고인이 조합가입계약과 자금관리 대리사무계약에 따라 송금받은 돈을 E의 신탁계좌로 입금하는 등 정상적인 납부절차를 거칠 것으로 믿고 금원을 송금한 점 등을 종합하여 보면, 이 사건 범행의 피해자는 돈을 송금한 조합원 가입자들이라고 보는 것이 타당하다.

나. 피고인에게 불법영득의사가 없었는지 여부

이 법원이 적법하게 채택하여 조사한 증거에 의하여 인정할 수 있는 다음과 같은 사정 즉, ① 앞서 본 바와 같이 이 사건 피해자들은 C로 송금한 돈이 조합가입계약에 따라 정당하게 납입된 것으로 인정받을 수 있을 것이라고 믿고 송금한 것이므로, 피고인은 E의 신탁계좌로 입금할 용도로 피해자들이 송금한 금원을 보관하고 있었던 것으로 보는 것이 타당한 점,

② 피고인은 이를 E의 신탁계좌로 입금하지 않고 대부분을 사업비에 사용한 것으로 보이는 점,

③ 피고인은 위와 같이 사용한 사업비의 대부분을 E에 자금집행을 신청하여 송금받았음에도 피해자들의 금원을 다시 E의 신탁계좌로 송금하지 않았던 점 등을 종합하여 보면, 피고인에게 불법영득의사가 있었다는 사실도 인정된다.

IV. 기타 지역주택조합 관련 분쟁사례

[지역주택조합/ 퇴직공로금] 조합장이 임의로 가져간 퇴직공로금에 대한 반환 청구(제주지방법원 서귀포시법원 2022가단421 청구이의)

> **판례 해설**
>
> 지역주택조합 사업이 종료되고 나면 조합장 등이 대의원회 등을 거쳐 퇴직공로금 등을 가져가게 된다. 그러나 이 금원 역시 조합의 금원으로서, 퇴직공로금 지급에 대한 절차가 규약 등으로 예정되어 있거나 최소한 총회 의결을 거쳐야 한다.
>
> 대상판결에서 조합장은 자신 임의로 퇴직공로금이라는 명목하에 조합의 금원을 지급받았는바 해당 금원에 대해서 법원은 부당이득에 불과하다고 하여 반환청구를 인정하였고 그 외 부당이득반환 청구에 대하여 항변 사유인 비채변제나 도의관념에 적합한 변제 등은 아니라고 판단하였다.

원고의 주장

피고는 원고가 비상임 조합장으로 재직하던 기간의 퇴직공로금 22,029,835원을 총회의 결의 없이 2019. 4. 4. 수령하였으니 부당이득으로 이를 반환하라는 소를 제기하였고 청구취지 기재 이행권고결정이 그대로 확정되었다. 그런데 피고는 비상임 조합장이었던 원고에게 필요한 절차를 거쳐 위 퇴직공로금을 지급한 것으로 부당이득이라고 할 수 없다. 설령 필요한 절차를 거치지 아니하였다고 하더라도 이는 민법 제742조에서 규정한 채무 없음을 알고 변제한 것이거나 민법 제744조의 도의관념에 적합한 변제로서 반환을 청구할 수 없는 것이므로 부당이득이라고 할 수 없다.

법원판단

○ 원고의 부당이득에 해당함

피고는 정관 제59조 제2항에서 규정하고 있는 규약으로 임원보수 및 실비변상규약(이하 '이 사건 규약'이라 한다)을 두고 있는데, 이 사건 규약 제24조 제1항은 비상임조합장이 퇴임하는 경우 재임기간 1년에 대하여 30일분의 평균실비 해당액 이내에서 조합수지를 감안하여 총회의 의결을 얻어 퇴임공로금으로 지급할 수 있다고 규정하고 있다. 그런데 을 제1, 2, 5호증의 각 기재에 변론 전체의 취지를 종합하면, 피고는 총회의 의결 없이 위 퇴직공로금을 지급한 사실을 인정할 수 있는바, 원고가 법률상 원인 없이 피고가 지급한 퇴직공로금 상당의 이익을 얻고 이로 인하여 피고에게 같은 금액 상당의 손해를 입게 하였다고 봄이 타당하다. 원고는 피고가 내부의 필요한 절차를 밟아 지급한 것이라고도 주장하나 총회의 의결이 없다고 판단되는 이상 더 살펴볼 필요가 없다.

○ 비채변제로 볼 수 없음

민법 제742조의 비채변제에 관한 규정은 변제자가 채무 없음을 알면서도 변제한 경우에 적용되는 것이고, 채무 없음을 알지 못한 경우에는 그 과실 유무를 불문하고 적용되지 아니하며, 변제자가 채무 없음을 알았다는 점에 대한 증명책임은 반환청구권을 부인하는 측에 있다(대법원 2016. 4. 12. 선고 2015다218723 판결 등 참조). 을 제3호증의 기재에 의하면 위 퇴직공로금 지급은 원고의 청구에 따라 피고가 지급한 것으로서 원고가 제출하는 증거들이나 원고가 드는 사정들만으로는 피고가 위 퇴직공로금 지급의무가 없음을 알면서도 이를 변제하였다고 보기에 부족하고, 달리 이를 인정할만한 증거가 없다.

○ 도의관념에 적합한 변제라고 볼 수 없음

이 사건 규약 제12조는 '상임임원'이 퇴임하는 때에는 재임기간 1년에 대하여 30일분의 평균보수 해당액을 퇴직급여금으로 지급한다고 규정하고 있는 반면, '비상임조합장'이 퇴임하는 경우에는 재임기간 1년에 대하여 30일분의 평균실비 해당액 이내에서 '조합수지를 감안하여 총회의 의결을 얻어' 퇴임공로금으로 지급할 수 있다고 규정하고 있다. 이와 같은 규정의 차이는 각 단위조합의 자산 규모가 일정액을 넘어가는지에 따른 것으로서 자산 규모가 일정액을 넘지 못하는 소규모 조합의 경우는 조합장을 비상임으로 하고 퇴직공로금을 지급할 때 ① 조합의 수익 여부나 정도를 고려하고 ② 조합구성원인 조합원들의 뜻도 고려해야 한다는 취지로 해석된다. 따라서 조합의 경제적 자립 여부와 조합원들의 자주적인 판단을 배제한 채 조합 사무를 맡은 자들이 임의로 지급한 위 퇴직공로금이 어떠한 도의관념에 적합하다고 볼 수는 없다.

결국 원고는 피고에게 위 이행권고결정에 따른 돈을 지급할 의무가 있으므로 원고의 청구는 이유 없어 이를 기각하기로 한다.

[지역주택조합/ 조합장 급여/ 대여금] 조합임원 급여에 관하여 총회 의결이 없으면 임금 채권으로 청구할 수도 없고 그 외 조합임원이 임의로 금원을 조합에 이체하였다고 하여 부당이득반환청구가 당연히 인정되는 것이 아니다(창원지방법원 2020가단116237 임금)

판례 해설

조합의 금원을 사용하기 위해서는 규약에 규정이 있거나, 최소한 총회 의결이 필요하다. 대상판결에서 조합장은 대의원회 결의를 거쳐 자신의 급여를 특정하였으나 이에 대하여 규약에 규정된 바 없었고, 특히, 조합장은 총회에서 의결을 통해 확정되었다고 주장하였으나 안건이 상정된 적도 없었다. 이런 경우라면 자신의 급여를 청구하기는 어렵다.

더 나아가 조합장은 자신의 금원을 조합에 투입하여 조합 운영에 사용하였다고 주장하고 있으나 이에 대하여 아무런 약정이 존재하지 않기 때문에

> 대여금이 성립될 수 없고, 특히 대상판결은 부당이득반환청구와 관련하여 상대방에 이익이 되었다는 점에 관하여 구체적인 증명이 없다는 이유로 원고의 청구를 모두 기각하였다.

사실관계

가. 피고는 김해시 C 외 18 필지 일대를 사업구역으로 하여 공동주택의 건축 및 공급을 위한 목적으로 설립된 주택법상 지역주택조합이다.

나. 피고는 2015. 5. 13. 창립총회를 개최하여 원고를 조합장으로 선출하였다.

다. 피고는 2020. 5. 25. 임시총회를 개최하여 원고를 해임하였다.

원고의 주장

1) 피고의 이사회에서 2015. 12. 23. 조합장의 보수를 월 4,500,000원으로 정하는 안건에 관하여 결의를 하였고, 피고의 임시총회에서 2017. 7. 26. 원고의 보수에 관하여 조합원들에게 설명 및 고지하였으므로, 피고는 원고에게 미지급 임금 12,600,000원 및 퇴직금 22,696,211원을 지급할 의무가 있다.

2) 원고는 2016. 2. 3. 피고에게 운영비로 30,000,000원을 입금하였

으므로 피고는 대여금 또는 부당이득으로 원고에게 이를 반환할 의무가 있다.

법원판단

나. 임금 및 퇴직금 청구에 관한 판단

1) 앞서 든 증거들, 갑 제4호증, 을 제2호증의 각 기재에 변론 전체의 취지를 종합하여 보면, 피고의 조합규약에 '조합은 상근임원 또는 비상근 임원에 대하여 별도로 정하는 보수규정에 따라 보수를 지급할 수 있으며, 임원이 그 직무를 수행함으로써 발생되는 경비를 지급할 수 있다'(제22조 제1항)는 내용이 포함되어 있는 사실, 피고 이사회에서 2015. 12. 23. 조합장에게 월급여로 4,500,000원을 지급한다는 안건에 대해 결의한 사실(제1호 안건), 한편, 피고의 조합규약에서 '업무규정 등 조합내부 규정의 제정 및 개정, 기타 조합의 운영 및 사업시행에 관하여 필요한 사항 등을 이사회의 사무로 규정(제28조)한 사실, 피고의 2017. 7. 26. 임시총회에서 조합장의 임금이 안건으로 논의된 사실은 없고, 다만 조합원이 "조합 임직원의 급여를 알고 싶습니다"라고 질문하자 원고가 "저는 아무 보너스 없이 450만원 받습니다"라고만 답을 한 사실 등을 인정할 수 있다.

2) 구 주택법(2016. 1. 19. 법률 제13805호로 전부 개정되기 전의 것)

은 '주택조합의 설립방법·설립절차, 주택조합 구성원의 자격기준 및 주택조합의 운영·관리 등에 필요한 사항 등에 필요한 사항은 대통령령으로 정한다(제11조 제7항)'고 규정하고 있고, 그에 따라 구 주택법 시행령(2016. 8. 11. 대통령령 제27444호로 전부개정되기 전의 것)은 '지역주택조합의 설립인가를 받으려는 자는 인가신청서에 조합원 전원이 자필로 연명한 조합규약 등을 첨부하여야 하고, 위 조합규약에는 조합임원의 수·업무범위(권리·의무를 포함한다)·보수·선임방법·변경 및 해임에 관한 사항이 포함되어야 한다(제37조 제1항 제1호 가.목, 제2항 제5호 참조)'고 규정하고 있다. 이와 같이 구 주택법 시행령에서 조합임원의 수와 보수 등을 조합규약에 포함시키도록 한 것은 임원이 자신의 보수와 관련하여 개인적 이익을 도모하는 폐해를 방지하기 위한 것으로 보이므로, 이는 엄격히 해석하여야 하고, 피고가 조합규약에서 임원에 대한 보수규정을 별도로 정하도록 하고, 조합내부 규정의 제정 및 개정, 기타 조합의 운영 및 사업시행에 관하여 필요한 사항 등을 이사회의 사무로 규정하였다고 하더라도 이러한 사정만으로 피고의 조합규약에서 임원에 대한 보수규정을 이사회에서 정하도록 포괄적으로 위임한 것이라고 보기는 어렵다.

3) 따라서 피고의 이사회에서 조합장의 급여에 대해 결의하였다고 하더라도 이를 조합장에 대한 보수규정으로서 효력을 인정하기 어렵고, 달리 피고가 조합규약에서 정하고 있는 임원에 대한 보수규정을 마련하였다거나 이사회에서 정하도록 이에 대한 위임을 하였다고 인정할 증

거가 없으므로, 원고의 위 주장은 더 나아가 살필 필요 없이 이유 없다.

다. 대여금 또는 부당이득반환 청구에 관한 판단

1) 다른 사람의 예금계좌에 금전을 이체하는 등으로 송금하는 경우 그 송금은 소비대차, 증여, 변제 등 다양한 법적 원인에 기하여 행하여질 수 있는 것이므로, 그러한 송금이 있었다는 사실만으로 소비대차에 관한 당사자의 의사합치가 있었다고 쉽사리 단정할 수 없고(대법원 2012. 7. 26. 선고 2012다30861 판결 참조), 당사자 사이에 금전의 수수가 있다는 사실에 관하여 다툼이 없다고 하더라도 이를 대여하였다는 원고의 주장에 대하여 피고가 다투는 때에는 그 대여사실에 대하여 이를 주장하는 원고에게 증명책임이 있다(대법원 2014. 7. 10. 선고 2014다26187 판결 참조).

갑 제3호증의 기재에 의하면, 원고가 2016. 2. 3. 피고에게 30,000,000원(이하 '이 사건 이체금'이라 한다)을 이체한 사실은 인정되나, 앞서 든 증거들에 변론 전체의 취지를 종합하여 인정할 수 있는 다음과 같은 사정들, 즉 원고와 피고 사이에 이 사건 이체금과 관련하여 차용증 등의 처분문서가 작성된 사실은 없는 점, 원고와 피고 사이에 변제기한이나 이자지급 여부 등에 관하여도 아무런 약정을 하지 않은 점, 원고가 피고의 조합장으로 재직하면서 피고 명의의 통장을 관리하였던 점, 원고가 이 사건 소제기 이전에는 피고에게 이 사건 이체금의 반환을 구한 사실은 없어 보이는 점 등에 비추어 보면, 원고가 제출한 증거만으로는 원고가 피고에게 돈을 대여한 사실을 인정하기 부족하고, 달리 이를 인정할 증거가 없다. 따라서 원고의 위 주장은 이유 없다.

2) 부당이득제도는 이득자의 재산상 이득이 법률상 원인을 갖지 못한 경우에 공평·정의의 이념에 근거하여 이득자에게 그 반환의무를 부담시키는 것인데, 이득자에게 실질적으로 이득이 귀속된 바 없다면 그 반환의무를 부담시킬 수 없고(대법원 2011. 9. 8. 선고 2010다37325, 37332 판결 등 참조), 실질적인 이익의 유무는 부당이득반환의 요건사실이므로 그 입증책임은 부당이득반환채권의 존재를 주장하는 사람에게 있다.

원고가 제출한 자료만으로는 피고가 이 사건 이체금으로 인하여 실질적인 이익을 얻었다고 인정하기 어렵고, 달리 이를 인정할 증거가 없으므로, 원고의 위 주장도 이유 없다.

원고의 청구는 모두 이유 없어 기각하기로 하여 주문과 같이 판결한다.

지역주택조합 관련 분쟁의
모든 내용을 담았습니다.

지역주택조합 분쟁사례 개정판

초판발행	2020년 06월 05일
개정판발행	2025년 03월 28일
지 은 이	권형필 송현민
디 자 인	이나영
발 행 처	주식회사 필통북스
출판등록	제2019-000085호
주 소	서울특별시 관악구 신림로59길 23, 1201호(신림동)
전 화	1544-1967
팩 스	02-6499-0839
homepage	http://www.feeltongbooks.com/
ISBN	979-11-6792-211-3 [03360]

ⓒ 권형필 송현민, 2025

정가 25,000

지혜와지식은 교육미디어그룹
도서기획 필통북스의 인문서적 임프린트입니다.

| 이 책은 저자와의 협의 하에 인지를 생략합니다.
| 이 책은 저작권법에 의해 보호를 받는 저작물이므로
  주식회사 필통북스의 허락 없는 무단전재 및 복제를 금합니다.
| 잘못된 책은 바꾸어 드립니다.